本书内容系国家社科基金项目"我国工业化与生态文明建设研究"（11BKS045）研究成果

我国工业化与生态文明建设研究

WOGUO GONGYEHUA YU
SHENGTAIWENMING
JIANSHE YANJIU

成金华 等／著

人民出版社

责任编辑:吴焰东
封面设计:肖　辉　姚　菲

图书在版编目(CIP)数据

我国工业化与生态文明建设研究/成金华 等著. —北京:人民出版社,2017.5
ISBN 978-7-01-017631-4

Ⅰ.①我… Ⅱ.①成… Ⅲ.①工业化-关系-生态环境建设-研究-中国 Ⅳ.①F424 ②X321.2

中国版本图书馆 CIP 数据核字(2017)第 095901 号

我国工业化与生态文明建设研究

WOGUO GONGYEHUA YU SHENGTAI WENMING JIANSHE YANJIU

成金华 等 著

人民出版社 出版发行
(100706　北京市东城区隆福寺街 99 号)

北京中科印刷有限公司印刷　新华书店经销
2017 年 5 月第 1 版　2017 年 5 月北京第 1 次印刷
开本:710 毫米×1000 毫米 1/16　印张:16.75
字数:240 千字

ISBN 978-7-01-017631-4　定价:50.00 元

邮购地址 100706　北京市东城区隆福寺街 99 号
人民东方图书销售中心　电话 (010)65250042　65289539

版权所有·侵权必究
凡购买本社图书,如有印制质量问题,我社负责调换。
服务电话:(010)65250042

目 录

第一篇 工业化与生态文明建设的基本理论问题

第一章 工业化进程中资源环境演化的一般规律 ………… 3
一、工业化与资源环境的基本关系 ……………………… 3
二、工业化与资源能源的演化规律 ……………………… 9
三、工业化与生态环境的演化规律 ……………………… 14

第二章 我国工业化进程中面临的资源环境约束 ………… 18
一、我国工业化进程中资源环境约束的总体形势 ……… 19
二、我国工业化进程中资源环境约束的差异性 ………… 21
三、我国工业化进程中资源环境约束的形成原因 ……… 25

第三章 工业化道路与生态文明建设 ……………………… 30
一、大国工业化的历史责任与挑战 ……………………… 30
二、传统工业化道路与生态文明建设的背离 …………… 33
三、生态文明的工业化道路 ……………………………… 38

第二篇 我国工业化进程中的资源环境问题及其对策

第四章 我国工业化进程中的资源问题 …………………… 47
一、快速工业化背景下我国资源开发利用的形势与问题 … 47
二、我国资源问题的成因分析 …………………………… 56

三、生态文明背景下解决我国资源问题的基本路径 …………… 59

第五章　我国工业化进程中的能源问题 …………………………… 63
　　一、快速工业化背景下我国能源发展的形势与问题 …………… 63
　　二、我国能源问题的成因分析 …………………………………… 72
　　三、生态文明道路下解决我国能源问题的基本路径 …………… 81

第六章　我国工业化进程中的环境问题 …………………………… 85
　　一、快速工业化背景下我国环境保护的形势与问题 …………… 85
　　二、我国环境问题的成因分析 …………………………………… 89
　　三、生态文明道路下解决我国环境问题的基本路径 …………… 94

第七章　我国工业化进程中的生态问题 …………………………… 98
　　一、快速工业化背景下我国生态系统的形势与问题 …………… 98
　　二、我国生态问题的成因分析 …………………………………… 102
　　三、生态文明道路下解决我国环境问题的基本路径 …………… 104

第三篇　我国后工业化时期生态文明建设的体制机制研究

第八章　发达国家工业化时期资源环境政策对我国生态文明建设的启示 ……………………………………………………………… 111
　　一、发达国家工业化阶段资源环境问题共性 …………………… 111
　　二、发达国家工业化阶段普遍性资源环境政策 ………………… 115
　　三、我国与发达国家工业化进程中资源环境问题的共性与差异性 ……………………………………………………………… 120
　　四、推进生态文明建设要借鉴发达国家工业化阶段资源环境政策 ……………………………………………………………… 125

第九章　我国工业化进程中的生态文明战略 …………… 130
　一、"五位一体"战略与生态文明建设 …………… 130
　二、生态文明导向的经济体制协同改革 …………… 136
　三、生态文明导向的社会综合改革 …………… 139

第十章　国土空间开发格局优化与生态文明建设 …………… 146
　一、工业化过程中国土空间开发基本格局与主要问题 …………… 146
　二、国土空间开发格局优化的运行体系 …………… 155
　三、工业化过程中国土空间开发格局优化的策略 …………… 160

第十一章　工业集中地区的生态文明建设 …………… 165
　一、工业集中地区生态文明建设的基本思路 …………… 165
　二、高度重视工业园区的生态文明建设 …………… 175
　三、重点实现新型城镇化与生态文明建设的融合 …………… 177

第十二章　推进资源能源节约集约利用 …………… 183
　一、加强资源节约高效利用 …………… 183
　二、发展循环经济，推进节能减排 …………… 187
　三、完善我国自然资源管理制度的系统架构 …………… 189

第十三章　加大生态环境保护与治理力度 …………… 197
　一、严守环境质量底线，加大环境治理力度 …………… 197
　二、划定生态保护红线，实施生态修复工程 …………… 202
　三、开展生态保护补偿，全面协调可持续发展 …………… 205

第十四章　建立高生态效率的技术创新体系 …………… 213
　一、我国技术创新体系中存在的问题 …………… 213
　二、高生态效率技术创新体系是生态文明建设的驱动力 …………… 218

三、我国建立高生态效率的技术创新体系的基本途径 …………… 220

第十五章 生态文明建设中的公众参与 …………………………… 227
 一、生态文明建设中公众参与的现状与需求 …………………… 227
 二、生态文明建设中公众参与绿色消费的制度困境 …………… 232
 三、生态文明建设中公众参与问题的成因分析及启示 ………… 234
 四、推动公众参与生态文明建设的政策建议 …………………… 237

参考文献 ……………………………………………………………… 242

第一篇

工业化与生态文明建设的基本理论问题

第一章 工业化进程中资源环境演化的一般规律

近代科技革命所引致的工业化过程，勾勒出了两百多年来人类社会最主要的发展轨迹。工业化进程的实质就是人们运用工业生产方式不断改变自然资源存在的状态、结构和属性，创造劳动产品以满足人类繁衍生息和经济社会发展需求的过程。工业化深刻改变了世界，它使人类在创造巨大物质财富的同时，又面临资源耗竭、环境污染、生态破坏等日益严重的危机。工业生产要将自然资源加工制造成可用于消费的产品，需要开采能源资源作为加工制造过程的动力。因此，消耗资源能源是工业生产的必要条件。同时，工业生产过程中还会产生各种固体、液体和气体废物，对生态环境产生影响，所以，改变环境也是工业生产的必然后果。当然，无论是消耗资源还是改变环境，都是有限度的，且随着工业化进程的不同而受到不同程度的影响。理解工业化对资源环境作用的阶段性、过程性规律，是人类有效调节资源消费、保护生态环境的重要前提。

一、工业化与资源环境的基本关系

工业化是一系列"生产函数"连续发生变化的过程。这种变化最先发生于某一个生产单位的生产函数,然后再以一种支配的形态形成一种社会的生产函数而遍及于整个社会。[1] 生产函数连续发生由低级到高级突破性变化的过程,其结果是直接引起工业(或制造业、第二产业)在国民收入和劳动人口中所占的比重持续上升,经济结构不断变化、人均国民收入和包括农业在内的劳动生产率不断提高,以及以农业为主导的农业经济社会逐渐向以工业为主导的工业经济社会转变。[2] 工业化驱动人类社会进入了超越农耕文明的工业文明。在工业文明时代,生产工具的机械化、生产组织的工厂化、产业结构的工业主导化、社会结构的市场化、就业结构的非农化等成为最为重要的驱动经济社会发展的因素。作为一种不同于农业生产的物质生产方式,工业生产的产品不再是粮食、蔬菜、畜禽等生命物质,而是凝聚非生命物质的各种生产生活用品;工业生产的方式也不再是手工生产,而是采掘、冶炼、加工、制造等机械化生产。

工业生产方式的形成中存在着一个决定性因素,这就是劳动对象,亦即物质生产所依赖的包括原材料和能源在内的自然资源。一般而言,自然资源是在一定的技术和经济条件下,能够被用来创造财富的自然环境要素和条件的总和,是人类可以利用的自然生成物以及生成这些成分源泉的环境功能。[3] 工业生产的劳动产品及其相应的生产方法的选择,不仅取决于特定社会的技术发展水平,更是取决于既定的自然资源。当然,自然资源虽然是天然存在的,但它并不是脱离社会生产客观需要的抽象存在物,相反,它是在一定社会的经济、技术条件下可以被开发利用且能增进人类福祉的物质和能量。18世纪中叶以来,人们将科技革命的成果转化为不断改进的技术手段对自然资源进行加工改造,进而创造了工业文明。因此,工业化既是技术变迁的缩影,更是自然资源开发利用的最终结果,工业的发展、工业化进程的推进以及整个人类社会的进步与自然资源存在内在的、不可分割的关联。

---

[1] 张培刚:《农业与工业化》,武汉大学出版社2013年版,第107—108页。
[2] 简新华、余江:《中国工业化与新型工业化道路》,山东人民出版社2009年版,第1页。
[3] *Encyclopedia Britannica*, Inc., Chicago, 1978.

（一）资源能源是工业化的物质基础

人类发展进化的历程，自始至终都离不开资源能源所提供的物质和能量。在工业化过程中，人类运用劳动和技术手段持续主导自然物质资源的形态转化，将开采能源资源作为加工制造过程的动力，将自然资源加工制造成可用于消费或再加工过程的产品（如图1-1所示）。[①] 这是工业生产的本质。在工业文明时代，自然资源是形成产品实体的物质源泉。为创造更加便利的生产工具和丰富的动力保障，工业生产首先面对的主要劳动对象是矿山，人们通过勘探、采掘和开发，对获取的各种矿物进行冶炼、加工和制造，生产钢铁、器具和机械。与此同时，为使机器设备运行生产，而开发利用煤炭、石油、天然气等化石能源作为能源资源。我们可以从英国的工业化历史中看到工业生产的资源依赖性。1860年前后，英国拥有相当于全球40%—45%的现代工业生产能力，工业制成品产量为全球的40%，生产了全世界53%的铁、50%的煤。[②] 可见，包括原材料、能源在内的劳

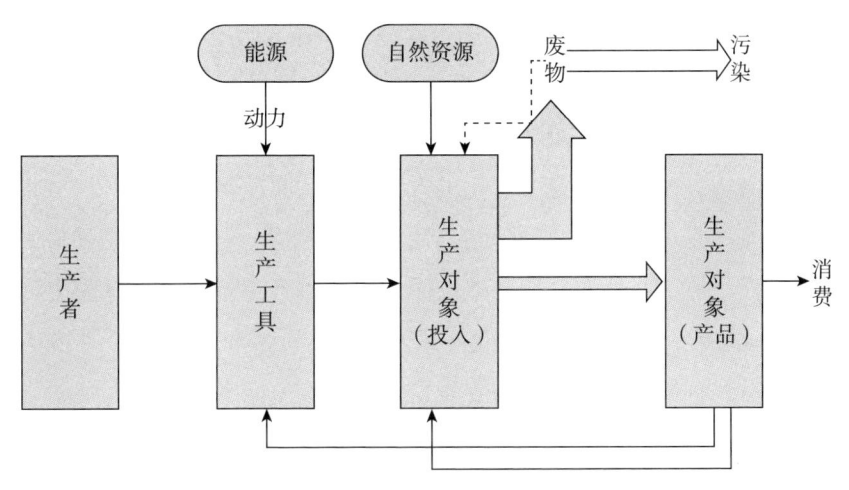

图1-1 基于自然资源和污染排放的工业生产过程

[①] 金碚：《新编工业经济学》，经济管理出版社2005年版，第5页。
[②] 中国国际经济交流中心课题组：《中国2020年基本实现工业化：主要标志和战略选择》，社会科学文献出版社2014年版，第2页。

动对象亦即自然资源,是工业产品得以生产的重要根据。资源能源消耗是工业生产体系建立和发展的物质基础和必要条件。①

(二) 生态环境是人类生产生活的生存条件

除了工业生产活动投入的物质资源之外,生态环境也是支撑工业化进程的重要条件。一方面,生态环境是人类生产生活的生存条件。在环境监管缺位的市场条件下,工业企业为了在激烈的市场竞争中无止境、无限制地实现生产扩张和利润增长,几乎不考虑生产活动对自然环境系统的毁灭性影响,在向自然索取资源和抛弃废弃物的过程中失去了理性。工业企业往往运用最简捷、最"便利"、最廉价的生产方式,采用"从资源到产品、从产品到废料、从废料再到直接排放"的线性、非循环的组织和技术安排。其直接的结果是:工业增长成为了破坏自然生产能力、再生能力、自净与自我修复能力的祸首,工业生产乃至整个社会发展所依赖的自然生态系统承载能力在既定的时空范围内逼近极限,迫使人类进入了一个可能崩溃的世界边缘。从这个意义上讲,生态环境是承受和分解工业生产的污染物、废弃物排放的巨大容器,山川、水域、森林、田地、湖泊、海洋、大气等构成的自然生态环境系统为承载和消解工业化污染发挥了自然的伟力,为工业生产提供了不可或缺的外在条件。

另一方面,生态环境是工业化的改造对象。尽管我们看到,地球生物圈的物质生产是循环的,一种生物利用地球资源后,它的废弃物是另一种生物生存所必需的,所有资源在生物圈的物质循环中被利用。这种生物圈的物质运动已经运行三十多亿年,至今仍然呈繁荣和进化发展的趋势。②但是,一些发达国家的工业化历程也已表明,在一定条件下,局部的自然环境容量是有限的,相对于规模日益扩大、强度越来越高的工业生产及其引致的产品消费和污染排放而言,生态环境要素在工业生产乃至整个经济

---

① 金碚:《新编工业经济学》,经济管理出版社2005年版,第5页。
② 郑少春:《从传统工业化模式向生态文明模式的历史性跨越研究》,《中共福建省委党校学报》2013年第10期。

社会发展中的意义,已经远远超越劳动、资本与技术等其他生产要素。萨缪尔森指出:"一个社会无法拥有它想拥有的一切东西,因为受到资源和可供利用的技术的制约。"① 可见,任何时代的社会生产都存在其可能性边界。在工业社会,随着污染问题的恶化,工业生产的可能性边界更加明显地体现在生态环境本身的容量与质量底线之上。工业化开启了人类欲望之门的"潘多拉盒子",人类因此屡遭"自然的报复",人们必须承担起重新塑造自然世界、改善生态环境的历史使命。这要求工业社会的生产组织运用已有的文明成果,尤其是选择有利于资源节约集约利用和生态环境保护的意识理念、技术体系和制度安排,开展新能源开发、污染治理、水土保持、生态修复等领域的关键技术攻关,创造有益于人与自然和谐统一的生产方式和生活模式,使人们更加便利地享受科技革命与工业发展带来的生活便利,进一步提高环境质量。

(三) 工业化进程决定了资源环境利用方式的变化

在工业化初期,尚处于"原始"状态且禀赋巨大的资源环境供给,与工业生产早期相对较小的生产要素需求,在规模上反差巨大。因此人们认为,自然资源是取之不尽、用之不竭的天赐之物,资源环境的"稀缺性"被排斥在人们的思想之外。因而,在认识自然、处理人与地球的关系等问题时,"资源无主""环境无限""生态无价"等思想认识成为指导人们从事经济社会活动的重要原则,自然资源的粗放式、无节制地开采、开发、消耗以及生态环境的无偿利用成为整个工业化过程内最主要的价值体系。然而,一些国家的经验表明,进入工业化中期以后,生产者将追求更高的经济效率作为工业生产的首要目标。具有大规模工业开发利用价值的自然资源更是成为高效率工业经济活动不可或缺的依赖条件。此时,满足工业化要求的自然资源具备如下基本经济性质:在地球上储量大、获取比较容易,在现实的技术条件下具有开发利用的经济性,不存在大量更经济的替

---

① 保罗·A. 萨缪尔森:《宏观经济学》,人民邮电出版社 2006 年版,第 10 页。

代物质。① 并且，随着工业发展表现出新的阶段性特征，资源环境的利用方式也呈现出新的特点。

第一，工业和现代服务业的深入融合拓展了资源环境利用的"广度"。进入工业化中后期，工业生产过程很难继续通过规模扩张来获得更高的边际效率，需要更多地依靠信息、金融、物流等新兴服务业的支撑来保持经济效率的增长。在工业化初期到中期很长的一段时间里，工业企业中包含着很多非专业化的服务业务，而随着工业化的推进，这些服务业务从工业企业中逐渐分离出来，组成了更加专业化的生产服务性企业并深化社会分工。尤其突出的是，工业化和信息化的深度融合将物联网、服务网以及信息系统融入到资源环境系统之中，工业生产的网络化、数字化、智能化和个性化趋势不断凸显，"数字工厂""智能工厂"等生产组织和模式加速改变产业竞争的关键资源基础，明显地提高了企业资源利用的效率和经济效益。在此情形下，工业化并未进一步导致工业部门的膨胀和资源环境消耗的过度增长，而是基于分工和合作发展的需求驱动，促进了第三产业部门的发展，推动了经济结构的优化，抑制了生产活动的资源环境恶化效应。一方面，传统自然资源，如土地、矿产、水、能源等自然资源，还继续作为基本生产要素在工业生产领域发挥着重要作用；另一方面，建立在信息技术和新型科技革命基础上的资源利用方式产生了新的拐点，特种金属功能材料、高端金属结构材料、先进高分子材料、新型无机非金属材料、高性能复合材料、前沿新材料等高新技术材料在生产领域中发挥出日益重要的作用。电力、核能、风能、太阳能等高效清洁能源在有力的技术支持下更是成为更加便捷可用的经济资源，活跃于经济生活的各个领域和环节。因此，自然资源利用的"广度"得到了延伸和拓展。

第二，完善的产业转型升级机制，增强了资源环境利用的"精度"。工业化过程也是社会财富的创造过程。社会财富主要由三个方面构成：自

---

① 金碚：《大国筋骨——中国工业化65年历程与思考》，南方出版传媒广东经济出版社2015年版，第152页。

然财富、劳动财富和人文财富。三种财富均衡发展是一个国家经济可持续发展的必要条件。[①] 然而，一些国家的工业化历程表明，因产业结构的低端化，工业在快速创造巨大劳动财富的同时，却损耗了自然财富和人文财富，劳动财富增长产生的积极作用，在很大程度上被自然财富和人文财富的损害所带来的负效用所抵消，导致许多工业生产收效甚微，甚至徒劳无益。因此，到工业化中后期，按照三大财富均衡协调发展的要求，调整工业结构和优化产业结构，尤其是以工业技术和生产制度创新不断改善第一产业和第三产业，提高劳动密集型产业的附加值，优化升级资本密集型产业，培育知识密集型产业，成为工业化的必然选择。

第三，产品流通和消费方式创新，提升了资源环境利用的"高度"。工业化所实现的经济发展，改变了产品供应体系和流通机制。进入工业化中后期，企业运用现代信息技术、金融创新工具和物流配送体系，促使不断开放、完善的市场环境催生新的商业模式。尤其是在物联网、大数据等新兴产业的支撑下，产品流通纷纷体现出更加高效、便捷的优势。这些商业模式与传统领域合理的商业逻辑、生活逻辑和技术逻辑结合，驱动了一些工业化地区或工业生产企业建立产品供需信息披露机制，进而发挥比较优势，并在此基础上拓展增值业务。在减少社会交易成本、提高产品和要素流动效率的同时，更加彻底地改变了人们的生活方式和消费模式，进而提升了人们对资源环境利用的"高度"。

二、工业化与资源能源的演化规律

一些理论与实证研究结果表明，工业化中自然资源消耗变动的一般规律符合倒"U"曲线。这一假说的理论基础来源于马林鲍姆的矿产资源需求生命周期理论，以及克拉克和杰奥恩的矿产资源消费结构理论。[②] 这些

---

① 黄群慧、原磊：《新常态下工业增长动力机制的重塑》，《求是》2015 年第 3 期。
② Malenbaum W., *World Dem and for Raw Materials in 1985 and 2000*, MC Graw-Hill Inc, 1978. Chark A. L., Jeon G. J., *Metal Consumption Trends in the Asian-Pacific Region*: 1960-2015, Pacific Economic Cooperation Conference, Manila, Philippines, 1990.

理论认为，随着社会进步和工业发展，矿产资源等非可再生的自然资源在经济发展的各个阶段呈现不同的重要性，对处于不同工业化发展阶段的国家或地区而言，这类资源的需求和消费的总量强度和种类呈现出差异性的特征。

（一）工业化不同阶段的矿产资源消耗种类

工业化的不同阶段对应着不同矿产资源品种的消耗。这主要是因为工业化中产业结构尤其是制造业内部结构调整变化不同，主要金属矿产的消费高峰具有阶段性差异。传统的钢铁、锌、铜等金属最先达到消费高峰，而一些重要的稀有和稀土金属消费则将保持持续的增长（如图1-2所示）。

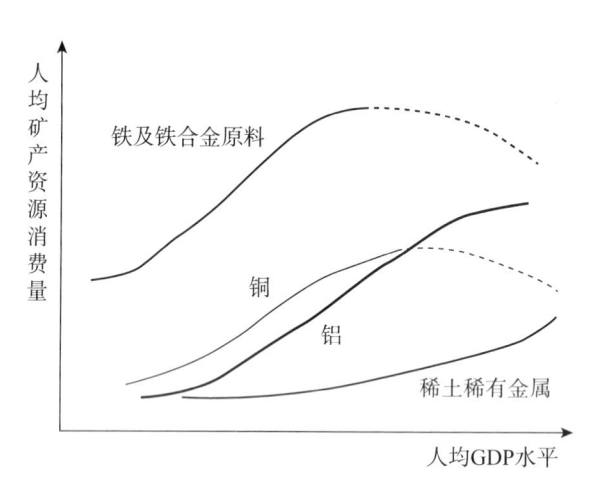

图1-2　多金属人均消费量"波浪式"峰值模型

金属矿产资源消费"波浪式"进入峰值，与金属的功能或用途、工业化增长阶段性特征及技术进步等因素有关。制造业的发展和社会基础设施的大规模建设，是工业化的普遍特征，因而钢铁以及锌、锰等铁合金材料首先进入高消费阶段，也最早达到消费高峰。

英国、美国和日本等工业化国家的实践为金属矿产消费的"波浪式"变化规律提供了证据。早期工业化过程是以机械化为主（如英国），所以钢铁等传统资源的消费量最先达到高峰，之后叠加电气化改造，铜的消费量快速增长并达到峰值。由于铝资源具备质轻、导电、耐腐蚀、延展性好等特点，且较晚投入消费，在后期的电气化、电子化以及其他领域得以大规模使用并广泛替代其他材料，但至今未见明显消费峰值。中期工业化过程（如美国）由于机械化和电气化几乎同时进入高峰，所以其钢铁、锌、铜等投入高峰之间相差不远，铜的人均消费量在20世纪30年代初达到峰值，钢和锌的峰值在50年代初达到峰值。从50年代进入加速工业化进程的日本，机械化、电气化、电子化几乎同时进行，表现在资源消费上钢、锌、铜、铝的消费高峰集中到来：70年代中期，钢、锌的人均消费量达到峰值；80年代末，铜的人均消费量达到峰值；90年代中期，铝的人均消费量达到峰值。从人均资源消费"波浪式"演进过程可以看出，从工业化初期到工业化中后期，多金属消费峰值越靠近，压缩式集中高强度资源消费特点越突出。

（二）工业化不同阶段的资源能源消耗规模

从总体上看，工业化对自然资源需求的变化趋势表现为一个较为清晰的由初始到增长再到成熟以至最终衰落的轨迹，工业化生命周期内，资源消耗呈倒"U"型曲线。我们可以将工业化发展过程划分为三个阶段，对相应的资源能源消耗情况加以分析（如图1-3所示）。

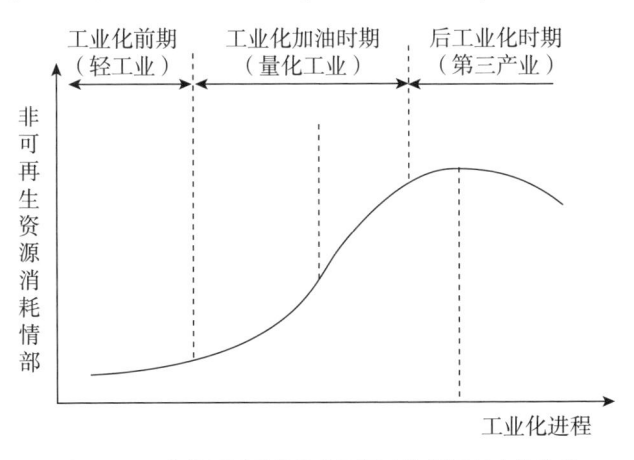

图1-3 工业化不同阶段的非可再生资源消耗变化趋势

在前工业社会，由于工业生产以轻工业为主，资源能源消耗规模呈现小幅度上升，但是消耗总量相对较低。在资本、劳动和技术等生产要素逐渐积累，形成了有利于工业生产规模扩张的便利条件以后，人类开发利用资源能源的需求不断增长，开发利用资源能源的能力也不断增强，工业化进入快速发展的时期。此时，在社会的经济结构中，工业产业尤其是加工制造、采掘冶炼、建筑化工等产业迅速发展，产业结构也由主要以轻工业为主向以重化工业为主过渡，产业结构的重型化高速驱动着资源能源的消耗，矿产、能源、水等与工业生产密切相关的资源能源消费进入"大众消费"阶段，其总量和强度达到较高的水平并持续上升至一个高位平稳的水平。在进入后工业化阶段之后，随着生产技术水平的不断提高、产业结构的逐步升级，尤其是一些新兴服务行业兴起，生产结构对资源的需求的增幅在放缓，加之社会公众基于对资源环境危机的认识而不断增强的节约和环保意识，全社会资源能源资源的消耗总体上缓慢增长甚至下降。

工业化是动态演进的过程，工业生产对资源能源的依赖也表现出明显的阶段性特征。随着工业化进程的深入，产品实体生产的总量日益增加，类别日益丰富，所需要的资源能源总量不断扩大，结构日益多元化，资源能源开发利用的规模和强度也由此逐步扩大。在工业化初期，受到农业、加工制造业等主导产业的限制，重点工业部门主要集中于农副产品加工、冶炼、烧制等工业之中，工业生产所需要的能源主要是煤炭、石油等能源，工业发展所依赖的资源能源主要包括土壤、气候、水和矿产等；而在工业化中期阶段，由于主导产业演化为采掘、纺织、钢铁、化工等加工制造业，重点工业部门也转向钢铁、冶金、机械、能源、化学和建筑等领域，工业发展的能源需求日益增加，煤、石油、天然气及电能大规模利用成为不可或缺的动力来源，相应地，矿产、水、大气等资源能源在工业生产中的需求则日益突出；在工业化后期，随着节能环保、新信息技术、生物等新型产业的发展，计算机、航空航天、原子能、集成电路、精密仪器等知识技术密集型产业成为重点工业部门，工业生产所需要的能源逐渐转化为清洁与可替代的能源，而对资源能源的需求则仍然表现在对水、土壤、大气、矿产资源的需求之上（见表1-1）。

表1-1 不同工业化阶段的资源能源的利用

发展阶段	工业化初期	工业化中期	工业化后期
发展水平及其特征	工业生产逐步展开，手工劳动向机器化生产转型	工业化程度逐渐提高，商品经济，复杂再生产规模扩大	工业化上升到高级水平，市场经济形成，高效、低碳、循环发展
主导产业	农业、加工制造业	采掘、纺织、钢铁、化工等加工制造业	节能环保、新信息技术、生物等新型产业
重点工业部门	农副产品加工，冶炼、烧制等工业起步发展	钢铁、冶金、机械、能源、化学和建筑等重工业	计算机、航空航天、原子能、集成电路、精密仪器等知识技术密集型产业
能源动力类型	简单天然动力转向煤炭、石油等能源动力	煤、石油、天然气及电能大规模利用	化石能源比重降低，清洁与可替代的能源比重上升

发达工业化国家都经历了从传统工业（以采矿等原材料开发为主）向高加工度工业升级的过程，并在升级过程中实现了资源消耗的下降。例如，第二次世界大战后，日本重点发展煤炭工业，并建立了包含机械、金属、纤维等行业在内的门类齐全的工业体系。20世纪50年代至70年代，产业资本密集、装备厚重的钢铁、石化、造船和现代纺织业在日本获得长足发展，这一时期成为日本工业化加快发展的关键时期。此时，日本经济的高速增长使能源矿产需求不断扩大，能源消耗量从1955年的6553万吨标准煤增加到1970年的34552万吨标准煤，增长4.5倍，能源消耗强度迅速上升。1960—1970年，能源矿产消耗量年均增长12.2%。然而，受到第一次石油危机的影响，煤炭、纺织、造船等一些资源性产业逐渐被汽车、家电、半导体、机械等组装加工类产业所替代，日本"厚重型"工业结构逐渐转换为"轻薄型"工业结构。这一变化使能源生产与消费出现了新的特点，能源强度呈现降低趋势，1983年日本亿美元GDP能耗为4.13万吨标准煤，1985年这一指标降为3.94万吨标准煤。[①] 可见，在工业化过程

---

① 李世祥：《中国如何应对"环境库兹涅茨曲线"》，《中国国土资源经济》2010年第11期。

中，工业结构的高端化是促使资源消耗下降的主要原因。

上文的分析已经表明，资源消耗与产业结构存在密切联系。一些国家的工业化实践也已证明，随着国民经济三大部类产业结构的调整，特别是降低第二产业比重、提升第三产业比例的结构性调整，可以有效降低资源消耗。然而，我们也必须认识到，三次产业结构的调整受到经济规律的制约。作为第一产业和第二产业高度发展的结果，第三产业的发展既是建立在发达的工农业生产基础上，更是直接为这些产业生产、交换、分配和消费的各个环节提供服务和支撑。因此，第三产业不能脱离第一、第二产业而孤立发展，否则经济就会面临"产业空心化"的陷阱。工业化国家的历史经验表明，资源消耗总量和强度的下降，关键还在于工业生产的资源消耗层面。在经济社会发展到一定程度之前，由于工业部门是资源消耗最多的部门，实现资源消耗下降首先需要在工业生产领域发生改变，而不是在第三产业。发达国家20世纪60年代以后的工业化发展路径，正是实现了从以第二产业为主向以第三产业为主的转变，和从以资本密集型为主向以知识、技术密集型为主的过渡，因而加快了资源能源消耗的下降速度。

三、工业化与生态环境的演化规律

工业化从自然环境中获取资源，生产消费品的同时，产生大量的废弃物并排放到环境中。生态环境是一个具有吸纳自净功能的封闭系统，但是受到系统内各要素自身新陈代谢过程的限制，当遇到污染物干扰和冲击后，生态环境的自净功能往往受到破坏，难以在短时期内得到恢复。因此，工业经济活动必然受到自然界本身资源、环境和生态承载容量的约束。

（一）工业化与环境质量变化的一般规律

20世纪50年代，发展经济学家西蒙·库兹涅茨用库兹涅茨曲线分析了人均收入水平与分配公平程度之间的关系。库兹涅茨曲线表明，收入分配不公平程度随着经济增长先上升后下降，呈现倒"U"型曲线关系。20世纪90年代初，环境经济学家格罗斯曼等人通过对一些工业化国家经济增长与污染排放数据的分析发现，与反映经济增长与收入分配之间关系的"库兹涅茨曲线"相似，颗粒物、二氧化硫等部分环境污染物的排放总量与人均收入也存在倒"U"型曲线所描述的关系（如图1-4所示）。①

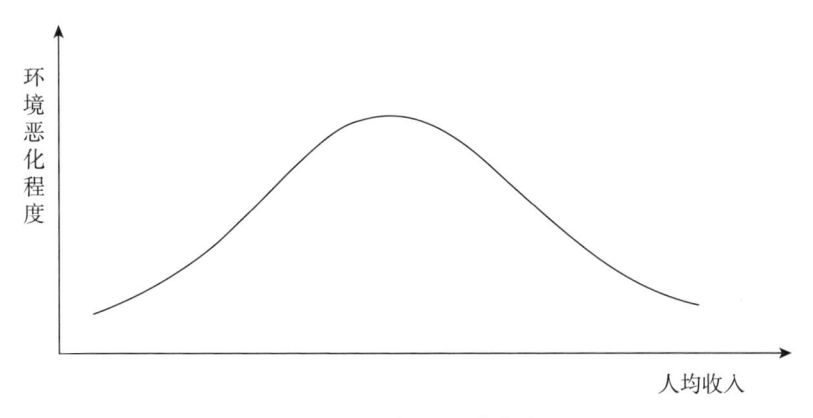

图1-4 环境库兹涅茨曲线

格罗斯曼等人提出的环境库兹涅茨曲线理论，清晰地勾勒出了人均收入和环境恶化程度之间的关系。根据这一理论，当一个国家处于经济发展较低水平时，人均GDP相对较低，此时环境污染的程度较轻，但是随着人均收入的增加，环境污染强度逐渐提高，环境恶化程度随经济的增长而加剧。当然，这种趋势并不是无止境上升的。当经济发展达到较高水平，人均收入达到一个相对高位的临界点之后，随着人均收入的进一步增长，环境污染又开始逐渐得到遏制和缓慢好转，整个经济系统所面临的自然环境质量逐渐得到改善。

---

① Grossman, G. M., and Krueger, A. B., "Environmental Impacts of a North American Free Trade Agreement", *NBER Working Paper*, Vol. 3914, 1991. Grossman, G. M., and Krueger, A. B., "Economic Growth and the Environment", *Quarterly Journal of Economics*, Vol. 110, 1995. Panayotou T., "Empirical Tests and Policy Analysis of Environmental Degradation at Different Stages of Economic Development, ILO Working Paper WP238", Technology and Employment Programme, 1993.

(二) 工业化不同阶段的环境质量变化规律

基于环境库兹涅茨曲线理论,我们可以认识工业化中环境质量与经济发展具备的阶段性变化规律(如图 1-5 所示)。为了更加清晰地阐释工业化进程的环境质量变化,我们将工业化划分为三个阶段分别进行认识。

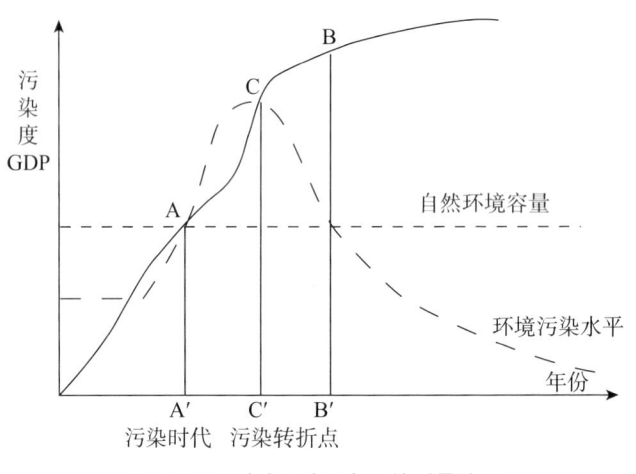

图 1-5 经济发展水平与环境质量关系

第一阶段,处于工业化起步前后的资本积累阶段。在这一时期,工业生产水平相对较低,尽管工业部门在国民经济中的比重开始逐渐增长,但是工业尚未占据主导地位,农业和手工制造业是主要经济增长来源。此时,生产资料的来源主要以农业产业自身获得农产品为主,由此生产活动所导致的污染物排放无论在数量还是强度上都较为低下,自然生态系统功能也能够较快地自我修复,自然环境质量相对较高。当人们开始发展各类工业时,才会出现局部或偶然的污染事件。① 但是,这并不能从根本上改变环境质量。

第二阶段,随着工业化加速和经济起飞,工业部门尤其是采掘冶炼、加工制造等行业迅速发展,能源与原材料剧烈开发和利用导致的废渣、废

---

① 周宏春:《新型工业化与生态环境保护》,《中国发展观察》2005 年第 6 期。

水和废气等产量和排放量，由于缺少较强的技术支持和管理约束，呈现快速增长的态势并超过了自然生态系统的吸纳净化能力，污染事件开始出现并由点面影响向面上扩散，进入环境污染阶段（图1-5中A′C′阶段）。[①] 随着工业企业数量的增长和市场竞争程度的提高，特别是一些企业通过运用先进技术在增强市场竞争力的过程中，它们对原有的生产资料投入和利用方式进行了调整和革新，高效率的企业生产行为较为明显地降低了工业生产的物耗和能耗，生产过程导致的污染物排放量也快速减少。与此同时，随着环境破坏和生态灾害启示性经验在社会生活中的广泛传递，人们对自然环境的态度也由"无价利用"向"积极保护"转变，日益增强的环保意识引导公众对环境质量提出了更高的要求，一些地区的政府和社会组织也开始积累了一定的有利于环境保护的资本、技术、人力和管理资源条件，为抑制污染排放提供了社会支持。因此，在经济发展到一定阶段且人均收入达到一定水平时，环境质量得以改善。我们将此时的人均收入称为"环境污染转折点"。发达国家工业化的经验表明，当人均收入达到8000美元时，环境污染将得到治理。[②]

第三阶段，在工业化进程加快导致整个国民经济发展到较高水平之后，主导产业实现了由第二产业向第三产业的跨越，在知识、技术、资本等优质投入要素相互衔接和高效运用的条件下，工业生产逐步摆脱对资源要素和劳动力要素的依赖，工业污染的排放总量和排放强度日趋下降，自然环境质量逐渐恢复到工业化起步阶段的状况。一些研究认为，当投入资本占GDP的3%—5%时，环境质量可以恢复到经济起飞前的水平。[③] 总之，进入这一阶段后，人们生产生活的自然环境质量会日益改善，人与自然和谐发展既具备更加有利的现实基础，又展现出更加美好的前景。

[①] 李善同、刘勇：《环境与经济协调发展的经济学分析》，《北京工业大学学报》（社科版）2001年第3期。

[②] 刘世锦：《传统与现代之间——增长模式转型与新型工业化道路的选择》，中国人民大学出版社2006年版，第316页。

[③] 周宏春：《新型工业化与生态环境保护》，《中国发展观察》2005年第6期。

第二章　我国工业化进程中面临的资源环境约束

当前，我国已经成为世界上最大的发展中国家，实现工业化是经济社会发展的主要任务，也是由全面建成小康社会迈向现代化的基本任务。新中国成立以来，我国实施了十二个"五年计划"，快速推动了工业化进程。经过半个多世纪的发展历程，我国进入工业化中后期阶段，已经形成了独立的、较为完整的工业体系，经济总量由 1978 年的 3650.2 亿元增长到 2014 年的 636138.7 亿元，成为世界第二大经济体。迅速的工业化进程使我国从落后国家变为经济大国，深刻地影响了世界发展的格局。[1] 然而，我国也面临资源约束趋紧、环境污染严重、生态系统退化、发展与人口资源环境之间矛盾日益突出的国情。[2] 受工业基础、科学技术水平、发展理念等因素的制约，也出现了发展方式粗放、资源消耗过大、环境污染突出、生态损害严重等传统工业化道路导致的"并发症"，这些问题在新的历史时期，已经成为我国全面建成小康社会的重要掣肘。

---

[1]　金碚：《国运制造　改天换地的中国工业化》，中国社会科学出版社 2013 年版，第 318 页。
[2]　中共中央、国务院：《关于加快推进生态文明建设的意见》，2015 年 4 月 25 日，见 http://www.scio.gov.cn/xwfbh/xwbfbh/yg/2/Document/1436286/1436286.htm。

一、我国工业化进程中资源环境约束的总体形势

我国的工业化进程是人类历史上人口参与规模最大的工业发展过程，面对人口众多、人均资源相对不足的基本国情，我国工业化进程中面临的资源环境约束比世界上其他国家更为显著。长期以来，依靠能源资源的大量消耗以及环境容量的持续侵占，高速发展的工业化推动我国经济高速发展的同时，资源和环境条件的约束边界也在步步逼近，过去三十多年支撑中国工业化高速发展的"人口红利""环境红利""资源红利"等已风光不再，在全面建成小康社会决胜阶段的我国工业化面临资源约束趋紧、环境污染严重、生态系统退化的严峻形势。

（一）资源约束趋紧

传统工业化道路是以资源的高投入为基础，依靠增加资源投入和效率提升实现经济发展的飞跃。[1] 长期高规模、低效率地使用资源使得我国工业化进程中面临着严重的资源问题。首先，虽然我国从资源总量上看是资源大国，但是在人均占有量上却明显不足。我国人口总量高居世界首位。[2] 人口密度高于世界平均水平，也高于亚洲国家。庞大的人口基数使我国大多数资源人均占有量都低于世界平均水平。人口众多、人均资源相对不足已经成为我国的基本国情。其次，资源的利用效率偏低。长期以来，我国的工业化进程具有明显的高耗能特征。自20世纪70年代末期进入工业化快速发展阶段以来，以重化工业主导的工业发展模式，使得土地、水、矿产、能源等主要的自然资源开发强度持续提高，而我国工业发展需要的主要能源资源除了煤炭之外，石油、天然气、铁、铜、铝等矿产资源的蕴藏量均在世界的5%以下，相对需求严重不足。再次，资源质量不高。我国

---

[1] 成金华：《中国新型工业化与资源环境管理》，湖北人民出版社2005年版，第31页。
[2] 据《中国人口和就业统计年鉴2013》的数据，截至2012年，我国人口总数为13.54亿，全世界人口总数为70.52亿，占世界人口总数的19.19%。

资源尤其是矿产资源的质量不高,直接影响着后续产业的发展。以矿产资源为例,我国矿产资源的绝对品位虽然不低,但是由于矿产资源大多分布于中西部以及不易于开发利用的地区,导致我国矿产资源的相对品位较低。最后,资源分布不均。我国资源分布严重不均,与经济发展相反。资源分布的不均匀,一方面导致资源开发利用成本高,东部地区经济增长速度快,对资源的需求较大,而东部资源禀赋不足,长距离的资源运输提升了资源利用的成本。

结合我国的资源条件以及经济社会发展的现实需求,如果继续沿用依靠自然资源在内的生产要素的规模扩张、以自然资源"高投入、高消耗、低效率"为主要特征的经济发展模式,我国工业化、城市化和现代化建设面临的资源约束将持续趋紧。因此,我们必须改变传统工业化中不利于资源节约的开发利用方式,合理进行工业布局,实现资源的可持续利用。

(二) 环境污染严重

与世界大多数国家和地区的工业化一样,我国传统工业化进程对于环境的破坏也十分严重。环境问题一直以来都是世界各国普遍关注的焦点,全球变暖、大气污染、水污染、工业废弃物、噪音污染、光污染等问题时时刻刻威胁着人类生存。长期以来,我国经济发展的高排放与高污染对环境的损害巨大,已经逼近了环境可能承载的容量阈值。

近年来,尽管我国政府在重点行业污染治理、大气环境执法监管、环境监测预警体系等方面加大了工作力度,并在水和土壤污染防治、核与辐射安全控制、环境法制建设和环境风险管理取得了较大进展,不断完成了一些年度主要污染物总量减排任务,但环境问题依然严峻。《2014 年中国环境状况公报》披露的数据显示:2014 年我国化学需氧量排放总量为 2294.6 万吨,氨氮排放总量为 238.5 万吨,废气中二氧化硫排放总量为 1974.4 万吨,氮氧化物排放总量为 2078.0 万吨,工业固体废物产生量为 325620.0 万吨。[①] 尽

---

① 中华人民共和国环境保护部:《2014 中国环境状况公报》,2015 年 6 月 5 日,见 http://jcs.mep.gov.cn/hjzl/zkgb/。

管这些指标相对于之前都有了一定程度的下降,但是环境污染基数依旧巨大。因此,我国必须改变过去"先污染、后治理"的传统工业化发展模式,加大环境治理力度,走可持续发展道路,从而使污染物治理的成本最小化。

(三) 生态系统退化

传统的工业化进程大量消耗资源环境的同时,也给生态系统带来了巨大压力。总体来看,我国自然生态系统退化、生态布局不平衡、生态承载力低的问题十分严峻,生态服务功能在下降,抵御各类灾害的能力在减弱,同时生态恶化的范围在扩大、程度在加剧、危害在加重。[①]

森林、湿地、荒漠三大自然生态系统的总面积超过90亿亩,约占国土面积的63%。森林分布碎片化和质量不高、功能不强问题尤为突出,森林作为陆地生态系统主体的功能没有充分发挥。湿地生态系统还有一半尚未得到保护,水域生态环境仍在恶化,面积减少、功能退化的趋势依然在持续。荒漠生态系统问题更加严重,沙化土地面积占国土面积的18%,土地沙化已成为我国最大的生态问题。如果我国不及时解决生态问题,未来工业化发展与生态承载力趋紧的矛盾将更加突出,工业化进程必然受到严重阻碍。因此,我国要大力加强生态环境保护与修复,促进人与自然和谐相处。

二、我国工业化进程中资源环境约束的差异性

经过半个多世纪的发展历程,我国进入工业化中后期阶段,已经形成了独立的、较为完整的工业体系。我国工业化的快速发展付出了巨大的资源环境消耗代价,土地、水、矿产、能源等主要的自然资源开发强度持续提高,依靠自然资源在内的生产要素的规模扩张、以自然资源"高投入、

---

① 赵国鸿:《论中国新型工业化道路》,人民出版社2005年版,第71页。

高消耗"为主要特征的经济发展模式,使工业化、城市化和现代化建设面临持续趋紧的资源约束,并且在不同的阶段、不同的区域、不同行业间表现出不同的特征。

(一) 不同阶段的资源环境约束

与发达国家先轻工业化、后重工业化、再到发达工业化的发展历程不同,受国际发展形势、苏联工业化模式、初期重工业基础薄弱以及对生产资料增长更快理论理解偏差等因素的影响,我国工业化走了先重工业、后轻工业、再重工业的发展道路,现在正处于工业化发展的关键时期。我国工业化进程的特殊性,决定了我国工业化的不同阶段面临不同的资源环境约束。

我国工业化的初期,"一五"计划确定的方针是重工业率先发展,钢铁、有色、电力、石油、煤炭、机械制造、化工等高耗能产业大量布局,投资与资源驱动下的粗放型工业化发展模式使得资源能源消耗规模持续增大,同时受到资本、技术等因素的限制,资源能源的利用效率低下,环境污染十分严重,但是这个阶段资源环境压力并不显著。随着20世纪70年代末改革开放的实施,我国开始逐步放弃单纯发展重工业的思路,进入工业结构调整阶段,转向以消费为主导的工业化,因此轻工业得到更大发展,工业化的超高速发展在80年代末带来了原材料、能源资源短缺等结构性问题,但仍然处于资源环境可承受阶段。1999年,中国开启二次重工业化,工业增长再次以重工业为主导,由于重工业每单位产出所消耗的能源大约是轻工业的4倍,重工业增长速度的加快,整个工业部门能源消耗的比重就会上升、增长速度会更快。[①] 而基于我国资源约束趋紧、环境污染严重的客观现实,我国工业化进程中的资源环境约束将更加明显。

未来我国工业化将进入后期阶段,产业结构发生根本性转变,服务业占GDP的比重上升到最高,工业次之,农业占比重最低。工业发展由资

---

① 简新华、余江:《中国现阶段的重工业发展》,《发展经济学研究》2013年第1期。

源、资本密集型向技术密集型转变,高新技术产业的比重逐步加大,成为现代工业的主体。随着技术水平的提高,高新技术得到广泛应用,资源利用效率显著提高,清洁能源及可替代能源成为能源的主要来源,资源开发与利用的环境影响将逐步减弱,工业化后期的资源环境约束效应将得到有效缓解。

(二) 不同区域的资源环境约束

大规模的资源开发与利用,是中国经济高速增长、工业化快速推进的必要手段。资源与环境作为工业化发展的基础条件,其反映出来的问题在不同区域间的表现形式也不尽相同。从全国不同区域来看,不同的地理条件、资源禀赋、社会经济发展状态使得我国各地区资源环境问题存在较大差异,东部地区资源本底不足,水资源、土地资源、劳动力资源均相对不足,能源自给率低,但资源利用效率相对较高;中部地区土地资源、森林资源、矿产资源相对富裕、能源自给率较高,但资源能源利用效率低;西部地区水资源、土地资源、森林资源、能源本底优势明显,但资源利用效率低,资源能源、生态环境破坏现象严重。资源的空间分布不均,资源的分布与人口、经济布局不相匹配。比如,南方地区水资源量占全国的81%,北方地区仅占19%,北方地区水资源供需紧张,水资源开发利用程度达到了48%。水体污染、水生态环境恶化问题突出,南方一些水资源充裕地区出现水质型缺水。此外,受自然地理条件、历史基础、产业结构、政策倾斜等多重因素的影响,我国环境问题存在较大的区域差异,在平原、沿海及大城市等经济发达的地区主要以环境污染为主,而西部相对贫困地区,环境破坏引起的生态环境恶化十分严重,且日益呈现出环境问题与贫困同步深化,形成恶性循环的趋势。

从全国主体功能分区来看,不同区域的资源环境承载能力不一样、现有的开发强度差异显著,所以未来的发展潜力也存在差距。优化开发区域的经济比较发达、人口比较密集、开发强度较高,同时面临的资源环境问题也更加突出。重点开发区域具有一定经济基础、资源环境承载能力较强、发展潜力较大、集聚人口和经济的条件较好，受到的资源环境约束较低，从而应重点进行工业化、城镇化开发。限制开发区域中的农产品主产区耕地较多、农业发展条件较好，尽管也适宜工业化城镇化开发，但从保障国家农产品安全以及中华民族永续发展的需要出发，必须把增强农业综合生产能力作为发展的首要任务，从而应该限制进行大规模高强度工业化城镇化开发。重点生态功能区的生态系统脆弱或生态功能重要，资源环境承载能力较低，不具备大规模高强度工业化城镇化开发的条件，必须把增强生态产品生产能力作为首要任务，从而应该限制进行大规模高强度工业化城镇化开发。禁止开发区域是依法设立的各级各类自然文化资源保护区域，以及其他禁止进行工业化城镇化开发、需要特殊保护的重点生态功能区。主体功能区战略就是要使不同类型区域的经济开发同资源承载力和环境容量相匹配，避免资源耗竭与环境污染。

(三) 不同行业的资源环境约束

工业是对资源消耗最为巨大，对生态环境冲击最为严重的产业。经过半个多世纪的发展，我国进入工业化中后期阶段，已经形成了相对独立、较为完整的工业体系。结合我国工业化发展的阶段性特征，改革开放前20年，居民收入水平不断提高的累积性效应引致居民消费结构的升级，进而导致最终需求和中间需求发生一系列有利于重化工业发展的方向性变化。[①]工业结构呈现出显著的重化工业化趋势，相对于轻工业和其他产业，重化工业的资源消耗处于较高水平，重化工业的快速发展是导致我国资源消耗总量上升的重要原因，重化工业中受到落后产能、资源利用效率低下等因素影响会使资源能源消耗增加，并带来环境的高污染，尤其是以电力、冶金、化工、建材、钢铁等为代表的高耗能产业带来的资源环境问题更加突出。但是，不可否认，重化工业中技术和知识密集型的产业在一定程度上会起到降低能耗和优化环境的作用，重化工业对资源的过高消耗很大程度

---

① 吕铁：《重化工业发展与经济增长方式转变》，2007年4月20日，见 http://finance.qq.com/a/20070420/000213.htm。

来源于生产技术水平低和增长方式的粗放。

未来随着工业经济增长动力和增长方式的转换，在工业内部结构方面，轻工业的相对比重将进一步提升，而重化工业的发展将更多依靠高新技术对传统生产工艺的改造。总体而言，轻工业对于资源环境的影响相对较小，但是轻工业中造纸、皮革、食品、塑料、日化等行业的发展面临的资源环境约束也日益强化，传统的轻工业发展模式下的单位增加值能耗、水耗、资源综合利用率、废气排放等指标与先进国家相比仍有一定差距，原材料的短缺以及环境容量的压力都给轻工业的发展产生一定的约束作用。

三、我国工业化进程中资源环境约束的形成原因

我国工业化进程中资源环境约束的形成，有其内在逻辑和内生机理。本书主要从"生态半球"和"发展半球"的矛盾关系，阐释我国工业化进程中资源环境约束的形成机理。不仅受到我国资源与环境基本国情的影响，更多地受到我国工业发展方式的不合理，工业技术路线的弱原创性与强模仿性是资源环境问题产生的根源。

（一）"生态半球"与"发展半球"的错位

我们可将人地关系理解为发展和生态两个"半球"的关系，并将这两个"半球"的矛盾运动用于我国资源环境问题成因，阐释工业化与资源环境问题的内生机理。[1] 若把整个国家或地区范围内的资源、环境、生态、经济、社会等系统，视作一个立足于地球生命系统而形成的封闭整体，那么经济系统、社会系统可被理解为"发展半球"，资源、环境和生态系统可被视作"生态半球"。对资源环境问题成因的认识，重点关注的是"发展半球"与"生态半球"是否协调共生的问题。从本质上看，我国资源环

---

[1] 诸大建、何芳、贺佳震：《中国城市可持续发展绿皮书——中国35个大中城市和长三角16个城市可持续发展评估》，同济大学出版社2013年版，第10—11页。

境问题的关键就在于"发展半球"与"生态半球"的匹配失衡。

长期以来，我们在 GDP 主导的发展理念下，受到经济、文化、制度等多种因素的影响和制约，盲目追求经济总量及其增长速度，忽视了资源、环境与生态等自然因素对文明进程的支撑性作用，人为地对立了"发展"与"保护"，其最终结果就是使地球生命体中的"发展半球"和"生态半球"发生持续错位，一些地区或是过多消耗了生态环境资源，或是超过资源环境的承载力。资源、环境和生态系统都有其承载的阈值，"生态半球"因压力过大和消耗过快，难以稳定持续运转，工业化过程所消耗的土地、能源、水等自然资源，人们生产生活所需的物质资料、所排放的各类污染物以及占用的"生态半球"的自然空间，毁坏了自然平衡范围内的资源、环境与生态系统的自我修复和净化功能。这一过程持续演变的最终结果，就是每个区域范围内"发展半球"得到高效健康运转，而"生态半球"的资源、环境与生态要素投入超越了其承载阈值范围（如图 2-1 所示）。

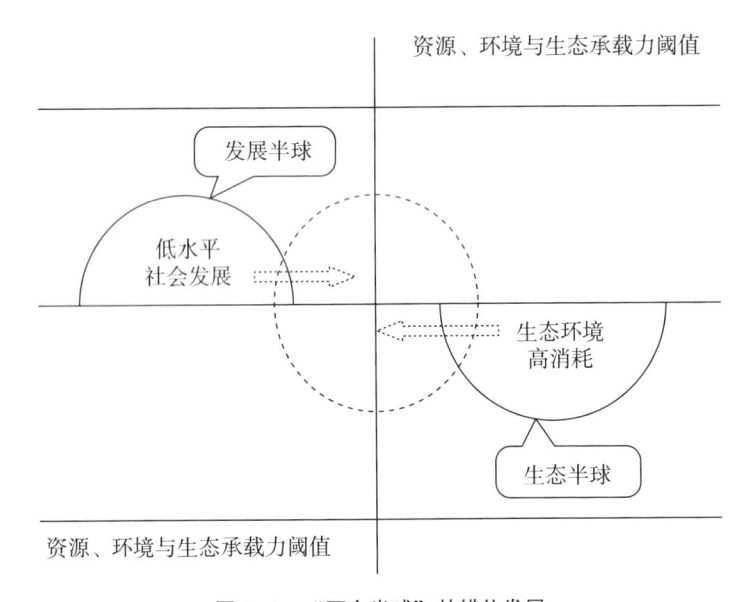

图 2-1 "两个半球"的错位发展

为扭转"两个半球"错位、失衡的局面，形成"生态半球"与"发展半球"的有机统一，我们迫切需要构建一种科学的发展理念，并通过转变工业化过程中不利于资源节约、环境保护和生态保育的思维方式和实践形式,控制资源过度消耗,遏制污染物过量排放,抑制生态过多损坏。唯有如此,"两个半球"之间的脱位才能得以回归而重新达到匹配效果(如图 2-2 所示)。

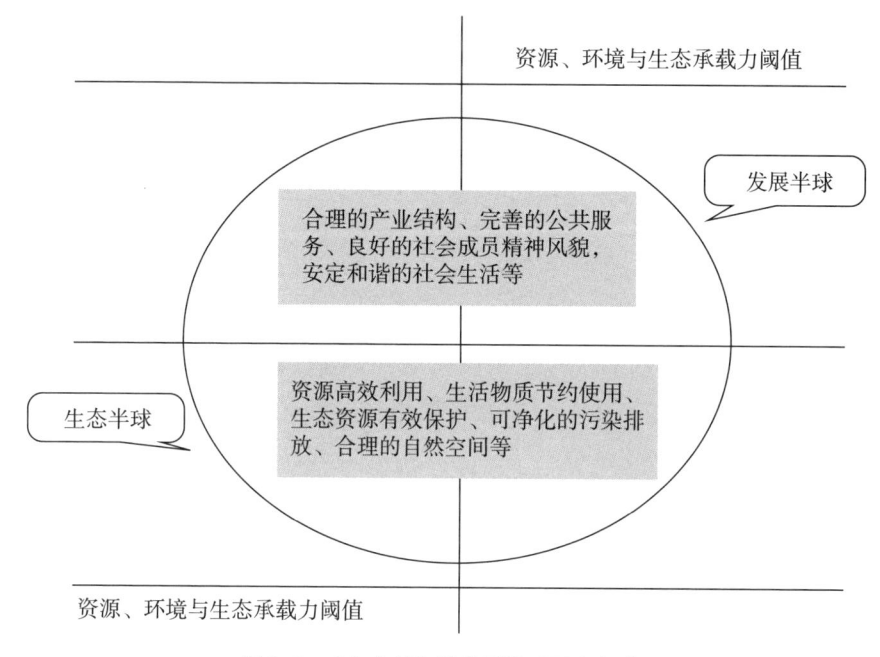

图 2-2　人与自然和谐发展的"两个半球"

(二) 技术路线与资源结构的矛盾

我国工业技术的弱原创性与强模仿性是资源环境约束形成的根源。[①] 科学技术难题阻碍了工业生产效率的提升,阻碍了无污染、低损耗的新能源的开发与利用,是我国工业化发展难以大幅降低其对资源环境冲击的原因之一。我国资源环境约束在很大程度上是受到资源能源利用结构同资源禀赋结构矛盾的表现,中国工业增长的资源约束,本质上是西方工业技术路线同我国资源禀赋之间的差距。西方国家能有效利用国内丰富资源(石

---

① 金碚:《资源与环境约束下的中国工业发展》,《中国工业经济》2005 年第 4 期。

油、天然气等），而我国的能源结构中煤炭占据主导。所以，中国工业技术的原创性弱而模仿性强，而且往往是低成本转移和模仿，这是资源和环境强约束的基本根源。也就是说，中国转移和模仿了西方的工业技术，沿着西方既定的技术路线发展工业，而能源禀赋结构却不相适应，从而导致或加剧了工业发展的能源和资源供应约束。如果中国试图普遍实行同西方工业发展的既定技术路线根本不同的另一工业技术路线，又不具有现实的可行性，因为那将严重延缓中国工业化的进程。

资源的丰富或者缺乏是相对于一定的产品结构和技术路线而言的，只有生产一定的产品所需要的资源才可能会"缺乏"。例如，因为需要生产钢铁制品，钢铁才会短缺。同样，只有一定的技术路线所需要消耗的资源才可能发生"不足"现象。例如，因为需要消费汽油，石油才可能会"不足"。而工业技术路线的选择总是倾向于更多地使用储量丰富而且获取和加工成本较低的资源，避免使用储量稀少且获取和加工成本较高的物质。从这一意义上说，真正会发生"短缺"现象的资源通常是自然界储量丰富的资源。世界上真正稀少的物质，通常不会发生具有全局意义的工业性短缺。因为，根本就不会产生需要大量使用储量稀缺资源的工业技术路线。

（三）工业布局与资源环境承载力的失衡

我国工业布局与资源环境承载能力的不匹配是资源环境约束产生的重要原因。工业布局是形成区域经济发展空间格局的基础和前提。[①] 长期以来，受到东部率先发展、大城市资源配置的行政中心作用的影响，东部沿海地区、大城市等区域中心城市、行政中心等地区集聚了大量工业产业和人口，而由于中国能源、矿产资源和劳动力主要集中在中西部地区，工业生产能力向沿海少数地区过度集中，既不利于区域经济的协调发展，也加剧了工业资源的供给和需求在空间上的脱节。"西气东输""西电东送""南水北调""北煤南运"是缓解我国工业化发展进程中面临的空间上资源供

---

① 孙久文：《区域经济规划》，商务印书馆2004年版，第3页。

需关系紧张的重要手段，但是大量资源的长距离运输以及不可再生资源的稀缺性导致生产成本上升，降低了产品的竞争优势；环境破坏导致治理成本的增加，抵消产出，降低了经济效率。一些地区粗放式、无节制地过度开发，导致水资源短缺、能源不足等问题越来越突出，交通拥挤、地面沉降、绿色生态空间锐减等问题。环境污染严重，大气与地表水环境质量总体状况较差，许多地区主要污染物排放量超过环境容量。

随着资源短缺和环境污染程度的逐渐增强，资源和环境由工业布局的基础条件变为约束条件。在这种情况下，我们必须进行工业布局的转型，即从依靠资源和环境向缓解和减少资源和环境约束的方向转型，现实中更多地表现为，由粗放型的依赖资源和环境的工业布局方式，向集约利用资源和保护环境的工业布局方式转型。未来为了缓解资源环境压力，必须引导工业布局向中西部地区转移，在空间上形成"工业集聚带—城市—城市群"的布局，在城镇内部合理引导工业布局在工业集聚区或者工业园区，集约利用资源，加强循环经济园区建设。

第三章 工业化道路与生态文明建设

我国工业化与西方发达国家的工业化相比，面临的时代背景和国情条件不同，故而有其特殊性，在不同阶段采取了不同的工业化道路。我国的工业化道路主要包括改革开放前，主要以国家计划推动、重工业优先发展、增长方式粗放、工业布局的政治因素影响大、资源环境影响被忽视的传统工业化道路和21世纪后主要向科技含量高、经济效益好、资源消耗低、环境污染少、人力优势得到充分发挥转变的新型工业化道路。传统的工业化道路虽然为中国建立了扎实的工业基础，为形成较为独立、完整的工业体系作出了巨大贡献，但是其不可持续性也随着日益严峻的资源环境约束逐步凸显。党的十六大明确提出，中国要坚持走新型工业化道路。随着党的十七大首次将"生态文明"概念写入党的报告，党的十八大对"生态文明建设"更详细深入地阐述，以及党的十八届三中全会、四中全会、五中全会等重要会议确立"绿色发展"的方针，工业化发展要充分考虑资源环境的约束，并与生态文明建设协调推进已成为大势所趋。

一、大国工业化的历史责任与挑战

工业化是科技进步、社会专业化分工、农业与手工业发展以及消费结构演进的必然趋势，是国家由贫穷走向富裕的必由之路，是文明发展过程中不可逾越的阶段。中国作为最大的发展中大国，发展是硬道理，继续推进工业化有其必然性和迫切性。然而，历史演进的规律表明，我国的工业化进程受到发展的时代背景和基本国情的双重限制，与西方发达工业化国家相比，有其差异性与特殊性。我国既肩负着早日实现工业化、实现民族伟大复兴的历史任务，又面临着资源环境约束等日益严峻的现实挑战。

（一）大国工业化的历史责任

我国实现工业化的时代背景与西方发达工业化国家差异巨大，西方发达国家在实现工业化进程中的资源能源条件充分，环境状况也较好，还大量采取殖民地侵占、资本输出、控制国际贸易等手段，对别国资源进行掠夺，从而积累资本；虽然在其工业化的中期也出现了较为严重的环境问题，往往通过治理能将环境成本外部化。相比之下，中国工业化的发展背景则不同，近年来经济全球化、一体化、多极化给了我国工业化发展的机遇与挑战，有利于我国参与国际分工、引进国外先进技术加快工业化。同时，更加激烈的竞争环境、更加严峻的资源环境形势、更加严格的国际环境法规以及他国对我国发展的警惕，加剧了我国工业化发展的挑战。

而作为世界上最大的发展中国家，人口众多，国土面积广阔且差异巨大是我国工业化的初始条件。虽然我国拥有后发优势、长期以来的劳动力优势，但是也存在技术创新能力不强、管理落后、人均资源短缺、劳动力素质偏低等后发劣势。在国内资源约束趋紧、环境污染严重、生态系统退化的国情下，我国提出的2020年基本实现工业化的宏伟目标，面临着严峻挑战。

（二）工业化的不可逾越性

对于中国这样的人口众多、面积广袤的国家，工业化是经济社会发展不可逾越的必经阶段。[①] 遵循社会产业结构由农业主导先向工业主导再向

---

① 简新华、余江：《中国工业化与新型工业化道路》，山东人民出版社2009年版，第33页。

以服务业为主导的产业演进的客观规律，没有工业化的发展，科技不可能取得巨大的进步，知识经济、信息经济、网络经济等将成为空中楼阁。工业化是城市化的发动机，没有工业化的发展城市化便没有增长的动力，城市的集聚作用便不能发挥，服务业便不能形成规模，知识经济便没有生存的土壤；只有通过工业化实现机械化、自动化，才能更好地提高生产率，解放生产力，才能满足服务业的劳动力需求，只有城市化得到充分发展，才能更好地促进知识经济在城市的形成与发展。

工业化的发展给国家带来强大的物质基础，从而更有利于国家在国际分工中赢得有利地位。世界经济发展的历史经验表明，无论是在第一、第二次科技革命中还是在其后的第三次科技革命，率先完成工业化的发达国家始终处于国际分工的领导地位。第一次科技革命中，由于国家之间的科技水平差异显著，以英国为代表的早期工业化国家处于技术密集型和工业制成品主导的有利地位，而工业化较为落后的发展中国家只能依靠原材料的输出与劳动密集型产品的供应；第二次科技革命，电动机、内燃机的发明与使用让国际分工更加精细，英、美、德等发达工业化国家仍处于垂直型分工的有利位置，广大发展中国家仍然处于分工的底层；第三次科技革命带来的国际分工向混合型分工转变，发达工业化内部进行着水平型国际分工，而发展中国家只能依靠引进先进技术和设备使得部分工业发展，向世界提供初级产品；服务经济时代，先进信息技术依旧由发达国家掌握，发展中国家虽然有一些服务外包的机遇，但是服务型产品的规模和核心技术等明显落后。此外，现代服务业的发展也离不开高水平工业化的支持，现代服务业的发展需要先进制造、精密仪器以及工业化积累的大量资本。

当前，人民日益增长的物质文化需求同落后生产力之间的矛盾依旧是我国社会的基本矛盾，工业化与现代化的目标尚未实现，任务依旧艰巨。没有强大的工业化作为支撑，现代化的目标便成为了无源之水、无本之木。我国的生产技术水平远没有达到放弃发展工业只要农业和服务业的地步。一方面，我国农业人口过多，农业的发展需要工业生产作为后盾，没有工业的发展，农业发展方式难免粗放；另一方面，人们对于物质产品的追求远没有满足，需要靠工业化去实现。此外，当前我国进入工业化中后期，正是实现两个一百年奋斗目标的关键时期，全面建成小康社会的攻坚阶段，尽管我国面临的资源环境约束日益趋紧，人地关系走向紧张，资源环境承载能力逼近极限，但是工业化对于经济增长的作用依旧突出，我国需要转变的是，工业化的发展模式而不是完全放弃工业化发展，我国发展中出现的问题不能回避，单纯地模仿西方的工业化过程，已被证明无论是在资源环境禀赋，还是在社会经济约束上都不可行，无论是要经济发展向生态环境妥协，还是生态环境继续为经济发展牺牲，对于中国而言都是无法承受之痛，因此，结合自身国情，扬长避短，走出一条"具有中国特色的工业化之路"[①] 由内而外地解决工业化的问题，才是中国特色社会主义蓬勃发展的唯一路径。

二、传统工业化道路与生态文明建设的背离

不可否认，传统的工业化道路给我国带来了日益严峻的资源环境形势，中国工业化发展面临着新的资源环境困境。作为工业化发展到一定阶段的产物，生态文明是人类历史发展的新境界，是在对工业化所导致的严重生态危机进行深刻反思的基础上，逐步形成和正在积极推动的一种文明形态和人与自然和谐的社会形态。[②] 生态文明为我国工业化指明了科学方向，将在人类文明发展历程中产生深远的影响。

（一）对我国传统工业化道路的反思

新中国的工业化是在西方发达工业化国家基本完成工业化、人类社会进入到工业经济时代，在开启的主要依靠国家计划推动、重工业优先发展、粗放型增长特征明显、忽视资源节约与环境友好的传统工业化道路。

[①] 江泽民：《全面建设小康社会，开创中国特色社会主义事业新局面》，人民出版社2002年版，第8页。

[②] 杨伟民：《大力推进生态文明建设》，《十八大辅导读本》，人民出版社2012年版，第318页。

虽然经过一段时间的发展建立起了必要的工业基础，形成了较为完整和独立的工业体系，但是我国传统工业化产生的弊端值得反思。

首先，我国早期工业化进程中以国有经济占主导的政府计划经济体制，使得工业化发展的活力欠缺，中央高度集中统一的计划经济，管得太多、太严，工业化难以高效顺利的推进。国有企业在生产领域的垄断经营，加上政企不分、国有计划直接管理的经营制度，市场机制发挥不充分，人力、物力、财力等资源配置没有形成有效流动，资源配置效率较低，市场竞争压力较小，国有企业的经营缺乏动力，经济效益低下。

其次，我国工业化初期受到严重的内忧外患影响，考虑到当时中国的基本国情，排斥了一般性先轻工业再重工业的道路，提出重工业优先发展战略，而在发展重工业的过程中，忽视了轻工业与农业的协调，导致工业化不能为农业和轻工业服务，形成了"重工业过重、轻工业太轻、服务业不足、农业落后"的畸形产业结构，造成了严重的资源浪费，减缓了工业化进程并降低了工业化的效率。

再次，我国传统工业化道路主要依靠生产要素的大量投入，生产规模的持续扩大，是一种粗放型的经济增长方式。中国工业化初期的技术水平十分落后且不易从国外引进，后发优势无法发挥，加上国有计划经济体制的缺陷，缺乏推动技术进步的动力和机制，因此，一直以高规模生产要素的投入，投资驱动、资源驱动，数量外延式的扩张方式造成了资源环境的过度消耗，传统工业化道路的不可持续性逐渐显现。

最后，我国工业化进程中存在排斥城市化的现象。户籍制度等阻碍了农民进城，城乡二元结构下的工业化与城市化的发展不协调。此外，工业布局的政治因素影响较大，早期沿海和沿江地区的工业发展优势大，考虑到政治因素的影响，不断通过"三线"建设等调整工业布局，在一定程度上缩小了区域工业发展的差异，但是受到工业发展的基础和条件的制约，中西部工业化发展较东部地区优势不明显，不利于整体工业化效率的提升。

（二）对西方工业化道路的反思与借鉴

西方发达工业国家采取了一系列政策措施来克服本国工业化的反生态

性，生态环境都有显著改善。但仔细观察就会发现，工业化的生态环境问题本质上依然未能得到有效的解决。

第一，西方发达工业国家近年来环境得以改善的一个重要原因是制造业外包，很多会造成严重环境污染或者资源能源消耗量大的原材料、初级产品的制造，被外包给发展中国家，比如中国、越南等，然后发达国家以极低的价格购买这些产品，发展中国家则获得外汇，以购买那些被发达国家垄断了的先进技术和产品，这一过程不过是资本主义剥削的另一种形式。对于少数发达国家而言，这种制造业外包确实能暂时解决环境问题，但这不过是环境污染在空间位置上发生了转移，考虑到生态环境危机的全球性，这种治理方式不过是自欺欺人罢了。对于大多数发展中国家，这种模式是难以复制的，发展中国家如果不能突破发达国家的技术垄断，必然要继续被发达国家所剥削，甚至争相努力成为发达国家的工厂和垃圾场。对于中国而言，这种模式更是毫无前途的，中国的生态环境国策是一种负责任的大国态度，不能也不会通过将污染转嫁给别国而获得暂时的安逸。

第二，虽然生态现代化、低碳经济、循环经济都为人类描述了一种美好的愿景，目前为止，除了在发达工业国家有一定发展外，在发展中国家，这些变化并不显著。即便在发达工业国家，低碳经济、循环经济的发展也并不迅速，取代传统工业发展模式仍遥遥无期，低碳经济也遇到了很多问题，比如德国的清洁能源促进计划，原本计划在2012年能够有效降低褐煤的使用量，但这一目标的实现情况并不理想。循环经济的发展也非常有限，虽然在包装、汽车、废旧电子电器方面有较大发展，但在其他很多领域依然进展缓慢。

第三，几乎在每一个国家，任何克服工业化反生态性的尝试都会面临来自各种既得利益者的阻力。各个国家在工业环境污染治理立法上障碍重重，各利益相关者都试图影响立法，尤其是那些工业化国家及其背后的资本，总是借着保护大众利益、保护国家经济稳定、保护民族工业在国际竞争力的口号，延缓政策的出台。在德国，虽然清洁能源对生态环境保护的重要性已经被社会全面接受，但纺织产业仍试图能使自己免于相关税收政策的约束，因为它们觉得自己的发展比生态环境保护对国家的总体利益而言更重要。

第四，生态环境保护的效果被同时发生的生态环境破坏行为所抵消。在西方发达国家，生态现代化的一部分成果被新的污染形式、原污染量的增加所抵消，新能源利用带来的环境改善因为更多工厂的建立而削弱。而且，一些国家正在尝试减少工业外包，以增加国内就业，这样很多工业和工业污染又将重新回来。而在发展中国家，这种抵消现象更为严重，甚至保护的速度远比不上破坏的速度，因此，很多发展中国家即便已经借鉴移植了非常多的来自发达国家的环保政策，但生态环境质量仍然在一步步恶化。

第五，生态现代化等理论所提出的很多对策虽然美好，但缺乏可行性。工业化的反生态性问题引发了一大批学者的关注，他们在深入研究的基础上，从理论上提出了很多有重要意义的对策，这些对策直指当前生态危机的根本，但因为政治、经济、社会等方面的原因，在现实中这些对策可能难以付诸实践。比如在减物质论中有一个著名的"因数10"理论，指出为保证全球经济社会的可持续发展，发达国家应在短期内，将物质资源的消耗总量降低到目前的10%，如果这一对策能够被发达国家所接受并付诸实施，对全球生态环境保护而言无疑是极大利好，但发达国家会接受这样的对策吗？显然，无论是发达国家的政府、资本代言人，还是普通民众，恐怕都会投出反对票。

对于我国而言，这些经验可以借鉴，但绝不能复制。我国要在工业化与生态文明建设之间，走出一条新的工业化道路。

（三）时代呼唤生态文明

近代科学技术和工业革命似乎使人类获得了创造财富的"终南捷径"，人类似乎借着资本的引力和科技的动力，可以无条件、无止境地利用自然为自身生产丰富产品。这是对工业文明时代人与自然关系的歪曲认识概括。事实上，随着人类认识自然、改造自然能力的增强，人类中心主义的思潮已经占据了强大的阵地——人类可以随心所欲地征服和掠夺自然界，认识和掌握自然规律也只是为了更好地利用、主宰自然。如果说在农业文明中人类力求顺从自然、适应自然，人和自然是相互协作的关系，那么在工业文明中人类就认为自己是自然的征服者，人和自然只是利用和被利用的关系。工业文明时代，人类高扬主体性和能动性，而忽视了自己还有受动性的一面，忽视了自然界对人类的根源性、独立性和制约性，以至于自然界不断对人类进行报复：资源耗竭、环境退化、生态损毁、温室效应以及由此导致的灾害层出不穷。"天蓝、地净、水清"和"美丽、清新、宁静"的自然环境正在逐渐成为人们淡出的记忆和重新的期盼。

当前，我国已经进入"经济增长度换档期""结构调整阵痛期"和"前期刺激政策消化期"。"三期叠加"已经成为当前及今后较长时期我国经济发展的重要阶段性特征。在全面建成小康社会的决胜阶段，我国将继续面临发展方式粗放，创新能力不强，部分行业产能过剩严重，企业效益下滑，重大安全事故频发，资源约束趋紧，生态环境恶化趋势尚未得到根本扭转等发展不平衡、不协调、不可持续的突出问题。[①] 面对依旧悬挂在人们头顶的资源、环境和生态危机所铸造的达摩克斯利剑，我们必须警醒和反思工业文明所构建的生产方式、生活方式甚至是思维方式的非合理性，必须重新审视人类整体性贪欲及其背后所隐藏的物质化、工具化生存理念的狭隘性、片面性与破坏性，从而创造与发展出一种与工业文明相区别的生态文明理念，在扭转生产方式的基础上，从根本上实现"发展半球"和"生态半球"的匹配与融合，在继续保持又快又好的经济发展的同时，坚持尊重自然、顺应自然、保护自然的生态文明理念，把生态文明建设放在突出地位，使之融入经济建设、政治建设、文化建设、社会建设各方面和全过程，进入到"美丽中国"日新月异、生态文明充满生机的新时代。

[①] 《中共中央关于制定国民经济和社会发展第十三个五年规划的建议》（二〇一五年十月二十九日中国共产党第十八届中央委员会第五次全体会议通过），《人民日报》2015 年 11 月 4 日。

三、生态文明的工业化道路

虽然工业化已经在世界范围内造成了严重的生态环境破坏，但绝不能就此否定工业化对人类进步，尤其是对欠发达地区经济社会和科技发展的巨大推进作用，中国与其他发展中国家一样，必须依赖工业化实现综合国力和人民生活水平的质的提升。因此，在工业化与生态环境之间，我们不能只取其一，而是必须寻求两个对立矛盾的内在统一，必须走出一条具有中国特色的、将生态文明建设与工业化、城镇化融为一体的新道路，即绿色化发展之路。

（一）绿色化发展

作为建设中国特色社会主义理论创新的重要成果，生态文明在中国共产党全国代表大会的报告中被正式提出，并随着我国发展实践的不断深化而得到论述与发展，使人们对生态文明的科学内涵、历史使命、实现路径等诸多重要理论与实践问题形成了战略性共识。

2002年，党的十六大报告提出，"必须坚持全面协调可持续发展"，"坚持生产发展、生活富裕、生态良好的文明发展道路"。这要求我们要在建设资源节约型、环境友好型社会的基础上，"实现速度和结构质量效益相统一，经济发展与人口资源环境相协调，使人民在良好的生态环境中生产生活"[1]。这一论断把生态文明作为实现我国现代化建设基本目标的一个重要构成要素，包含在了科学发展理念之中。

2007年，党的十七大提出了实现全面建设小康社会奋斗目标的新要求，首次把生态文明概念写入了报告，指出："建设生态文明，基本形成节约能源资源和保护生态环境的产业结构、增长方式、消费模式。循环经济形成较大规模，可再生能源比重显著上升。主要污染物排放得到有效控

---

[1] 江泽民：《全面建设小康社会，开创中国特色社会主义事业新局面——在中国共产党第十六次全国代表大会上的报告》，《求是》2002年第22期。

制，生态环境质量明显改善。生态文明观念在全社会牢固树立。"① 这是中国共产党建设和谐社会理念在生态与经济发展方面的升华，充分体现了我党对生态建设的高度重视和对全球生态问题高度负责的精神。

2012年，党的十八大报告首次单篇论述生态文明，提出："把生态文明建设放在突出地位，融入经济建设、政治建设、文化建设、社会建设各方面和全过程，努力建设美丽中国，实现中华民族永续发展。"② 报告首次把"美丽中国"作为未来生态文明建设的宏伟目标，把生态文明建设摆在总体布局的高度来论述，把生态文明建设摆在五位一体的高度来论述，表明党对中国特色社会主义总体布局认识的深化。

2013年，党的十八届三中全会通过了《中共中央关于全面深化改革若干重大问题的决定》，提出了紧紧围绕建设美丽中国深化生态文明体制改革，加快建立生态文明制度，健全国土空间开发、资源节约利用、生态环境保护的体制机制，推动形成人与自然和谐发展现代化建设新格局。其中关于生态文明建设的新思想、新论断、新要求，充分表明了以习近平同志为总书记的党中央高度重视推进生态文明建设，团结带领全国各族人民努力建设美丽中国、走向社会主义生态文明新时代，为全面建成小康社会、不断夺取中国特色社会主义新胜利、实现中华民族伟大复兴的中国梦而奋斗的决心和信念。③

2015年，在党的十八大和党的十八届三中、四中全会精神的基础上，中共中央、国务院颁布的《关于加快推进生态文明建设的意见》（以下简称《意见》）和《生态文明体制改革总体方案》（以下简称《方案》），以"五位一体、五个坚持、四项任务、四项保障机制"为内容架构，进一步明确了我国生态文明建设的总体要求、目标愿景、重点任务和制度体系，进一步明晰了我国生态文明建设顶层设计、总体部署的时间表和路线图。

---

① 胡锦涛：《高举中国特色社会主义伟大旗帜　为夺取全面建设小康社会新胜利而奋斗——在中国共产党第十七次全国代表大会上的报告》，《求是》2007年第21期。

② 胡锦涛：《坚定不移沿着中国特色社会主义道路前进　为全面建成小康社会而奋斗——在中国共产党第十八次全国代表大会上的报告》，《求是》2012年第22期。

③ 张高丽：《大力推进生态文明　努力建设美丽中国》，《求是》2013年第24期。

《意见》和《方案》突出体现了我国生态文明建设的战略性、综合性、系统性和可操作性，成为当前和今后推动我国生态文明建设的行动纲领。2015年10月，党的十八届五中全会召开，会议公报强调必须牢固树立并切实贯彻创新、协调、绿色、开放、共享的发展理念，必须坚持绿色发展。

绿色化，即是指发展方式向着环境友好的方向转变，包括生产方式的绿色化和生活方式的绿色化，是生态文明建设的具体实施途径。绿色化发展，是对科学发展内涵的延伸与拓展，是对工业化、城镇化所代表的人类发展与自然环境、生态关系的准确定位，即既要绿色，又要发展；不绿色的发展和不发展的绿色都不是农业国现代化的科学道路。将"绿色化"提升至与新型工业化、城镇化、信息化和农业现代化同等重要的地位，由"四化"战略变"五化"战略，体现了党和政府建设生态文明的决心，也体现了绿色化的战略性、紧迫性和实践性。绿色化突出强调了"绿水青山就是金山银山"的科学发展观。

绿色化发展第一要解决的是观念问题。从增长到发展，再到科学发展和绿色化发展，代表我国经济社会发展观念由短期向长期，由形而上学向辩证的重要转变，发展视角不再局限于一代人、一片地、一个问题，而是追求全社会、全地域、全方位的统筹协调，更追求的是民族层面的"两个一百年"伟大目标，甚至要拓展到人类层面的"两个一千年"宏伟愿景。绿色化发展，是人类发展观进化的伟大成果，是人类从只重视经济发展的正面积极影响，转向全面认识经济活动正反两方面影响的进步，是从只重视经济效益，转向统筹兼顾经济、社会和生态效益的进步。绿色化发展最核心，也是最困难的问题是观念的转变，既要克服传统思维关系的拘囿，更要突破既得利益者的重重阻挠，突破地方保护主义、部门保护主义的狭隘思想，真正把人民利益放在第一位，把科学发展作为执政的核心要求。绿色化发展是中国共产党关于经济社会发展的最新也是最重要的理论创新，党和人民应对其有充分的理论自信，在实践中不断充实和发展这一理论，不仅在国内发展中深入贯彻，更应在"一带一路"建设中将其发扬光大。

绿色化发展第二要解决的是道路问题。中国改革开放以来，一直积极借鉴和吸收国外先进经验，从技术到道路都在向西方发达国家学习，这种学习模式在工业化初期为中国经济发展和科技进步作出了重大贡献。一是国情差异意味着国外经验并不能完全适合中国，二是国外工业化也存在着难以克服的自然环境难题。因此在学习模式遇到瓶颈之时，如何走出一条具有中国特色、符合中国国情的新型工业化之路，就成为摆在中国政府面前的最大难题。对此，中国一直积极进行道路创新，在科学发展观指导下，提出了两型社会、低碳经济、循环经济建设规划，探索国土空间格局优化，开创新型工业化和新型城镇化道路，如今又以绿色化发展将这些创新整合优化，成为生态文明建设的具体实现路径，这是重要的道路创新，党和人民应有充分的道路自信，在坚持绿色化发展的道路上不断锐意进取、改革创新。

绿色化发展第三要解决的是模式问题。在国力积贫积弱、科技落后的国情下，中国经济发展采取的是局部突破，以部分带动整体的增长模式，以大量资源环境代价换取了综合国力短期快速提升。在综合国力已显著提升，人民利益诉求已从温饱转向全面发展的转型关键期，发展模式转变已成当务之急。结构性失衡是目前中国社会发展的最大障碍，区域失衡、城乡失衡、产业失衡、人口失衡、资源环境禀赋失衡等问题亟待有效解决，解决对策就是从增长模式向绿色化发展模式转变，进一步强调协调发展，统筹兼顾。

绿色化发展第四要解决的是科学技术问题。传统工业化既是科技进步的结果，也是科技进步的主因，中国科学技术水平在快速工业化过程中突飞猛进，从新中国成立时的全面落后到现在的很多领域已居世界先进水平，充分体现了科技自主和科技自信。但目前科学技术仍存在许多问题：一是整体上仍处于追赶地位，在很多关键领域仍需进一步攻关；二是科技创新方向长期以经济效率为导向，整体上缺乏人文关怀和生态关怀。绿色化不仅对科学技术向节能高效目标的进步提出要求，更要在减排环保方面有突出要求，否则即便在一定程度上降低了单位产品生产的资源环境消耗，但随着人口增长和消费水平提高，经济发展对生态环境的整体压力仍将进一步增长，生态环境危机仍难以得到解决。

绿色化发展第五要解决的是制度问题。中国过去三十余年的高速发展，不仅是科技的胜利，更是制度的胜利，改革开放以后的一系列制度改革，如家庭联产承包责任制、分税制等，极大地释放了生产力。如今，中国仍坚持进一步深化改革，坚持体制机制创新，通过改革释放经济活力，实现经济、政治、社会、文化和生态环境的协调发展，党和人民应对这一改革方向保持高度的制度自信。制度对经济和社会发展的巨大影响，直到20世纪中叶才得到广泛重视，但很快人们认识到制度红利对经济发展和经济升级的重要推动作用。如今，中国要实现绿色化发展，应加快经济从对资源红利、人口红利的依赖，向寻求科技红利和制度红利转变，利用完善的制度，鼓励绿色化的生产方式和生活方式。

（二）生产方式绿色化

中共中央、国务院发布的《关于加快推进生态文明建设的意见》明确指出，要把绿色发展、循环经济、低碳发展作为建设生态文明的基本途径，推动形成资源节约和环境保护的空间格局、产业结构和生产方式。生产方式是指社会生活所必需的物质资料谋取方式，在生产过程中形成的人与自然界之间和人与人之间的相互关系的体系，包括生产力和生产关系。因此，生产方式的绿色化包括生产力的绿色化和生产关系的绿色化。

生产力的绿色化包括两个方面：一是单位产品生产的资源、能源消耗降低，污染物排放降低；二是社会总产品生产对资源环境影响的增长趋势应有明显放缓，在一定时期后，应有下降趋势。生产力的绿化取决于多方面因素：首先是产业结构绿色化，降低经济增长对重工业和高污染行业的依赖，提升第三产业和新型农业对经济的提升能力，大幅提升高新科技产业比重，进一步提升信息化与工业化的深度结合，尤其利用"互联网+"和大数据技术促进工业升级。其次是能源结构绿色化，大幅降低对传统化石能源的依赖，提高能源清洁利用比重，积极鼓励新能源产业发展与技术研发，尤其是风能、太阳能和地热资源利用，全面提升各产业能源利用效率，有序淘汰高能耗行业和技术。最后是资源利用结构绿色化，全面降低各产业资源消耗率，大力鼓励循环经济发展，建立和完善生产者责任延伸制度，逐步提高对企业原材料中再循环材料比重，鼓励生态产业园区发展。

生产关系绿色化的核心是劳动价值分配规则的绿色化。改革开放以来，我国劳动价值分配经历了从效率优先、兼顾公平，向公平与效率并重的转变，依效率分配劳动价值具有合理性，鼓励了劳动积极性，是基本的、不可违背的经济规律，但这里的效率，应从狭义的经济效率扩展至广义的效率，包括经济、社会和生态效率，尤其是社会效率和生态效率，在市场经济条件下难以自动对价值分配进行调整。因此，必须通过一系列制度安排，对能提高社会福利和生态福利的经济活动予以支持，确保劳有所得，鼓励能对社会总福利和生态总福利有提升的社会活动。

（三）生活方式绿色化

随着我国经济社会的全面发展，人民生活水平有了显著提升，居民消费的数量和质量在过去三十年间快速增长，并仍将保持持续增长趋势。居民生活对资源、能源的消耗和对生态环境的影响规模已非常庞大，而且因制度、知识和社会价值观方面的缺陷，污染、浪费、奢侈消费问题突出。2015年11月16日，由国家环保部制定的《关于加快推动生活方式绿色化的实施意见》（以下简称《意见》）对外公布，提出到2020年，生态文明价值理念在全社会得到推行，全民生活方式绿色化的理念明显加强，生活方式绿色化的政策法规体系初步建立，公众践行绿色生活的内在动力不断增强，社会绿色产品服务快捷便利，公众绿色生活方式的习惯基本养成，最终全社会实现生活方式和消费模式向勤俭节约、绿色低碳、文明健康的方向转变，形成人人、事事、时时崇尚生态文明的社会新风尚。该《意见》还指出，应通过促进生产、流通、回收等环节绿色化和推进衣食住行等领域绿色化两大手段，加速推进生活方式绿色化。

第二篇

我国工业化进程中的资源环境问题及其对策

第四章 我国工业化进程中的资源问题

资源是经济发展和社会进步不可缺少的物质基础，是人类活动的主要载体和作用对象。资源的数量和质量不仅会影响工业和社会经济发展的速度和质量，还会影响国家安全。目前，我国已经形成比较完善的资源生产和供应体系，但在工业快速发展带动下，我国资源消耗明显加速，资源供需缺口越来越大，资源有限性与工业发展旺盛需求之间的矛盾日益凸显。这种矛盾已经成为影响我国工业健康、持续发展的关键因素，也成为我国全面建设生态文明的主要制约因素。随着生态文明建设的推进，我国应坚持走资源节约型工业化道路，通过完善自然资源管理制度和自然资源产品价格体系，并加强资源节约型技术的研发和推广，来解决我国工业化过程中的资源问题。本章重点探讨非能源资源，能源问题在下一章单独设章讨论。

一、快速工业化背景下我国资源开发利用的形势与问题

我国的工业化经历了从计划经济下的工业基础奠定期到改革开放之后

快速工业化时期，特别是进入21世纪之后，我国的工业化进程明显加快。随之而来的是大规模的资源开发与利用，而在相当长一段时期内，我国资源没有得到高效率的开发和利用。① 改革开放三十多年来，我国的经济社会发展水平得到了大幅度的提升，工业化带来的成就极大地丰富了人民的物质生活，但伴随而来的资源问题并没有出现太大的改观，反而呈现出愈演愈烈的态势。② 存在的主要矛盾包括经济社会发展与资源禀赋不足之间的矛盾、高开发强度和低利用效率之间的矛盾、资源开发利用与生态环境保护之间的矛盾等。③

（一）资源供需失衡

1. 耕地资源迫近红线，"质""量"堪忧

随着改革开放三十多年来中国经济的快速发展，我国土地资源的消耗越来越严重，目前可利用土地面积正在以前所未有的速度大幅度减少，而且随着城市化和工业化的快速发展，房地产行业的飞速发展，大量的土地被占用。尤其是近十年来，随着人口规模的不断扩大、经济的快速发展以及城市化、工业化水平的不断提高，城乡居民点、工矿和交通用地等非农建设用地不断增加，导致耕地的总量不断下降。2013年，中国土地资源利用现状调查报告显示，到2012年年底，全国耕地面积为20.27亿亩，比2011年耕地数量减少近120万亩。④ 报告中显示，我国耕地面积正逐渐减少（如图4-1所示），不少耕地还需要退耕还林、退耕还草等，尽管国土资源部公布的数据显示，自2009年以来，全国耕地保有量连续五年都维持在18亿亩耕地红线之上，但仍有相当数量的耕地受到污染不宜耕种，还有部分耕地因表土层破坏、地下水超采等严重影响耕种。以2013年为例，全

---

① 金碚：《资源与环境约束下的中国工业发展》，《中国工业经济》2005年第4期。
② 张宏彬：《能源问题、环境污染与"节能减排"》，《改革与开放》2010年第20期。
③ 张复明：《资源型区域面临的发展难题及其破解思路》，《中国软科学》2011年第6期。
④ 截至2009年12月31日，全国耕地面积为13538.5万公顷，比基于一调的2009年变更调查数多出1358.7万公顷（约2亿亩），这主要是由于调查标准、技术方法的改进和农村税费政策调整等因素影响，调查数据更加全面、客观、准确。

国平均耕地质量等别仅为 9.96。① 全国优等耕地面积仅占总耕地面积的 2.9%，高等地占比为 26.5%，整体质量偏低（如图 4-2 所示）。因而，耕地保护形势依然严峻。

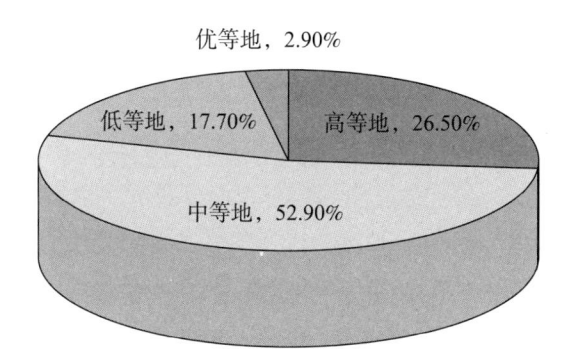

图 4-1 我国耕地面积变化趋势

图 4-2 2013 年我国耕地质量情况

资料来源：《中国国土资源公报 2014》。

---

① 全国耕地评定为 15 个等别，1 等耕地质量最好，15 等耕地质量最差。1—4 等、5—8 等、9—12 等、13—15 等耕地分别划为优等地、高等地、中等地、低等地。

2. 水资源需求快速增长，缺水区域呈扩大趋势

中国水资源总量比较丰富，2013 年我国水资源总量为 27957.9 亿立方米，其中地表水资源量达到 26839.5 亿立方米，地下水资源量为 8081.1 亿立方米。[①] 水资源绝对量居世界前列。但是，随着工业化进程的加快发展，人口数量的不断增加，以及人民生活水平的提高，我国对水资源的需求量也在快速增长，且用水总量占水资源比例维持在较高的水平，平均为 22.6%（如图 4-3 所示）。2013 年全国用水消耗总量 3263.4 亿立方米，耗水率 53%。

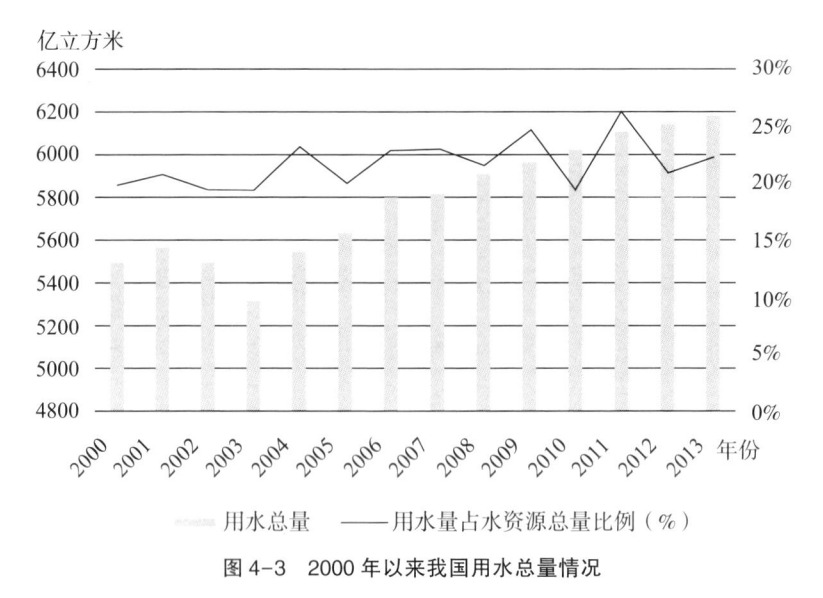

图 4-3　2000 年以来我国用水总量情况

资料来源：《中国统计年鉴 2014》。

从人均水资源量来看，我国人均水资源量呈现缓慢减少的趋势，2013 年人均水资源量不足 2100 立方米/人，仅为世界平均水平的 1/4、美国的 1/5，在联合国可持续发展委员会统计的 153 个国家和地区中，排第 125 位，并且还被列为世界 13 个人均水资源最贫乏的国家之一。专家分析认

---

① 此处地下水资源量指矿化度≤2 克/升的地下水；地表水与地下水重复量为 6962.7 亿立方米。

为，在 2030 年，我国人口将达到历史最高峰，中国人均水资源量将会下降 25%左右，人均水资源会严重不足。据统计，现阶段全国 600 多座城市中有 400 多个城市存在供水不足问题，其中较严重的缺水城市达 120 个，全国城市缺水总量为 60 亿立方米。[①] 截至 2012 年，我国 364 个县级以上城市缺水，日缺水量达 1300 万立方米，年缺水量达 58 亿立方米，严重缺水城市涉及 17 个省区。[②]

3. 矿产资源开发利用难度大，对外依存度居高不下

矿产资源是社会和经济发展的重要物质基础。随着中国新型工业化、信息化、城镇化和农业现代化的加快推进，矿产资源消费进一步增长，石油、铁、铜、铝、钾盐等大宗矿产的需求保持旺盛态势。由于矿产资源的不可再生性，使得有限的矿产资源呈现出衰竭的趋势。尽管如此，我国矿产资源的供需矛盾仍然十分突出。

一方面，我国矿产资源开发难度大，增加了供给的困难。主要表现为我国矿产资源呈现"三多三少"的特征：一是贫矿多富矿少，低品位难选冶矿石所占比例大，如我国铁矿石平均品位为 33.5%，比世界平均水平低 10 个百分点以上；锰矿平均品位仅 22%，离世界商品矿石工业标准 48% 相差甚远；铜矿平均品位仅为 0.87%；磷矿平均品位仅 16.95%；铝土矿几乎全为一水硬铝石，分离提取难度很大。二是中小型矿床多而大型超大型矿床少：以铜矿为例，我国迄今发现的铜矿产地 900 余处，其中大型—超大型矿床仅占 3%，中型矿床占 9%，小型矿床多达 88%。三是共生矿床多而单一矿种矿床少，据统计我国的共生、伴生矿床约占已探明矿产储量的 80%。

另一方面，我国矿产资源消费量持续上涨，加大了需求的压力。这主要表现为我国矿产资源分布不均，优势矿产实际用量并不大，而一些重要的支柱性矿产大多出现短缺或探明储量不足，需要长期依赖进口。例如铁矿石，2000—2014 年，中国铁矿石进口量由 0.7 亿吨增至 9.3 亿吨，对外

---

① 《2012 年中国水土保护公告》，中华人民共和国水利部，2013 年。
② 《2012 年中国水土保护公告》，中华人民共和国水利部，2013 年。

进口依存度由40%提升至78.5%,剔除钢铁出口,我国铁矿石实际对外依存度为69%(如图4-4所示)。

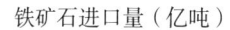

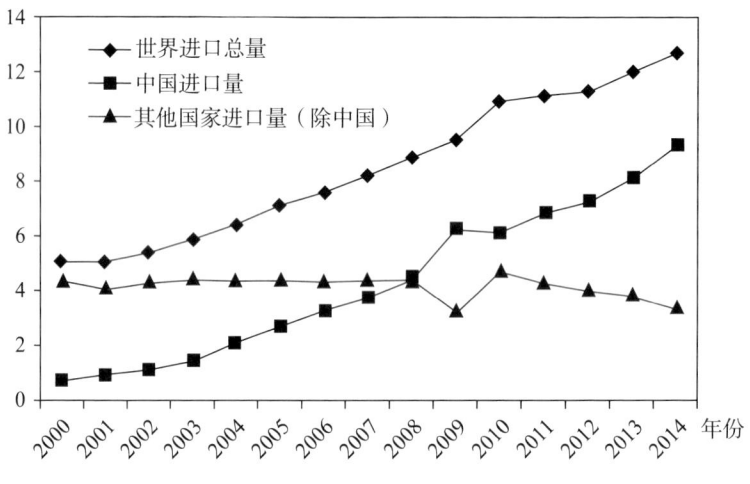

图4-4 2000—2014年中国及世界铁矿石进口量增长情况

资料来源:世界钢铁协会网站。

(二) 资源利用的代际失衡

我国长期以来坚持的工业化道路是高物耗、高能耗的经济发展模式,在这种发展理念的指导下,当代人在追求当前经济发展速度时,必然会忽视后代人的利益,造成严重的代际失衡局面,资源代际公平问题不容乐观。

经济伦理学认为,资源是地球赋予人类的托管物品,每代人具有平等的资源开发和利用的权利。从资源的总量来看,按当前资源消耗速度来推算,我国石油、天然气、煤炭和铁矿石等保障年限不足100年,代际公平问题已经相当严峻(如表4-1所示);从资源的质量来看,目前科技水平所能开采的资源均为较易开采的部分,未被开采的资源品位较低,且开采难度大。

表 4-1 部分资源储采比

	石油	天然气	煤炭	铁矿石	铜矿石	铝土矿
储采比	16.10	40.85	62.98	14.87	4.65	44.73

资料来源:《中国统计年鉴2013》《中国矿业年鉴2013》。

(三) 资源利用效率偏低

1. 能源矿产资源利用效率偏低

从能源矿产的利用效率来看,以煤炭为例,我国煤炭利用效率虽然呈现逐步提升的趋势,然而中国煤炭资源利用效率上升的幅度和国际先进水平有很大差距,同时其绝对效率远低于一些主要发达国家(如表4-2所示)。

表 4-2 中国与主要发达国家煤炭利用效率比较(吨/万元)

年份	中国	美国	英国	日本
2000	11.59	3.36	2.20	1.57
2001	11.01	3.26	2.20	1.77
2002	10.68	3.25	2.11	1.81
2003	11.26	3.19	1.91	1.65
2004	11.84	3.14	1.67	1.53
2005	11.54	3.05	1.66	1.53
2006	11.01	2.94	1.58	1.47
2007	10.89	2.88	1.46	1.41
2008	10.74	2.74	1.39	1.38
2009	10.55	2.63	1.31	1.33
2010	10.16	2.41	1.29	1.31
2011	10.02	2.35	1.26	1.30
2012	9.83	2.27	1.21	1.28
2013	9.02	2.13	1.17	1.26

资料来源:笔者根据历年《BP世界能源统计》中的数据计算得出。

从表 4-2 可以看出，尽管我国煤炭利用效率不断提高，但由于技术等方面的原因，万元 GDP 所消耗的煤炭资源量和国外的差距依然明显，而且这种差距越来越大。例如，2000 年中国单位 GDP 煤炭消耗量是英国的 5.27 倍，2013 年却增加到 7.71 倍。

2. 非能源矿产资源利用效率偏低

我国传统矿产加工生产工艺复杂、流程长、成本高；采矿工艺技术水平落后、选冶过程的自动控制水平低、选冶流程不科学，使很多伴生、共生组分损失遗弃；大型高效低耗选冶加工装备缺乏，选矿厂装备水平不高；相对缺少对尾矿、废渣等固体废弃物进行综合回收利用的先进装备。这些因素都制约了矿产资源综合利用的效益和对贫、杂、微细复合矿石的综合利用，直接导致矿产资源采选冶综合回收率及其伴生综合利用率均低于世界平均水平。在回收率方面，我国矿产资源的回收率极低。总回收率仅为 30% 左右，比世界平均水平低 20 个百分点。铁矿、有色金属的回收率分别 30% 和 20%；煤矿资源回采率只有 40% 左右，每年约有 500 万吨废钢铁、200 多万吨废有色金属没有被回收利用；国有重点煤矿的回采率一般为 50% 左右，接近世界平均水平，地方国营煤矿的回采率为 30%，而乡镇矿以及一些小煤矿的回采率一般只有 10%—15%，资源浪费十分惊人。在矿产资源综合利用方面和国外的差距也很明显。矿产资源的综合利用率不到 20%，比国外先进水平低 10 个百分点。单位 GDP 消耗的钢材、铜、铝、铅、锌分别是世界平均水平的 5.6 倍、4.8 倍、4.9 倍、4.9 倍和 4.4 倍。不仅如此，中国大中型矿山中，几乎没有开展综合利用的矿山占 45%。[①]

3. 水资源利用效率偏低

由于技术等方面的原因，我国水资源的利用效率与国外相比还处于非常低的水平。例如，美国每立方米的水资源产值是 65 美元，日本是 55 美元，而我国只有美国的三十分之一，仅为 2 美元。由于灌溉方式等方面的

---

① 中国能源发展战略研究组：《中国能源发展战略选择》，清华大学出版社 2013 年版，第 23 页。

差异，国内外农业灌溉用水利用系数也有很大差异，中国的农业灌溉用水利用系数只有0.3—0.4，而国外先进水平是中国2倍多，美国等国家的农业灌溉用水利用系数达到了0.7—0.8，有57%的农业灌溉用水被浪费。工业用水方面，我国工业用水效率与世界上发达国家也有相当大的差距，我国工业用水重复率只有国外的三分之一左右，2013年，我国工业用水重复率为20%—40%左右，而发达国家的工业用水重复率一般在60%—80%。

（四）资源利用引起的环境问题严峻

矿产资源的开采过程必然会造成地形、地貌的破坏，造成严重的地质灾害，如地表下沉、滑坡和泥石流等。矿石选冶过程则必然会造成大量废水有毒气体、粉尘及固体废弃物等"三废"的排放。同时资源长期低效率的使用造成了大量资源浪费和环境污染。

1. 土地资源退化严重

在全国国土面积中，65%属于山地或丘陵，33%属于干旱地区或荒漠地区，55%不适于人类生活与生产，35%受到土壤侵蚀或沙漠的影响，可利用面积十分有限。随着森林的砍伐和草原的退化，土地荒漠化和土壤侵蚀日趋严重。中国是世界上水土流失最严重的国家之一。1945年水土流失面积116万平方千米，占国土面积的16%；到2013年，水土流失面积扩大到295万平方千米，占国土面积的30.7%。全球每年流失260亿吨表土，我国要占20%，损失土地中的养分相当于我国1984年的化肥总产量。

水土流失使我国主要江河受到严重影响。如长江干流由于水土流失而使淤积填满了河道，部分地方，如荆江河段成了"悬河"，发洪水时，水位比周围高出几米甚至几十米。这使得长江中下游湖泊减少，湖泊蓄水能力大为减弱。黄河平均每年泥沙流失量更高达$16×10^3$吨，黄河下游河床平均每年抬高10厘米，从而造成黄河上游坡地"越垦越穷，越穷越垦"、下游堤坝"越险越加，越加越险"的两个恶性循环。

2. 工业"三废"排放影响了资源质量

在工业发展，尤其是乡镇企业蓬勃发展的带动下，工业活动排放的污染物质进入到大自然，严重影响了土壤、水和空气的质量。全国耕地中，缺磷面积占 59.1%，缺钾面积占 22.9%。全国受盐碱化威胁的耕地约有 6 万平方千米，受荒漠化危害的农田约 21 万平方千米，遭受污染的耕地近 20 万平方千米，受酸雨危害的耕地达 3.7 万平方千米。据统计，我国每年因工业活动而排放的工业废水的总量达到了 200 亿吨以上。工业固体废物累计堆存量超过 $65×10^8$ 吨，占地 5 万平方千米以上，还有堆存的大量城市生活垃圾，不但占用了大量土地，也对水体和土壤等产生了污染。工业废气、烟尘等所引发的酸雨，也直接或间接地污染了大片土地。另外，城市生活污水和部分工业废水未经处理就直接排入河道或灌溉系统，在一些水源不足的地区甚至直接引用污水灌溉农田，不少污水灌区已发现重金属等有害污染物在表土和农产品中积累，并最终随食物链进入人体。而由于农药和化肥的过度和不合理使用，不仅使农业收入大幅度下降，还使农业用地的质量急剧下降，农村耕地的可使用面积逐年下降。[①]

二、我国资源问题的成因分析

随着工业化的发展，我国资源利用中存在着越来越明显的数量、效率和与环境不协调的问题，而且这些问题越来越制约工业化的进一步发展。我国工业化发展面临的资源问题是一个综合性问题，只有找准资源问题产生的主要原因，并分析资源发展的趋势才能找到解决资源问题、促进工业化发展和推进生态文明建设的正确途径。

（一）资源禀赋不足，资源配置不佳

首先，我国主要资源禀赋严重不足。一方面，我国资源总量上居世界前列，但水资源、耕地资源以及主要的矿产资源的人均资源量远低于世界平均水平；另一方面，我国矿产资源品种基本齐全，但主要矿产资源的储

[①] 《中国国土资源公报 2015》。

量严重不足,譬如石油、铁矿石、铝土矿和铜矿长期依赖进口。

其次,我国资源市场配置不佳。一方面,资源禀赋不足导致我国资源大量依赖国外进口,但仅限于引进资源本身,并未充分利用国际市场来引进资源开发和利用技术;另一方面,我国产业结构的不合理、市场秩序混乱,导致我国资源并没有完全依赖市场的力量自由地向着最优化的生产方式流动,加剧了资源供给的压力。

(二) 技术落后影响资源利用效率

第一,开采技术水平较低。与国外主要产煤国家相比,中国煤矿技术水平整体偏低。德国、英国、波兰、美国等主要产煤国家采煤机械化程度达到了100%,俄罗斯采煤机械化程度达到了97%,而我国机械化程度仅有65%,其中原国有重点煤矿达到90%左右,与国外仍有相当大的差距。技术装备的落后不仅影响了煤矿的产量、造成煤炭资源的浪费,还会引发安全事故。据统计,我国煤矿安全事故总量大,尤其是一些重特大事故,多数发生在小煤矿。目前,全国小煤矿事故仍然占全国煤矿事故总量、死亡人数的70%以上。

第二,科技投入较低,与国外差距明显。研发规模的大小直接影响企业技术水平。这里我们主要是从有研发活动企业所占比重和有研发机构企业所占比重两方面进行说明。首先,从有研发活动企业所占比重来看,尽管我国R&D经费在不断增加,但在资源开采中进行的研发活动总体偏少。2009年,规模以上工业企业中只有8.47%的企业从事过研发活动,尽管随后呈现出不断增加的趋势,但总体比例并不高,最高年份的2012年也只有13.73%的企业存在研发活动。① 其次,从研发规模来看。尽管我国R&D经费由1995年的34.9亿美元增加到2014年的1800亿美元左右,但横向比较会发现我国R&D经费投入量和发达国家相比还有很大的差距。1995年,我国R&D经费占GDP比重只有0.57%,而同期的美国和日本分别达

---

① 数据来源:《中国科技统计年鉴》。

到了 2.51% 和 2.92%；2000 年时，我国 R&D 经费占 GDP 比重上升到 0.90%，但美国和日本达到了 2.74% 和 3.04%，分别是中国的 4.4 倍和 5.1 倍。2014 年，中国 R&D 经费占 GDP 比重达到 2%，逐步拉近了与美国、日本等主要发达国家水平。

(三) 资源价格机制不完善

一方面，我国资源的价格形成机制不完善，主要表现为我国土地、水、电、油等重要资源的价格长期由政府实行管制，而且出于维护低物价或低通货膨胀等考虑，一直实行重要资源的低价格政策，严重扭曲了其稀缺程度和供求状况，造成了这些重要资源的巨大浪费和过度消费。[1] 另一方面，我国资源在开发利用中，缺乏完善的产权制度和用途监管体系，主要表现为自然资源无序开发，浪费严重，责任不明晰。

长期以来，我国资源价格形成机制基本上以政府定价或政府出台指导价为主，资源的价格水平偏低。譬如我国大城市工业用地的价格，在工业化快速发展以来维持在较低的水平，不能体现大城市工业用地的稀缺性，导致大量非工业用地被占用，城市的承载力趋紧。大多数矿产资源价格只反映了资源开发与运输过程的基本成本，忽视了市场供求关系、资源稀缺程度及环境损失的外部程度，没有反映由于资源开发引起的生态环境破坏修复成本和资源开发利用过程中基础设施建设、安全生产等一系列完全成本。追根究底，其根源在于资源开发补偿机制的缺失。[2] 主要表现为定价机制中没能得以反映的成本难以通过市场自身得到体现，例如，由于环保制度的长期缺失导致资源开发的生态破坏、环境污染的治理成本并没有成为资源定价的考虑因素。因而，我国长期以来的资源价格处于不合理的偏低状态。受资源价格不合理的影响，我国资源的约束日趋严重，不少资源型城市也以罕见的速度从繁荣走向衰败，使资源型城市面临严峻的转型压力。

---

[1] 李佐军:《资源节约型工业化道路的九大对策》,《表面工程资讯》2006 年第 3 期。
[2] 朱敏:《我国现行资源定价体系存在五大问题》, 2009 年 1 月 14 日, 见 http://finance.sina.com.cn/review/observe/20090114/10565759059.shtml。

（四）自然资源产权制度不完善和用途监管制度不健全

国家虽然是资源的所有者，但实际上并不直接占有资源，主要是由国有企业和地方政府代表国家占有资源，并拥有事实上的处置权和相当程度的收益权。因此，在市场机制发挥资源配置基础性作用的同时，这些企业和地方政府对资源市场价格的形成也产生了重要影响，使得资源的价格不能得以真实地体现。自然资源产权不清晰的直接后果就是造成资源的掠夺性开发与使用。近年来，我国部分地区大气污染加重与雾霾围城情景的不断出现以及部分地区生产生活环境的日趋恶化，其实也就是因为诸如大气等资源作为"无主"资源而被过度开发利用。不仅如此，对资源的过程管理和用途管理的制度不重视。在资源管理过程中，只注重具体环节的管理，忽视了资源开发利用的全过程管理；没有按自然资源属性、使用用途和环境功能采取相应方式的用途监管，没有强调国家对国土空间内的自然资源按生活空间、生产空间、生态空间等用途或功能进行监管，没有严格按用途管制规则进行开发，而随意改变用途。

三、生态文明背景下解决我国资源问题的基本路径

随着经济增长与资源问题的矛盾逐渐突出，快速工业化的道路已经逐渐成为了制约我国经济社会进一步发展的主要因素。要达到在加快工业化发展过程中提高社会的生态水平以实现人类的持续发展，就必须科学合理地解决我国工业化过程中存在的资源问题。当前，我国正处于经济发展的新常态，走生态文明的道路已成为解决我国资源问题等众多问题的最佳途径之一。解决我国资源问题的核心是促进资源的集约节约利用和高效利用，结合我国资源问题的特征，从以下五个方面来解决我国工业化过程中的资源问题。

（一）优化资源配置，发展循环经济

我国人均资源量较少，而国际资源争夺越发激烈，加上我国长期以来

的粗放型工业化道路，资源利用效率长期偏低，我国主要资源和重要原材料已经出现了供应紧张的局面，我们应该将节约资源提升到前所未有的高度，即提升到事关现代化建设进程和国家安全，事关人民群众福祉和根本利益，事关中华民族生存和长远发展的高度。要将经济社会发展和资源开发利用有机协调、注重资源开发利用中的集约和节约、注重资源发展中的体制机制的改革和创新，同时加强国外资源的开发利用，充分利用"两个市场"，优化资源配置。在资源开发利用过程中，把节约放在首位，坚持以提高资源利用效率为核心，加快推进技术进步、完善制度建设和优化产业结构，以节能降耗、降低自然资源使用强度、提高资源综合利用和发展循环经济为重点，不断促进经济社会可持续发展。为此，宏观政府层面应加强调控和协调，中观行业企业层面积极落实资源节约的政策方针，微观个体层面应提高自身素质，培养资源节约利用的习惯，全社会共同努力，大力推进资源节约工作。

(二) 完善资源红线管控制度和产权制度

首先，要完善资源红线管控制度，在工业化过程中应将工业生产、开发活动严格限定在资源可承受范围之内，即资源承载力红线不可逾越。一方面通过合理设定自然资源消耗的"天花板"来控制资源使用的总量，另一方面要将资源红线与生态红线、环境红线统筹起来，降低资源使用引起的生态环境影响。

其次，要完善资源产权和用途管制制度，通过自然资源统一确权登记来实现产权制度的完善。同时要坚持使用资源付费和造成生态破坏、环境污染的主体付费的原则，逐步完善资源税制度，扩大资源征收范围，即由矿产品扩大到水资源、林业资源、海洋资源等等。

再次，对于重点生态功能区，落实谁收益、谁补偿的原则，加大生态补偿制度的实施力度。此外，要通过建立资源开发利用激励机制、落实资源产权制度等方面来实现提高我国资源管理效率。需要注意的是，这里提到的激励机制主要是要通过建立一套完整的激励机制，使资源生产地能够按照预期计划进行能源生产和利用。这些激励机制作用的大小直接取决于激励机制内容的合理程度，只有同时包含激励功能和约束功能的激励机制才能够充分发挥其作用。一般来说，科学合理的激励机制不仅有利于自然资源的合理配置，还有利于提高相关方的利益，并能实现社会福利最大化。

（三）完善自然资源产品价格体系

资源价格机制是推进资源节约的基础机制。资源市场的非完全性使得我国现有的资源价格机制并没有充分反映出我国资源尤其是矿产资源的价值、成本和稀缺程度。这种偏离于资源价值的价格机制造出了经济发展方式的粗放型：极少的产出需要更多的资源来实现，并使中国经济发展形成了"两高一低"增长模式。这种模式不仅使原本稀缺的资源越发减少，资源约束问题更加严重，还使要素的边际收益呈现出递减趋势；同时，经济发展的粗放式路径又使原来的价格体系很难改变，既得利益者不愿意改变其消费模式，因而难以实现资源利用制度的创新。

因此，要加快资源性产品价格的市场化改革进程，逐步建立并完善能够反映资源稀缺程度和供求关系的价格形成机制，充分发挥价格杠杆的作用，有效抑制因价格扭曲而造成的资源浪费，发掘企业的节约潜力。譬如，对工业用水实施阶梯式水价制度，对超计划、超定额用水采取加价收费方式；对工业用电按照峰谷分时、丰枯和季节性制定灵活电价，尽量反映电力供求关系。重点完善天然气价格形成机制，充分反映天然气作为清洁能源的稀缺性，加强与其他能源产品的比价关系。针对大城市工业用地价格偏低的情况，应进一步推进土地的市场化改革进程，运用价格机制调控土地，减少土地浪费，提高土地使用效率。

（四）加强资源节约型技术的研发和推广应用

要重视能加强资源节约和能提高资源利用效率的技术创新，加大国家对资源技术开发资金的投入。加大对可替代能源、新能源的开发利用的技术研究，尽早取得技术工艺的突破，并且要充分利用市场，将成果转化为效益。提高知识产权的保护意识，建立对资源节约型技术创新的激励制度，提高研究者开发和推广应用资源节约型技术的积极性。

科技水平的提高是解决资源问题的有效途径，而要提高科技水平，就必须加大科技投入。要实现这一点，就必须保证政府科技投入能够稳定增长，并通过建立相关机制来实现这一点。政府科技投入的稳定增长机制是促进我国科技进步和资源有效利用的必然要求和根本保证，以政府资金的有效引导与带动保证资源开发利用中的研发投入不断增加。

（五）促进资源节约的社会新风尚

大量的资源浪费也是我国产生严峻资源问题的诱因之一，因而要全面开展资源节约型社会的建设。通过倡导合理消费，促进社会民众消除奢侈浪费之风，一方面缓解因过度消费带来的资源需求上升，另一方面降低资源消费带来的生态破坏和环境污染；通过在生产、流通、仓储等环节提高资源节约力度，促进工业企业提高资源利用效率，不仅降低资源浪费和闲置，也大量降低企业成本。

通过开展反过度包装、反食品浪费、反过度消费来推动勤俭节约的社会新风尚。一旦资源节约的社会风尚得以形成，将从根本上缓解我国粮食安全的压力和降低自然资源的损耗，从而实现资源的集约节约利用。

第五章　我国工业化进程中的能源问题

能源是我国社会经济发展的重要物质基础，能源问题与生态文明建设密切相关。随着我国工业化进程的推进，能源消费快速增长带来的空气污染、生态破坏、气候变化等一系列能源环境问题，成为制约我国生态文明建设的重要因素。解决能源问题的关键是如何实现能源消费的高效、清洁利用。通过控制能源消费总量，不断提高能源利用效率，大力发展新能源与可再生能源，以技术创新驱动推动能源消费与经济结构的转型发展，实现能源利用的清洁低碳、安全高效利用，这是破解我国现阶段工业化发展过程中能源问题的关键所在与时代抉择。

一、快速工业化背景下我国能源发展的形势与问题

工业化的发展与能源消费相辅相成，工业化的发展需要以能源消费为基础，而能源消费的增长又能推动工业化的快速发展。我国快速工业化的背景与粗放型的经济发展方式决定了我国工业化过程中现今所面临严峻的能源问题。

（一）能源需求总量快速增长导致供需失衡

1. 能源需求总量巨大

我国从20世纪50年代初开始的快速工业化与城镇化已经极大地改变了我国的生产面貌，同时也使我国的能源消费水平得到了很大提升。尤其进入21世纪之后，我国的能源消费总量开始实现快速增长，2001—2008年，全国的能源消费总量从15.6亿吨标准煤增长至32.1亿吨标准煤，[①]增加了近2.1倍，年均增长率高达9.5%，相比于同期世界上其他国家的年均能源消费增长率2.8%高出了近7个百分点。我国在2013年的能源消费量达到41.7亿吨标准煤，而同期发展中国家的印度为8.3亿吨标准煤，仅为中国的20%。相比之下，以美国、欧盟为代表的发达国家同期能源总量增长缓慢甚至略有下降。如美国2013年的能源消费总量为31.8亿吨标准煤，其在2004年则为32.9亿吨标准煤。在这期间，我国与印度的能源消费分别占世界能源消费总量的22.6%和4.6%。

随着我国经济进入新常态，2015—2018年，我国的能源消费总量将有可能出现整体下降。2018年后，伴随我国经济的逐步复苏，能源消费总量仍将出现缓慢增长，到2020年，能源消费总量将达到42.4亿吨标准煤。2030年之前，我国的能源消费整体呈上升态势，能源需求总量巨大（如图5-1所示）。

2. 能源缺口不断扩大

近年来我国的能源产量实现了快速增长，但是由于能源消费增长过快以至于超过了能源产量的增长速度，使得我国的能源消费出现供不应求，能源短缺将直接影响和制约新常态下我国社会经济的稳定发展。[②] 从图5-2可看出，在1992年时就已出现供不应求，2009年的供需缺口最大，为

[①] 国家能源局：《2013年能源消费总量同比增长3.7%》，2014年2月25日，见http://www.cpnn.com.cn/zdyw/201402/t20140225_656835.html。

[②] 揣小伟、黄贤金、王倩倩、钟太洋：《基于信息熵的中国能源消费动态及其影响因素分析》，《资源科学》2009年第8期。

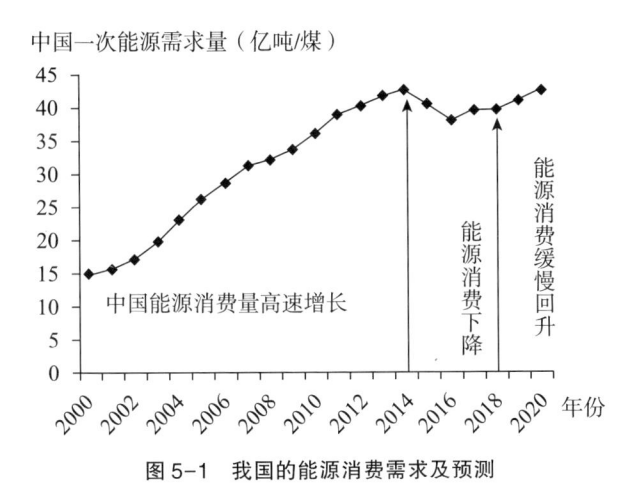

中国一次能源需求量（亿吨/煤）

图 5-1 我国的能源消费需求及预测

资料来源：《中国统计年鉴》(2001—2013)。

−32.028 百万吨标准煤，随着能源消费进一步增长，我国的能源消费供需缺口必将不断扩大。

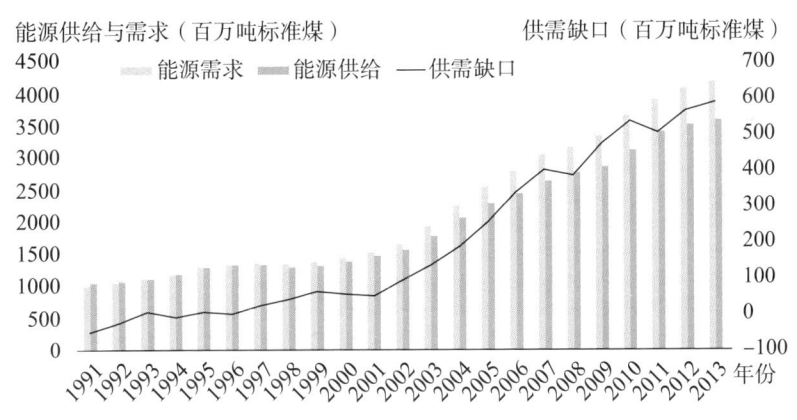

图 5-2 1991—2013 年我国能源供需总量及缺口变动（百万吨标准煤）

资料来源：《中国统计年鉴》(1992—2014)。

3. 能源对外依存度不断升高

我国的能源消费供需缺口的不断扩大，由此带来的能源对外依存度也将不断加大。以石油对外依存度为例，我国原油对外依存度在 1995 年只有 10.23%，但到了 2003 年对外依存度就快速增加到 34.95%，2009 年增加到51.3%，一举越过国际公认资源50%对外依存度警戒线；到2013年达到了58.1%，逼近60%。1993年，我国从原油净出口国变为原油净进口国。2007年，我国天然气首次开始从国外进口。而到2010年，我国的煤炭需求也开始出现国外进口。至此，我国三大主要的化石类能源均出现需求缺口。我国的能源对外依存度正逐年上升，2013年，中国煤炭、石油、天然气的对外依存度分别为0.081、0.573、0.305（如表5-1所示）。面临日益增加的对外依存度，我国的能源资源必将面临越来越加严峻的国际风险。

表 5-1 我国各类能源的对外依存度

类型	2005	2006	2007	2008	2009	2010	2011	2012	2013
煤炭	0.000	0.000	0.000	0.000	0.000	0.030	0.140	0.071	0.081
石油	0.429	0.470	0.505	0.513	0.530	0.548	0.565	0.564	0.573
天然气	0.000	0.000	0.020	0.059	0.050	0.116	0.289	0.255	0.305

资料来源：历年《中国统计年鉴》。

（二）能源消费结构不合理

1. 能源结构以煤为主

"富煤、少气、缺油"的资源现状，决定了我国的能源消费结构必将以煤为主，现阶段在我国的能源消费中以煤炭代表的化石能源约占70%，然而非化石能源比重相对较小且增长缓慢。[1] 新中国成立初期，能源消费总量中煤炭消费占有绝大多数比重，如1961年，煤炭能源的消费比例达到了91.3%，到1978年煤炭的份额下降为70.7%。改革开放初期，在工业发展推动下，煤炭份额从1978年的70.7%上升到1987年的76.2%，但之后又下降到2001年的68.3%；尽管同期石油消费量也呈增长趋势，但是石油的消费量增长速度较慢，所以石油的份额一度下降；由于改革开放之后

---

[1] 成金华、李世祥：《结构变动、技术进步以及价格对能源效率的影响》，《中国人口·资源与环境》2010年第4期。

我国加快了水利设施和水电建设,葛洲坝等大型水利枢纽工程的竣工投产,使得水电等份额从1978年的3.4%上升到2001年的7.5%,增长了一倍多。① 2002—2013年我国能源消费结构全面优化,呈多元化发展趋势(如表5-2所示)。虽然"十五"期间煤炭份额出现反弹,但是"十一五"期间的节能减排政策又使煤炭份额下降到2000年前后水平;石油的份额进一步下降;2001—2013年,天然气份额从2.4%迅速上升到5.2%;水电等清洁能源的比重也呈现逐年上升的趋势,特别是2009年之后,再生能源消费比重的增加促进了清洁能源消费的增长,年均增长近5%。

表5-2 我国一次能源消费百分率变动

年份	煤炭(%)	原油(%)	天然气(%)	核能(%)	水电(%)	再生能源(%)	能源消费总量(百万吨油当量)
2003	69.3	22.1	2.4	0.8	5.3		1204.2
2004	68.7	22.4	2.5	0.8	5.6		1423.5
2005	69.9	20.9	2.6	0.8	5.7		1566.7
2006	70.2	20.4	2.9	0.7	5.7		1729.3
2007	70.5	19.5	3.4	0.8	5.9		1862.8
2008	70.2	18.8	3.6	0.8	6.6		2002.5
2009	71.2	17.7	3.6	0.7	6.4	0.3	2187.7
2010	70.5	17.6	4	0.7	6.7	0.5	2432.2
2011	70.4	17.7	4.5	0.7	6	0.7	2613.2
2012	68.5	17.7	4.7	0.8	7.1	1.2	2735.2
2013	67.5	17.8	5.2	0.8	7.2	1.5	2852.4

资料来源:历年《BP世界能源统计》。

2. 清洁能源占比较低

尽管清洁能源在能源消费结构的比重在不断增加,但相对于其他国家,我国能源消费结构优化的速度较慢,清洁能源份额相对较低。从平均

---

① 历年《中国统计年鉴》。

水平来看，1973—2008年世界能源消费结构中化石能源份额从75.5%下降到67%，下降了8.7%，而我国同期化石能源比重仅下降了3.1%；从相对数量来看，2010年美国清洁能源比重占整个能源消费总量的12.7%，而我国只有7.9%，2013年美国该比重为13.6%，中国该比重为9.5%。这表明尽管近年来我国的能源消费结构已经有所调整与优化，但是同发达国家相比，清洁能源的发展仍然存在着很大差距（如图5-3所示）。

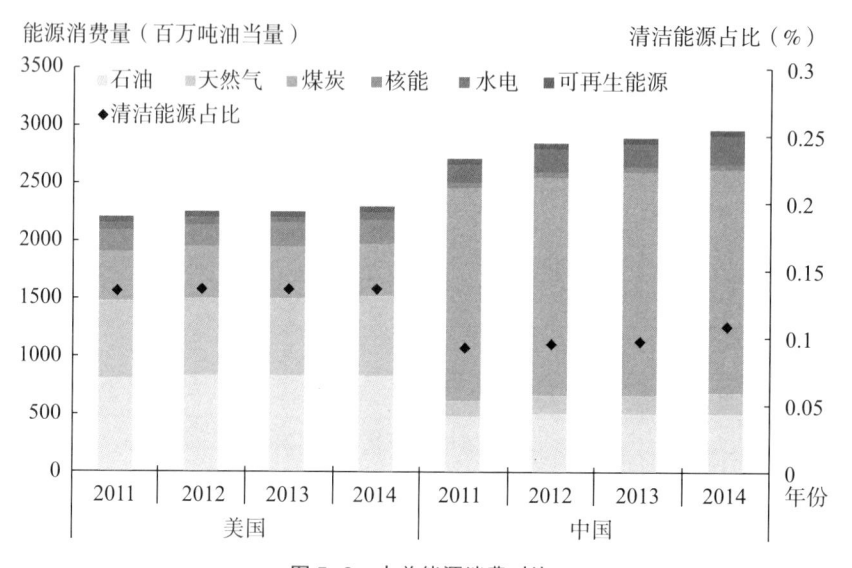

图5-3 中美能源消费对比

资料来源：《BP世界能源统计年鉴》。

（三）能源利用效率偏低

尽管在国家节能减排政策作用下，我国能源利用效率有所上升，能源强度呈不断下降的趋势，但是同发达国家相比，差距依旧很明显，能源整体利用效率仍相对偏低。

1. 单位能耗GDP产值偏低

从图5-4可以看出，我国的单位能耗GDP产值自1990年以来，逐年上升，能源效率不断提高。但是，同发达国家相比，能源效率仍然处以较低水平。2013年我国的单位能耗GDP产值为5.22美元/千克油当量,低于世界平均水平7.50美元/千克油当量,而同期的英国、日本、美国分别为12.57、10.00、7.42美元/千克油当量。2013年,我国的能源效率仅为英国的0.41、日本的0.52、美国的0.70。同为发展中国家的印度,2013年单位能耗GDP产值为7.92美元/千克油当量,则高于我国的能源效率水平。

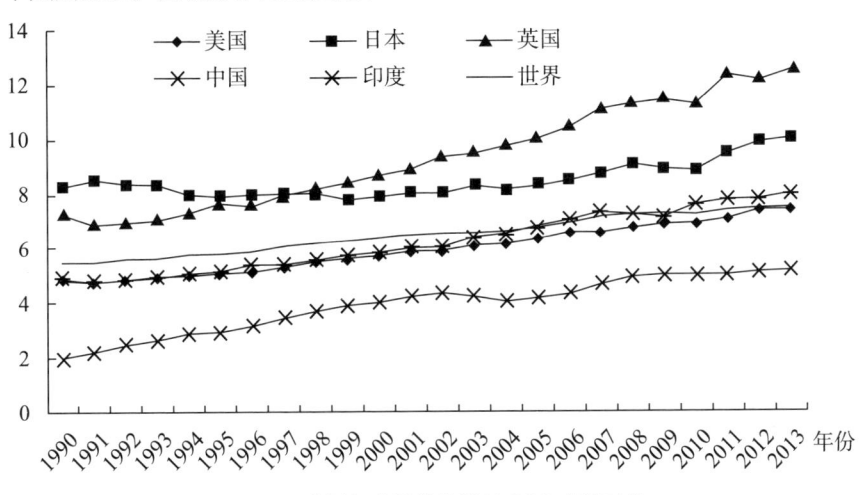

图5-4 中国与世界单位能耗GDP产值对比

资料来源:世界银行网站。

2. 能源弹性系数仍相对较高

能源弹性系数可以用来反映我国能源的利用效率,2000—2010年,我国的能源弹性系数高于0.58,其中,2003年和2004年竟然高达1.43和1.60。而在2001年、2002年和2008年,我国GDP增长率分别为8.4%、8.3%和9.6%,能源弹性系数依次为0.42、0.40和0.41。2000—2005年、2005—2010年,我国能源弹性系数分别为0.76、0.55。同期印度与巴西能源弹性系数分别为0.44、0.77和0.77、0.73。2011年之后,我国能源逐年下降,2014年降低至0.3(如图5-5所示)。由此可以看出,前期我国的能源弹性系数明显高于发达国家与部分发展中国家,随着我国经济的发展能源弹性系数逐渐降低，能源效率不断提升，但同发达国家相比仍存在一定差距。

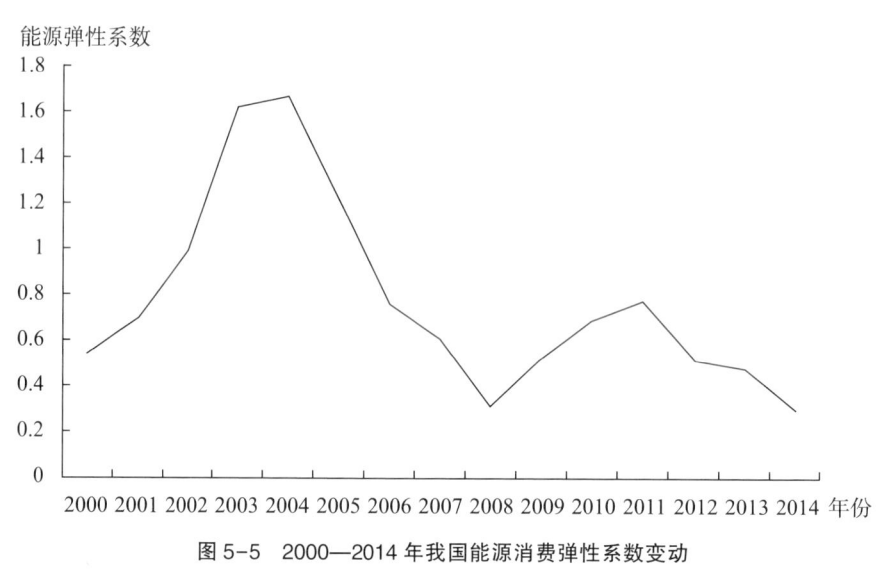

图 5-5　2000—2014 年我国能源消费弹性系数变动

资料来源：笔者根据历年《中国统计年鉴》计算得出。

（四）能源利用引起的环境问题日益严重

1. 大气温室效应加剧

能源资源的大量开发与利用也给我国带来了严峻的能源环境问题。[①] 能源消耗，特别是化石能源的过度消耗，是大气中二氧化碳等温室气体增加的主要原因。现有数据已经表明，地球表面的二氧化碳浓度已经从工业革命时期的 280PPMV 上升到了 2010 年的 379PPMV（如图 5-6 所示）。从近百年来看，全球气温已经明显上升，平均上升幅度为 0.6—0.7℃。气候学家普遍认为 20 世纪以来大气温室效应增强主要是由二氧化碳过量排放所造成的。2001 年，气候变化专业委员会（IPCC）所作出的专业评估报告指出：如果目前仍然不采取任何来防制温室气体的过度排放，那么在 2100

[①]　江泽民：《对中国能源问题的思考》，《上海交通大学学报》2008 年第 3 期。

年时，全球地面平均气温将比 1990 年增加 1.4—5.8℃，海平面将上升 9—88 厘米。

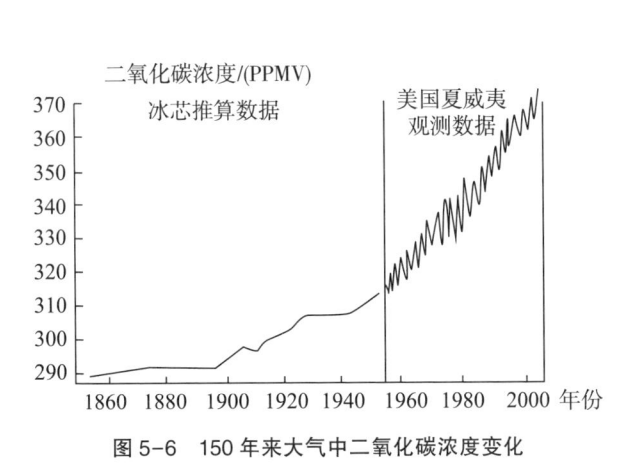

图 5-6 150 年来大气中二氧化碳浓度变化

资料来源：江泽民：《对中国能源问题的思考》，《上海交通大学学报》2008 年第 3 期。

2. 环境污染问题愈加严峻

煤炭、石油等化石能源的利用已经对我国的空气环境造成了严重的污染。我国煤炭消费占全国能源消费总量的 70% 左右，这种长期以煤为主的能源消费结构使得煤烟型污染成为我国空气环境污染的主要特征。据已有研究估算，我国由于煤炭燃烧造成了约 70% 的烟尘、90% 的二氧化硫、67% 的氮氧化物污染以及 70% 的二氧化碳排放，其中燃煤电厂的二氧化硫和氮氧化物等污染物排放是造成我国酸雨污染的最主要原因。[①]

同时，随着我国工业化与城市化的快速发展，机动车尾气排放所造成的环境污染问题已逐渐成为影响城市空气污染的重要因素。[②] 2014 年，我国机动车保有量近 2.64 亿辆，伴随机动车拥有量的快速增长，尾气排放已经造成城市空气的严重污染。据已有研究估算，2003 年我国的机动车所产生的碳氢化合物、一氧化碳以及氮氧化物排放量已经达到近 836.1 万吨、3639.8 万吨和 549.2 万吨，相比 1995 年增加了近 2.5 倍、2.1 倍和 3.0

[①] 王玉庆：《中国能源环境战略与对策》，《环境保护》2006 年第 8 期。
[②] 魏后凯：《中国大城市交通问题及其发展政策》，《城市发展研究》2001 年第 2 期。

倍。同时在北京和广州等地，机动车的尾气排放产生了约 80% 以上的一氧化碳以及 40% 以上的氮氧化物。从浓度分担率分析，其污染物排放所占比重将更高。在 2013 年年初，我国北京以及中东部地区出现大面积雾霾天气，空气污染不仅影响了我国社会经济正常运行发展以及居民的身体健康，同时也严重影响了北京作为国际大都市的形象，造成大量的人才外流。①

空气污染对居民日常的生产生活与身体健康都带来了非常不利影响。世界银行的一项研究表明，由于空气污染，我国每年约有 17.8 万人过早死亡，空气污染导致的工作日损失达近 740 万人年。据已有研究估算，空气污染造成的经济损失已经占到我国国民经济的 2%—3%，我国空气污染形势严峻不容乐观。

二、我国能源问题的成因分析

工业化的快速发展离不开能源的开发利用。我国快速工业化发展过程中，粗放式的能源消耗产生了一系列能源问题，解决能源问题的关键是分析我国能源问题的成因。我国能源问题的成因主要包括产业结构能源依赖、工业能源主要能源消费、能源市场机制不完善、新能源发展滞后、能源技术创新低等，从能源问题的成因入手才能找到解决能源问题、促进工业化发展和推进生态文明建设的正确途径。

（一）产业结构能源依赖，经济增长"三高一低"

产业结构是影响我国能源需求的关键因素，粗放式的经济增长模式与产业结构能源依赖是造成现阶段我国高能源消耗与各种能源问题的最主要

---

① 马丽梅、张晓：《中国雾霾污染的空间效应及经济、能源结构影响》，《中国工业经济》2014 年第 4 期。

成因。① 如图5-7所示，在2014年，低能耗服务业占美国GDP比重接近80%，相比于我国的服务业仅占44%，而高能耗工业占比则高达47%。高投入、高能耗、高排放、低效率粗放式经济发展模式，是通过大量的要素投入来快速拉动经济增长，但是这种方式从长期来看必将产生大量环境、经济与能源问题。

图5-7 中美经济结构与能源消费结构的对比

注：外环为能源消费结构，内环为经济结构。
资料来源：《中国统计年鉴（2015）》。

我国现阶段的工业化与经济发展是通过大量粗放式投入与消耗来实现的，其很大程度上依赖劳动力、资金、资源等生产要素。② "三高一低"，即高投入、高消耗、高排放以及低效率，是我国工业化初期过程中主要特征。从投入来看，我国的投资率始终保持在相对较高的水平，而且呈现持续上升的发展趋势。从行业单位增加值所需要的固定资产投入看，我国有26个行业创造单位增加值所需要的固定资产投入占增加值的20%，有9个

---

① 刘瑞翔、姜彩楼：《从投入产出视角看中国能耗加速增长现象》，《经济学》（季刊）2011年第3期。

② 金碚、吕铁、邓洲：《中国工业结构转型升级：进展，问题与趋势》，《中国工业经济》2012年第2期。

行业超过10%。其中电力煤气及水生产供应业，单位增加值所需要的固定资产投资最大，其次是石油、医药、钢铁、化学、食品、造纸、石化、机械等行业。其中石油新增1元增加值所需要0.4元的固定资产投入，钢铁需要0.38元，石化需要0.23元。

粗放式发展带来的经济增长必然是高消耗、高排放与高污染。[①] 现阶段，我国的污染物排放远高于发达国家，每增加1单位GDP所产生的废水排放量是发达国家的4倍，而单位工业产值所造成的固体废弃物排放甚至是发达国家的10倍多。相比于世界先进水平，我国单位能耗与资源消耗显偏高。从主要产品能耗来看，我国目前的火电供电煤耗相比于国际先进水平高出约22.5%，钢铁企业的吨钢可比能耗高出约21%，水泥的综合能耗高出约45%，乙烯的综合能耗高出约31%。从主要设备能源使用效率来看，我国机动车平均每百千米的油耗相比于欧洲高出25%，高出日本20%，高出美国10%。[②] 粗放型的经济增长不可避免的低效率。目前，我国的劳动生产率仅为美国的1/46、日本的1/41、德国的1/32，如果不考虑农业人口众多这个因素，那么我国第二产业的劳动生产率也仅为美国的1/30、日本的1/18、德国1/12。

（二）工业产业主导能源消费，高耗能行业比重过高

粗放式的经济发展方式决定了我国工业能源消费主导能源消费总量。[③] 我国分部门能源消费段主要特征是：第一产业和居民生活能耗比例较低，第二产业和第三产业能耗比例上升。第一阶段一产能耗比重从5.3%下降到2.7%，居民生活能耗比重从17.4%下降到10.9%，同期二产能耗从68.3%上升至73.1%，三产能耗比重从5.8%上升到13.3%。第二阶段各部门能耗比例均保持稳定，变化幅度较小。2010年年底，一产、二产、三产、居民能耗比重分别为2%、73%、14%和11%。因而我国能源消费主要

[①] 崔大沪：《开放经济中的中国产业增长模式转变》，《世界经济研究》2004年第9期。
[②] 《中国统计年鉴》。
[③] 林伯强、刘希颖：《中国城市化阶段的碳排放：影响因素和减排策略》，《经济研究》2010年第8期。

表现为工业能耗（如图 5-8 所示），2000—2013 年，工业能耗占全国平均比重达到了 71.8%，远远超过非工业消费比重。具体来说，"十五"期间，工业能耗消费占全国能源消费的平均比重是 70.91%，是非工业能源消费比重的两倍多；"十二五"期间，该比重进一步增加到 71.54%。这说明，随着我国工业化进程的快速推进，工业能耗的影响必将日益显著。

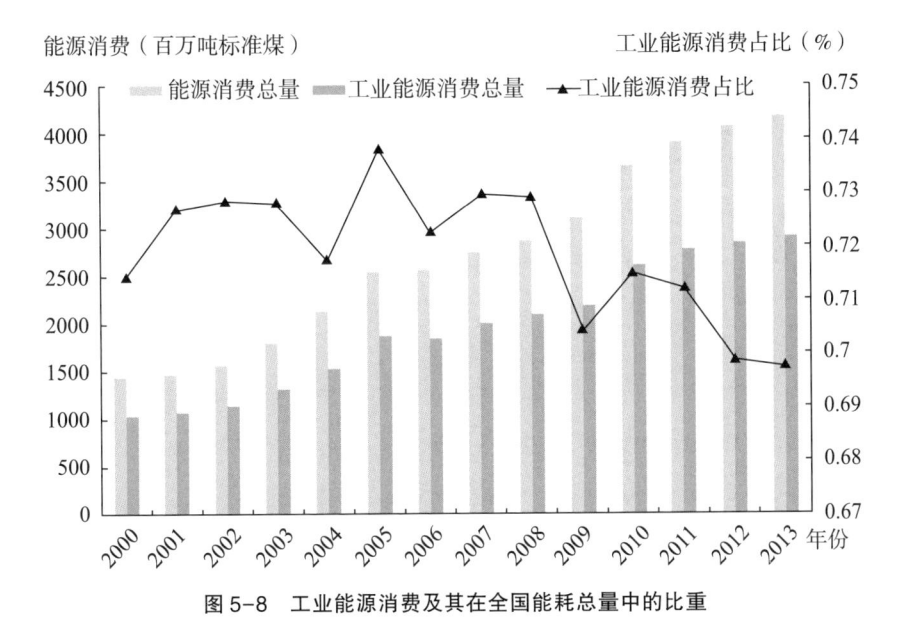

图 5-8 工业能源消费及其在全国能耗总量中的比重

资料来源：《中国统计年鉴》(2001—2014)。

以投资拉动、工业拉动的经济增长方式，使我国重工业占全部工业增加值的比重和其他经济体相比明显偏高。从 1997 年开始，我国进入重工业快速发展时期，重工业比重迅速上升。到 2011 年，我国重工业比重从 51% 增长至 71.9%，而同期轻工业的比重从 49% 下降至 28.1%。而在重工业中，则主要是非金属、有色金属、石化、化工这些能源密集的高耗能行业的快速发展消耗了我国大量能源。[①] 高耗能产值在工业产值中所占比重

---

① 这六大高能耗行业分别为：化学原料和化学制品制造业、非金属矿物制品业、黑色金属冶炼和压延加工业、有色金属冶炼和压延加工业、石油加工炼焦和核燃料加工业、电力热力生产和供应业。

均超过了30%，近年来还有上升的趋势。

2002年后，六大高耗能行业能源消费量呈现加速上升的特征，使得其能源消费量占工业能源消费量比重从1997年的66.7%上升至2012年的72.4%（如图5-9所示）。在2004—2013年间，能源消费总量增加了20亿吨标准煤，六大高耗能行业能源消费增加了13亿吨标煤，占增加量的2/3以上。工业耗能增加的主要原因在于高耗能行业比重过高。"十五"期间，在工业总能耗中高耗能行业能耗的比重平均为68.5%；"十一五"期间，该比值上升到72.1%；在"十二五"期间的前两年，该能耗的占比更是上升到了72.5%。高耗能产业的比重上升显著增加了工业行业的能源消费量。2001—2005年，工业行业的能源消费从10.7亿吨标准煤增加至16.9亿吨标准煤，增长近57.5%，年平均增长约为11.5%，远高于全国平均能耗上升幅度；2006—2013年，我国工业行业的能源消费从18.5亿吨标准煤增长至29.1亿吨标准煤，增长幅度约为57.4%。

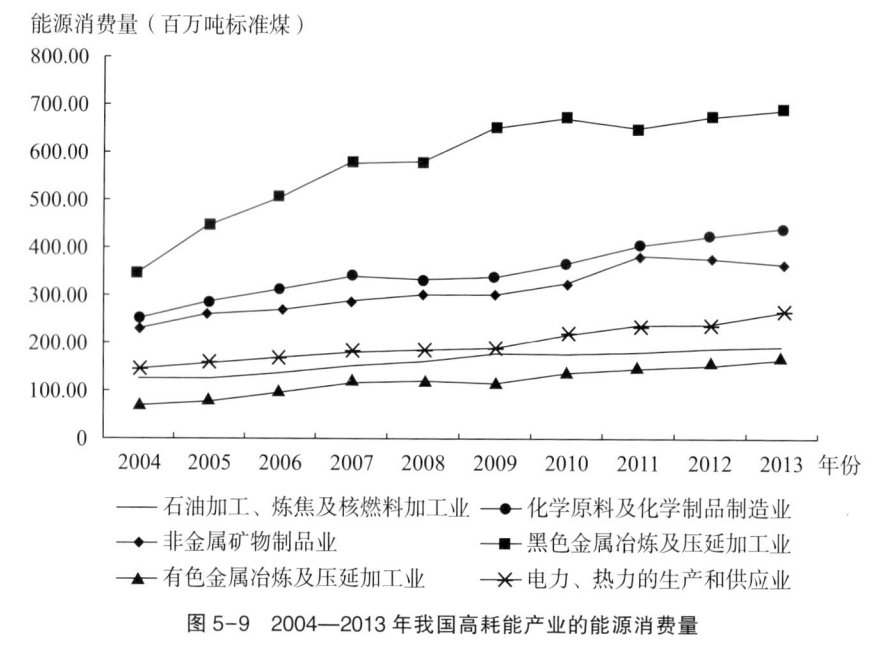

图5-9 2004—2013年我国高耗能产业的能源消费量

资料来源：《中国能源统计年鉴》(2005—2014)。

高耗能行业的增长促进了全国能源需求消费总量的提升，而随着时间的推移其在全国能耗中的比重也将不断增加。"十五"期间，高耗能行业能耗占全国能耗的平均比值为48.6%，而"十一五"期间，该比值上升到51.6%；在"十二五"期间的前两年，其能耗占比也达到了50.9%。这种占比的增加显著拉动了全国能源消费量的增长。2001—2013年，我国的能源消费从15.1亿吨标准煤增加到41.7亿吨标准煤。重工业的发展特别是高耗能行业极大地推动了我国能源消费快速大幅度提升。

(三) 能源发展市场机制不完善

第一，能源市场集中度仍相对较低。煤炭能源作为我国最重要的一次能源，在我国的能源市场中发展最为成熟，同时也最能代表我国传统能源的市场特点。从我国现有煤炭行业来看，煤炭能源行业的产业集中度相对较低。随着煤炭市场需求的持续下降，煤炭行业产业集中度亟待提高。我国煤炭行业的整合从"十一五"已经开始，2007年国家发改委推出的煤炭产业政策，提出建设十三个大型煤炭基地的发展战略，提高国内煤炭的持续、稳定供给能力。2010年国家发改委发布了《关于加快推进煤矿企业兼并重组若干意见》，要求坚决淘汰落后小煤矿，大力提高煤炭产业集中度。近年来，随着全国加大大中型煤矿建设速度，我国煤炭生产结构明显得到了优化，在对煤矿企业进行精简之后，我国煤炭能源行业集中度有了一定程度的提升。但是同现阶段世界主要产煤国相比，我国的煤炭能源行业集中度仍然显著偏低，美国2004年的八个企业集中率（CR8）为58%，澳大利亚五个企业集中率（CR5）超过70%，俄罗斯的煤炭行业集中度则更高，单一煤炭企业就拥有超过95%的市场份额。不断提高煤炭行业的市场集中度，有利于提高煤炭能源的利用效率，促进煤炭的清洁化发展。

第二，能源价格形成机制不尽合理。我国石油价格市场的改革先后经历了低价至高价、单轨到双轨到并轨、最后到与国际市场接轨等几个阶段。到目前为止，我国的石油价格仍然没有实现完全与国际接轨，现行石油价格形成机制在实施中仍然存在许多问题，主要有：国内成品油的市场价格在直接与国际市场进行接轨之后，国际市场存在的一些不正常因素不可避免地传导至国内，间接放大了国际市场变动对国内油价市场的影响；我国现行的石油市场价格形成机制，并不利于企业之间的公平竞争；现行定价机制设置所调控的价格区间也远远不适应国际市场的快速变动，这也是导致我国国内成品油价格远低于国际市场的主要原因之一。

现阶段在非电煤领域，我国的煤炭能源已经基本实现了价格市场化，然而我国的能源需求结构使得煤炭消耗仍然主要以用来发电为主，煤、电依存度非常强，计划发电用煤始终是我国实现煤炭全面价格市场化的主要障碍。近几年来，我国已经在制度层面上提出了要逐步实行完全的煤炭能源市场化定价，加快建设足以反映市场供需、资源稀缺程度以及环境损害的新型煤炭市场价格形成机制。但是，现阶段我国煤炭能源市场仍然处于在合同电煤与市场煤两种煤价并存的状态。在管制价格与市场价格背离的情况下，用电企业往往采取各种手段寻求获得管制价格的电煤，而电煤企业也经常试图绕过和突破管制，加剧了煤炭和电力价格涨幅不均衡及由此带来的利润分配不协调，不仅使得煤炭价格难以体现真实的煤炭市场供求关系，也不利于引导煤炭资源的合理配置和可持续开发利用。

我国现阶段的天然气定价机制主要是政府宏观调控下的成本加成法，即在成本的基础上加上合理利润来进行定价。但是，这个价格机制存在诸多问题，主要有以成本为导向的天然气定价策略仅仅适合计划经济下的单气源、枝状型供气模式，无法满足未来多气源、跨区域、环网状的供气需求；这种定价策略没有考虑可能的未来投资运营成本以及时间价值；由于政府干预，单一定价策略无法反映市场天然气需求，同时也滞后于社会经济发展的趋势。

（四）新能源市场发展滞后

在我国政府的大力扶持之下，近年来国内清洁能源已经实现了快速发展。但在规模、品种结构、产业链完整性等方面还存在很多需要解决的问题。这些问题体现在：

第一，产业体系不健全。我国清洁能源体系的构建包括清洁能源的装备制造、工程建设、融资、企业管理运营体系、产品生产、产业标准、准入体系、技术创新体系等一系列内容。但是，由于我国的清洁能源发展历史相对较短，产业体系存在很多欠缺与不足，而产业运营与创新体系相对不足则可能导致产能不足。在风电设备与多晶硅已经出现产能显著过剩的同时，整个清洁能源行业都出现了产能不足与市场需求欠缺的问题。产能不足其主要原因在于清洁行业的核心技术欠缺以及国内自主创新能力不强。而风电零部件供应就极大地限制清洁产业的快速发展。此外，由于产业运营体系的不完善不健全，导致清洁能源行业的供需背离。

第二，资源保障能力弱，市场成熟度低。清洁能源的本地市场需求能源是保障本土企业持续发展的动力源泉。然而，现阶段我国的清洁能源国内市场的成熟度较低，主要表现在：市场与生产规模不匹配导致清洁能源需求能力不强。由于我国对清洁能源市场建设的战略性、长期性以及复杂性认识不足，包括高额的开发成本，导致清洁能源的发展在我国还缺乏广泛的认同与完善的市场环境。加上电网等相应配套基建设施能力的不足，使得现阶段我国清洁能源市场的发展速度远低于产业发展水平，且两者匹配度低，致使清洁能源产业的消化能力不强。

第三，政策体系不完善，配套措施不健全。我国现阶段的清洁能源政策体系不健全，仍然有待不断完善。首先，为推动清洁能源的快速起步与发展，我国连续出台了一系列相关政策法规，包括《可再生能源中长期规划》《可再生能源法》等，但是始终没有出台市场定价类法规政策，如《上网电价法》等（欧洲国家的该法案极大推进了本国的光伏市场发展），市场推进力度缓慢。其次，目前针对项目审批、价格机制等方面没有实现统一的协调机制或者明文规定，导致了在政府清洁能源补贴激励下，各类清洁能源企业泥沙俱下，然而不少企业并不能真正满足清洁能源产业的发展要求，反成为清洁能源产业发展道路上的绊脚石。

（五）能源技术创新低

第一，传统能源清洁化利用技术欠缺。煤炭能源是我国主要的化石能源消费，因此推进煤炭能源清洁高效利用，是我国实现经济绿色化发展的关键。煤炭的清洁利用是指在煤炭开采、加工等过程中通过提高技术水平来减少污染和提高效率，最终使得煤炭达到最大潜能利用的同时释放最低水平的污染物，实现煤的高效、洁净利用。通过多年的积累，我国在煤炭清洁利用技术方面已经实现很大提高，但仍存在一些问题，现阶段尽管部分新技术颇有成就，但清洁煤的核心技术水平仍然落后于国际先进水平。成本与资金障碍也限制了煤炭清洁化利用在我国的实际推广。对企业而言，成本与收益是其首要考虑因素，研发和实现煤炭清洁化利用，需要大量资金，风险高且回报慢，很多企业往往没有动力去实施此类项目。

第二，清洁能源领域核心技术依赖国外。近几年来，我国在清洁能源应用领域发展迅速，但是基础研发投入明显不足，关键技术始终未能突破，导致行业发展一度陷入"引进—落后—再引进"的发展怪圈中。清洁能源的核心技术空心化已经严重影响了我国清洁能源的快速发展。如在风电制造领域，随着国家政策的扶持，大小企业如雨后春笋般迅速成立，然而由于在核心技术与关键零部件等方面的缺失，所有企业走的是清一色的国外引进路线，自主研发企业少，既有的成果实际推广成效甚微。在光伏产业领域也如此，由于核心技术研发滞后，致使企业生产成本居高不下。同样的情况也出现在清洁能源汽车研发领域，研发不足、核心零部件技术的缺失，都制约着我国清洁能源产业的进一步发展。

第三，新能源发展亟须技术突破。我国必须通过大力发展新能源与可再生能源，实现能源生产消费的绿色可持续发展，然而受制于市场竞争力的薄弱，新能源大规模商业推广与应用仍然存在很多困难，亟须技术突破，来破解其在能源市场的困境。从广义上看，能源领域"软性"的技术进步，如通过能源体制和价格改革，使资源配置效率的提高而促进节能减排，对保障能源安全、实现低碳发展也具有重要意义。

依赖技术进步来推动清洁能源发展还面临复杂的市场问题。由于反弹效应的存在，技术进步所产生的节能减排效应部分被抵消，即以技术进步产生的能源节约量同预期不一致。事实上，能源价格改革配套措施的缺乏也使得技术进步取得突破的时间和经济成本被延长和增加。我国作为世界上最大的能源生产与消费国,必须在新一轮的能源技术革命中实现突破,加大清洁能源投资,加强清洁技术研发,积极抢占清洁能源技术的制高点,引领未来的能源新技术革命。

三、生态文明道路下解决我国能源问题的基本路径

在经历了快速工业化与经济高速增长之后,我国步入经济发展的新常态,快速工业化带来的能源环境问题也日益凸显。当前我国正处于社会经济发展的新常态,面临经济增速放缓、经济结构调整、生态环境承载力接近上限等诸多矛盾与挑战,有效解决这些矛盾与挑战是我国顺利实现全面建设小康社会以及生态文明的关键。在环境与发展的新常态下,我国要实施绿色发展,调整宏观经济和产业结构,逐步实现整个经济链和产业链的绿化,通过创新驱动绿色发展,依靠技术和制度创新驱动,实现全要素生产率增长和集约增长。坚持走生态文明建设道路是新常态下解决环境与发展问题的内在要求。

(一) 坚持转变经济发展方式,控制能源消费总量

坚持以科学发展为主题,加快转变经济发展方式的同时,始终坚持将经济结构战略性调整作为主攻方向,努力建设资源节约型与环境友好型的可持续发展道路。经济发展方式的转变促进了能源体制与能源消费模式的发展与变革,这为我国能源总量控制提供了时机和条件。我国能源总量控制目标的实现是通过将控制目标下放分配各省市来实现的,即要求各省市控制甚至减少能源消费总量,这种分配过程相当艰巨,这近乎于对地方的经济增长设限。为此需要根据各地的实际情况,在经济增长与能源消费之间寻找合理的平衡,科学制定与分配能源消费控制目标。

强化企业节能与环保意识,充分发挥市场的积极促进作用,鼓励科技创新,不断完善水电、核电等新能源的定价机制,加快推进资源税改革,

强化税收的调控作用，严控高耗能产业，完善相应的法律法规，逐步实现能源总控目标。能源总控需要通过不断优化产业结构来实现，如何实现节能、转变经济发展方式与能源总量控制的有机协调与结合，是我国政府能否顺利实现能源总控目标的关键。现阶段我国已经步入经济发展的新常态，加快推进国民经济转型发展和生态文明建设道路，才能有效控制能源消费总量，实现社会经济的可持续发展。

（二）促进产业结构转型升级，优化能源供需结构

加快推进产业结构转型升级对于优化能源供需结构与转变经济发展方式具有重要意义，是新常态下我国经济社会发展与生态文明建设的一项重大任务。现阶段，我国经济正处于增长速度换档期、结构调整阵痛期、深化改革深水期、前期政策消化期"四期叠加"的关键时期，推进我国产业结构升级，必须从存量和增量两个方向努力。存量上，通过淘汰和转移落后产业，改造提升传统产业，来实现对既有产业的改造和升级。增量上，一方面，要大力培育和推进新一代移动通信装备、智能制造等战略性新兴产业的发展，以搭建创新平台和营造创业环境为主，帮助新兴产业尽快度过起步阶段的发展瓶颈期；另一方面，要抓住第三次工业革命带来的契机，大力发展研发设计、大数据等高端生产性服务业，推动生产性服务业迈进发展的快车道。

通过产业结构转型升级不断推动我国的源科技创新、能源结构优化以及环境持续改善，保障能源安全、降低经济成本、做到环境友好，逐步建立起我国的能源结构"新常态"。坚持完善和强化能源供应多元化，充分利用好现有的油气能源资源，加快发展风电、光伏等新能源。适时进行针对性的政府补贴，坚持实施科技创新以及技术规模化应用，逐步削减化石类能源的补贴，将资金更多地投入到提高能源效率和减少污染物排放的科技创新等领域，同时不断增加对风电、光伏等行业的补贴，促进并保障其健康发展。坚持将能源电力化与绿色化作为工作的重点，一方面，坚持将电力作为能源结构优化的重点，逐步推进能源绿色化发展，减少污染物向

人口聚集地区的大规模直接排放；另一方面，应坚持不断提升绿色能源的比例，充分发挥风电、光伏等清洁能源的积极作用，推进能源结构的调整与绿色化发展。

（三）加快实施技术创新战略，提高能源利用效率

加快技术创新战略在加快推进节能减排、能源结构优化、保证能源安全等方面具有重要作用与意义。《国家能源科技"十二五"规划》规定了我国在勘探与开发、加工与转化、发电与输配电、新能源等四大重点领域，全面部署和实施"重大科技研究、重大技术装备、重大示范工程及技术创新平台"四位一体的国家能源科技创新体系。新常态下，我国面临越来越严峻的能源与环境问题，必须要加强自主技术创新，发展低碳新兴产业，大力节能和提高能源效率，这是我国走社会经济可持续发展道路的必然要求，也是实现生态文明建设的重要支撑。

以技术创新战略为支撑，全面深化科技体制改革，加强重大科技问题的研究，开展能源节约、新能源开发等领域关键核心技术攻关，鼓励企业能源科技自主创新，充分发挥市场对绿色产业发展和能源技术创新的引导和驱动作用。坚持以能源技术创新，推动节能环保技术、装备服务水平的显著提升，加快培育经济发展新的增长点。对我国新兴能源产业的发展进行目标定位，构建国内新兴能源产业技术创新支撑体系。建立完备的科研供给体系与公共研发机构，保障资金和后备科研力量的可持续。加快创新成果的转化机制，提升能源利用效率。建立完善的政策支持体系，保障科技创新成果，提高能源利用效率，实现能源资源的清洁、高效、集约、节约利用。

（四）推进能源清洁低碳发展，建设现代能源体系

能源绿色低碳是绿色发展必不或缺的组成部分。《中共中央关于制定国民经济和社会发展第十三个五年规划的建议》提出，推进能源革命，加快能源技术创新，建设清洁低碳、安全高效的现代能源体系。提高非化石能

源比重，推动煤炭等化石能源清洁高效利用。加快发展风能、太阳能、生物质能、水能、地热能，安全高效发展核电。加强储能和智能电网建设，发展分布式能源，推行节能低碳电力调度。有序开放开采权，积极开发天然气、煤层气、页岩气。改革能源体制，形成有效竞争的市场机制。

实施循环发展引领计划，推行企业循环式生产、产业循环式组合、园区循环式改造，减少单位产出物质消耗。加强生活垃圾分类回收和再生资源回收的衔接，推进生产系统和生活系统循环链接。实施新能源汽车推广计划，提高电动车产业化水平。提高建筑节能标准，推广绿色建筑和建材。主动控制碳排放，加强高能耗行业能耗管控，有效控制电力、钢铁、建材、化工等重点行业碳排放，支持优化开发区域率先实现碳排放峰值目标，实施近零碳排放区示范工程。

第六章　我国工业化进程中的环境问题

工业化的快速发展，在推进生产力的跨越式发展的同时也造成了巨大的生态环境压力。发达国家实现工业化特别是快速发展时期，大多数是以消耗能源、牺牲环境为代价，坚持"先发展，后治理"的发展模式。改革开放以来，我国工业化与城市化快速推进，也带来了一系列的生态环境问题，经济发展与环境污染的矛盾日益突出。虽然我国环境保护工作已取得积极进展，但是我国的环境形势依然严峻。大气污染向区域性、复合性污染转变，空气质量明显恶化，并以大城市为中心向周围蔓延；水污染也从段状污染向流域性污染扩散；土壤污染面日益扩大，总体呈现点面源污染并存、农地污染与工业污染交织等。因此，在加快推进工业化进程的同时，必须在工业发展中正确识别当前的环境形势、科学认识和妥善处理环境问题，破解我国面临的资源环境约束。

一、快速工业化背景下我国环境保护的形势与问题

改革开放以来，我国工业化取得了巨大的成就，经济繁荣和社会进步，但也带来了水污染、大气污染、土壤污染等环境问题，严重影响了人

们的生产与生活。近年来,各级政府高度重视环境问题,加大环境治理工作力度,然而环境污染的严峻事实在短时间内难以根治,我国主要污染物和二氧化碳排放量居世界第一,在众多环境污染现象中,最为突出的是水污染、大气污染和土壤污染问题,生态系统功能十分脆弱。

(一) 水污染日益严重,已经成为影响最严重的环境污染

当前我国水污染形势严峻,已经成为我国最严重的环境污染。[①] 据《2013年中国环境状况公报》显示,全国十大流域劣Ⅴ类水质占9%,25%以上的湖库出现富营养化,地表水污染加剧了地下水污染和土壤污染。水污染从城镇水域的段状污染向流域性污染扩散,污染物由常规污染物向有毒有机物、重金属、持久性有机污染物(POPs)等复合型污染转变,"饮水危机"问题已经引起全社会的高度关注。

江河湖泊污染加剧,突发性环境事件频发。2013年,全国地表水总体为轻度污染,部分城市河段污染较重。在长江流域、黄河流域,以及东北平原的三江流域、华南地区的珠江流域、华北地区的海河流域和华中地区的淮河流域,河流污染事件发生的频率比较高,江河湖泊整体污染还比较严重。除了河流之外,环境保护部监控的62个重点湖泊(水库)中,除密云水库和班公错之外,中度富营养的4个,占6.7%;轻度富营养的11个,占18.3%;37个为中营养,占61.7%;其他均为贫营养,占13.3%。

地下水污染严重,居民饮用水质下降。据《全国地下水污染防治规划(2011—2020年)》统计,我国地下水遭受不同程度有机和无机有毒有害污染物的污染,已呈现由点向面、由浅到深、由城市到农村不断扩展的趋势。在监测统计的118个大中城市地下水结果中,较重污染的城市占64%。全国近90%以上的城市浅层地下水受到不同程度的污染,已经严重威胁到居民的用水安全和健康,对公众健康造成巨大的显性与隐性危害。

此外,我国近岸海域水质污染形势也不容乐观,近岸海域的污染源主

[①] 王金南:《关于国家环境保护"十三五"规划的战略思考》,《中国环境管理》2015年第2期。

要来源是入海河流污染物和直排海污染物。由于我国对入海河流的污染监管乏力,问责制度不健全,导致我国的近岸海域承担了较多的环境成本。

(二)大气污染向区域性、复合型污染转变,造成的健康影响不可忽视

《气候变化绿皮书:应对气候变化报告》中指出,1961—2012 年我国中东部地区(指 100°E 以东地区)平均雾霾天数总体呈增加趋势,雾霾天呈东增西减趋势。其中,珠三角和长三角地区增加最快,深圳、南京年均增加 4.1 天、3.9 天。中东部大部分地区年雾霾天数为 25—100 天,局部地区超过 100 天。

我国的大气污染已经呈现出从城市为中心向其他区域蔓延,空气质量明显恶化。近 50 年来,中国东部地区平均能见度下降 10 千米,下降速率为 0.4 千米/年,西部地区能见度下降幅度和速率约为东部地区的一半,显示出中国大气污染日趋严重。2013 年年初,我国中东部地区经历了连续多次大气重污染过程,对城市环境空气质量、大气能见度、居民健康等造成了巨大干扰。其中 1 月 12—13 日,我国整个中东部地区发生严重的空气污染。此次强霾污染范围还波及东北、华南和西南部分地区。

空气污染已经严重威胁居民的日常生活与健康。《全球疾病负担 2010 报告》表明,2010 年中国因室外 $PM_{2.5}$ 污染导致 120 万人早死以及 2500 万人伤残调整寿命年损失。中国环境科学研究院(2011)则指出,中国居民的疾病负担中有 21% 是由空气污染因素造成的,比美国高 8%。

在京津冀、长三角、珠三角以及其他部分城市群地区已表现出明显的区域复合型大气污染特征,严重影响了社会经济的可持续发展和居民健康,大气污染问题已经成为居民的"心肺之患"。

(三)土地污染面日益扩大,严重威胁到绿色食品供给安全

据《全国土壤污染状况调查公报》公布的结果,土壤环境状况总体不容乐观,部分地区土壤污染较重,耕地土壤环境质量堪忧。土壤污染面日

益扩大，总体呈现点面源污染并存、农地污染与工业污染层叠。土地污染的主要原因是工业活动所产生的各种废弃物和排放物。该调查结果显示，全国土壤总超标率达到了 16.1%。与 20 世纪末期相比，土壤环境急剧恶化，土壤质量严重下降。该调查结果还显示，全国耕地受重金属污染面积高达 3 亿亩，污水灌溉污染耕地面积达 3250 万亩，固体废弃物堆存占地和毁田面积达 200 万亩，耕地土壤点位超标率达到 19.4%。由土壤的高度污染使人们的食品、蔬菜安全问题受到严重的威胁。

随着工业发展和城市化的扩大，城市建设用地面积需求不断增加，工业生产产生的各种废水、固体废弃物都会造成土壤污染，威胁到居民用地的安全。农药化肥的过量使用，土壤污染成为潜在的环境问题，对人类主要食物来源的粮食、蔬菜和畜牧产品都直接或间接产生污染，严重影响居民健康。"镉大米"和"重金属蔬菜"事件的曝光，表明土壤污染问题已经威胁到绿色食品的供给安全。

(四) 其他污染交织并存，降低人民生活幸福感

我国正处于社会转型和环境敏感、环境风险高发与环境意识升级共存叠加的时期，长期积累的环境矛盾突出，引起社会广泛关注。除了水污染、大气污染和土壤污染之外，城市噪声污染、核污染等其他污染交织并存，极大地降低了人民的生活幸福感。

城市噪声污染日益严重并且对人们的生活和健康产生了很大影响。随着中国城市化进程的进一步加快，一些大中型城市的交通负担越来越重，噪声污染对城市居民的生活和健康影响加大。这些噪声主要来源于交通运输噪声、建筑施工噪音、工业噪音和日常生活噪音等，主要表现在破坏城市生活环境、影响人的身心健康与社会稳定。其中交通噪声是城市噪音的主要来源之一，而且交通运输所产生的噪声污染随着城市道路的延伸而不断扩散。从根本上、源头上解决噪音污染问题是我国工业化进程中面临的主要问题之一。

"光污染"越来越普遍，给市民的日常生活带来越来越严重的干扰。

城市"光污染"已经成为继水污染、大气污染、噪声污染、固体废弃物污染之后的第五大污染,作为一种新生的污染源,除了给人们的生活带来不便,还潜在许多的隐性危害,对人的视觉和身体健康产生不良的影响。目前针对水污染、大气污染和固体废弃物污染我国已经出台了污染防治法,但"光污染"的监管在我国法律体系中仍是空白,"光污染"的治理和控制存在一定难度。此外,辐射污染、核污染等也给人类的健康和生活带来极大的安全隐患。

二、我国环境问题的成因分析

根据现有研究成果,影响环境问题形成的因素主要有经济发展水平、产业结构特征、发展阶段、技术水平、国家管理和环境监测水平等,而我国在快速工业化进程中,环境问题集中爆发且有愈演愈烈的趋势,这主要是由于我国环保执法不严、环境管理体制不完善、环境监测技术欠缺、环保总体投入不足等导致的。未来我国工业化仍处于较快的发展阶段,如何应对更为复杂的环境问题是我国生态文明建设中最大的挑战。

(一) 环保执法不严

当前,我国的环境执法工作中有法不依、执法不严、违法不究等消极执法或行政执法不作为等行为存在,对环境污染熟视无睹、不闻不问现象也依然存在,各地之间、各级环境执法机构之间的执法工作发展仍然很不平衡,加强环境保护行政执法的软、硬件还缺乏坚实基础,全国范围内还普遍存在不同程度的环境执法难的问题。

第一,消极执法、执法不到位、不作为的现象在一些地方严重存在。一些地方的环境监察队伍对群众反映的环境污染问题熟视无睹、不闻不问,群众意见很大,以至于越级上访者有增无减。一些地方放松日常监管,依赖专项行动,经常性的工作靠突击抓,工作陷入被动。

第二,缺少技术规范。依法行政讲究的是科学执法、规范执法。然而，当前在现场执法过程中，对某一行为施行多种行政方式的屡见不鲜。造成这种状况的主要原因在于缺乏明确的技术规范，由此无端造成执法对象投诉。

第三，行政处罚不规范，处罚委托程序不完善。较普遍地存在不按行政处罚程序办的问题。行政处罚的主观随意性及不规范性，已经影响环境执法的合法性、科学性与准确性，应引起我们的高度重视。

第四，环境执法队伍素质仍需进一步提高。以情代法、以罚代法的现象时有发生，吃拿卡要、随意收费、包庇袒护环境违法行为，甚至为企业通风报信等问题依然存在，一些地方环境监察部门已经发生违反党风廉政建设的典型案件。

(二) 环境管理体制不完善

环境管理体制是国家环境保护工作的中枢。然而，我国环境管理体制的缺陷，已经严重制约着环境保护工作的开展和经济发展方式的转变。

1. 环境管理机构的问题

第一，变动频繁。环境管理机构的法律地位不稳定，造成环境管理机构设置处于长期变动之中，环境管理机构的建立和取消受主管领导个人的意志影响很大。第二，设置重复。按照《环境保护法》的相关规定，目前，我国政府部门中有15个部门和环境管理有关，这么多相关部门的存在不可避免地会使这些部门之间的职能产生重叠。第三，协调机制不完备。在国土面积较大、环境问题多且复杂情况下，没有一个统一的、权威性的中央级机构来协调相关工作。尽管2001年，国务院建立全国环境保护部际联席会议制度，按照该制度，发改委、环境保护部的主要负责人通过定期的联席会议通报环境保护方面的主要工作，各方协调和综合决策有关的重大问题，承担起环境保护的部际协调职能，但该制度并未在法律上明确定位环境保护制度。[1]

---

[1] 秦虎、张建宇:《中美环境执法与经济处罚的比较分析》,《环境科学研究》2006年第2期。

2. 环境管理职能配置缺陷

在横向上看，我国环境管理的综合决策部门经常行使本应由专业管理部门行使的职权。我国环境管理的监督部门所行使的某些职权应让渡给行业部门。环境管理的不同机构重复行使有关的规划、监测和资源保护等职能。在纵向上看，我国实行以行政区划管理为主的地域环境管理体制，这就使得上级环境管理机构无法对下级环境管理机构的业务情况进行监督管理，而只能进行一定程度的业务指导。下一级环境保护局的编制、预算和人事任命、日常工作以及与其他部门的合作关系不是由上一级环保部门来决定，而是由环境保护局所在地的地方政府决定。这就使得下一级环境保护局的环境管理工作极易被所在地的地方政府影响。

3. 环境管理运行的机制缺陷

首先，管理手段单一。我国环境管理大多数采取行政强制性管理手段，缺乏市场化和社会化的管理手段，因而降低了环境管理效率，提升了环境管理成本，严重浪费了环境资源。其次，公众参与机制缺失。公民的环境知情权、环境参与权、生命健康权得不到有效保护。政府主导与公众参与、社会制衡相结合的环境保护实施机制未能真正建立，环境管理缺乏社会公众的外部监督，使环境管理机构存在失职的可能性，最终使环境管理机构办事效率降低。最后，立法和司法滞后。

（三）环境监测技术相对欠缺

环境监测是现代社会对环境进行管理的一个重要方式和手段，环境监测在对环境质量及其变化趋势进行详细了解的基础上，为政府部门进行环境管理和决策提供现实数据，以保证管理的合理性和决策的科学性，对环境质量的控制和提高发挥着重要作用。早在20世纪50年代初期，我国便开始对环境进行了监测，经过长期发展已经取得很多成就，但仍然存在很多不足。

1. 基层环境监测站更新力度不够

从组织特点上来看，我国目前的环境监测工作主要由政府机构来完成，环境监测管理模式和工作方式具有明显的行政化色彩。实践证明，现有的环境监测运行模式尽管曾经发挥了积极影响，但在环保市场日益发展和成熟的情况下，这种具有鲜明行政色彩的运行模式在一定程度上阻碍了环境监测机构的发展。在环境质量不断恶化、环境管理目标日益提高的情况下，环境监测工作的任务越来越繁重，社会对环境监测质量的要求也越来越高。现有的环境监测站建设已难以满足社会对环境监测质量的要求。

2. 环境监测数据的质量有待提高

随着我国经济水平的不断提高和国家对环保工作的日益重视，我国环境监测能力在逐渐提高，监测技术手段也在不断丰富和完善。但这种改变与社会对环境监测质量的要求相比还有很大的差距，不足之处主要表现在：一方面环境监测数据的质量管理水平不高；另一方面环境监测机构的质量管理人员素质参差不齐，难以满足社会的需要。但环境监测的实际工作又要求，环境监测质量管理人员不仅要能够充分掌握最新的环境监测理论、技术、方法、设备和相关标准要求，还要非常熟悉环境监测质量管理领域的前沿。目前我国相当数量的环境监测质量管理人员的专业素养、科学素养、工作能力与这个要求的差距非常明显，这就使环境监测无法发挥应有的作用，难以有效改善社会环境质量。

3. 监测工作人员的数量和质量制约环境保护事业快速发展

环境监测人员数量及素质直接决定了环境监测质量的好坏。我国已经形成了由国家、省、市三级环境监测机构形成的立体监测网络，目前环境监测机构工作人员的数量和质量已经严重影响了环境保护事业的健康发展。不足主要表现在两个方面：一是环境监测机构工作人员的工作能力无法适应迅速变化的环境监测工作。环境监测机构没有实行竞争与淘汰制度，人才流动很困难。这种难进难出的用人机制使得人才很难长期留下来。二是环境监测工作人员在数量上严重不足，环境监测人员数量不足已经严重制约了我国环境监测工作的顺利进行。

（四）环保投入总体不足

我国自 2000 年后，无论是按现有统计口径统计的环保投资，还是按照欧盟统计口径统计的环保投入，均呈现出明显增加趋势（如表6-1所示）。环保投资占GDP比重，从2000年的1.07%增加到2010年的1.66%；环保投资占全社会固定资产投资比重在2%—3.5%；环保投入占GDP比重从2000年的1.12%增加到2010年的1.95%；工业治污投资占GDP比重在2000—2002年出现高占比，反映这一时期工业治理已进入投资高峰，此后这一比重稳定在2%—3.5%。[①]

表6-1 2000—2010年我国环保投入总体情况

年份	环保投资（亿元）	环保投资占同期GDP比重（%）	环保投资占社会固定资产投资比重（%）	环保投入（亿元）	环保投入占同期GDP比重（%）	工业治污投资占总投资比重（%）
2000	1060.7	1.07	3.22	1113.9	1.12	11.24
2001	1106.6	1.01	2.97	1281.8	1.17	11.26
2002	1367.2	1.14	3.14	1518.4	1.26	10.5
2003	1627.7	1.2	2.93	1739.7	1.28	2.6
2004	1909.8	1.19	2.71	2109.5	1.32	2.67
2005	2388	1.29	2.69	2650	1.43	2.83
2006	2566	1.19	2.33	3152.8	1.46	2.58
2007	3387	1.27	2.47	4127	1.55	3.14
2008	4490.3	1.43	2.6	5494.3	1.75	3.49
2009	4525.3	1.33	2.01	5578.1	1.64	2.09
2010	6654.2	1.66	2.39	7827.8	1.95	2.06

注：环保投入=环保投资总额-燃气建设投资-集中供热建设投资+工业废水治理设施运行费用+工业废气治理设施运行费用+城市污水处理厂运行费用+危险废物处理设施运行费用；工业治污投资/总投资=(工业污染治理投资+新建项目"三同时"投资)/(采矿业+制造业+电力生产等+建筑业固定资产投资)；环保投资、环保投入均为当年价格。

资料来源：中国科学院可持续发展战略研究组：《中国科学院可持续发展战略报告（2013）——未来十年的生态文明之路》，科学出版社2013年版。

如果按照美国1970年的环境标准，美国1972年用于消除和控制污染

---

① 章轲：《美丽中国：PM2.5考验》，2013年5月24日，见http://www.ditan360.com/MeiTongShe/Info-129842.html。

的费用达到国民生产总值的1.6%;消除和控制污染的总投资占投资总额的2.5%—4%,而美国1973—1975年用于消除和控制污染的私人投资估计约占新厂房设备私人投资的5%。同时,日本一项经验研究表明,1970—1987年,日本民间用于防治公害的投资占全部设备投资的3%—7%,在治理最高峰的1973—1976年,这一投资比重甚至高达10.6%—17.7%。由此可见,一个国家要对污染进行基本控制,其环保投资的底限应是占GDP的1.5%—2%,这仅仅是控制大气中的悬浮颗粒物。若按照日本和美国的经验,对大气、水和固体废弃物污染进行控制,污染控制的投入占GDP的比重最低应该达到2%—3%,投资治理工业污染占国家总投资比重应该不少于5%—7%。而我国的环保投资情况,2000—2010年,环保投资(宽口径统计)占GDP比重达到1%—1.6%,环保投入(包括建设费用和运行费用)占GDP比重达到1.3%—1.9%,环保投资占固定资产投资比重仅达到2%—3%。总体来看,我国环保投入和发达国家相比有很大的差距,投资总量刚刚达到发达国家控制污染所需投入的底线。这也是尽管中国经济总量在不断增加,但环境污染尚未得到控制的根本原因,因此,我们将这一时期定义为投入中期。

三、生态文明道路下解决我国环境问题的基本路径

基于上述判断,如果我们不深刻认识和主动适应"新常态",如果继续沿用过去的工业化、城镇化和农业现代化发展模式,那么未来十年我国可能面临大区域和跨区域灰霾、水污染常态化、土壤和地下水污染产生食品安全危机,引发重大的社会经济和环境安全危机。基于此,主要从以下方面提出解决我国工业化进程中环境问题的基本思路。

(一)提升环保标准,执行环保监察垂直管理

环境质量标准是评价环境状况的标尺,其实施应纳入经济社会发展和环境保护规划,建立健全环境质量目标责任制与生态环境损害责任终身追

究制，引导全社会共同保护和改善环境质量。同时，开展环保标准实施情况检查评估，将污染物排放标准执行情况纳入年度环境执法监管重点工作。开展环保标准实施评估，掌握实际达标率，测算标准实施的成本与效益。全面执行环境质量标准与污染物排放标准，着力解决选择性执行标准及项目指标问题。

环保垂直管理能够更好约束地方政府行为。加强我国相关政府部门的责任，隔离环保管理权力与地方利益，强化监测监督力度，遏制地方保护主义，增强执法效率。实行环保垂直管理有利于打破环境保护分割分治局面，调整不同地方环境利益冲突，满足生态系统整体保护要求。

（二）建立环境成本内部化，降低环境污染

我国环境问题不断恶化的原因之一就是长期以来，人们一致认为环境是无价的，污染环境不需要付出任何代价。正是在这种思维方式的影响下，人们肆无忌惮地破坏环境。从发达国家经验来看，要想真正治理好环境问题，就必须实现污染物的总量控制，达到这一目的的最好方法就是将污染物减排成本内部化为企业成本。[1] 随着环境问题日益严重，我国原有的政策形成价格已经不能达到治理环境污染的效果，而未来十年又是我国发展的关键期。因此，必须对原有价格机制进行调整，以适应新环保工作的需要，充分发挥资源价格传递的资源供需信号功能，合理调节资源供需，努力实现环保成本内部化，形成适合中国国情的环境价格机制。

通过推行污染减排的综合电价政策和综合水价政策来形成环境成本内部化价格形成机制，在一定程度上提高了用水成本，抑制了浪费。在水污染日益严峻和人们生活质量大幅提高的情况下，通过调动全社会节能减排积极性，按照污染治理全成本核算，可制订合理的综合水价政策，适当提高污水处理收费标准来减少污水排放和增加优质水源供应。

---

[1] 成金华、吴巧生：《中国工业化进程中的环境问题与"环境成本内化"发展模式》，《管理世界》2007年第1期。

(三) 加大环保投入力度，提高环境治理水平

我国的环境问题越来越严重的一个重要原因是政府对环保投入的力度不够。尽管在过去的十年间，我国投入了资金来处理环境问题，但同发达国家相比，差距仍非常明显。必须把环保投入提高到与发达国家平均水平接近，才能为解决环境问题提供物质保障。以政府为环保投资主要力量，充分调动社会积极性和主动性，实现环保投入总量的增加。结合发达国家经验，可以从加大政府环保投入、加大企业环保投资力度和加大银行绿色信贷力度来实现这一点。

首先，政府是我国环保投资的主要力量，未来政府投资应在环境基础设施建设、环境监测、农村环境整治、流域生态修复等投入方面起到不可替代的主导作用。其次，企业应成为环保投资的重要力量。排污型企业和环保型企业是我国环保投入的重要来源，应充分调动这些企业的环保投资的积极性。最后，银行绿色信贷力度是重要支撑力量。随着经济总量的增加，自 2007 年开始，国家从信贷方面加大对环境保护的支持。随着国家对节能减排的支持，银行的绿色信贷对环保事业的支持力度会越来越大。从国际经验来看，银行应实施环境优先的贷款体系，发挥环保融资的主渠道作用，将环境政策审查作为信贷审查的重要内容和前置条件，增加贷款项目的环境绩效考核。

(四) 实施环保"领跑者"制度，推进生态文明建设

实施环保"领跑者"制度，通过制定环保"领跑者"指标、发布环保"领跑者"名单，在行业内树立节能环保的标杆，并通过政策激励引导全社会向"领跑者"学习。这一制度是针对环境外部性与信息不对称造成市场失灵的一种适当干预和弥补，是节能减排市场化机制的又一创新。实施环保"领跑者"制度，表彰先进、政策鼓励、提升标准，推动环境管理模式从单纯的"底线约束"向"底线约束"与"先进带动"并重转变，同时，科学地体现产品生产和消费过程中的正外部性，在一定程度上纠正市

场失灵。

完善环保"领跑者"指标,建立环保标准动态更新机制,不断提高环保"领跑者"指标要求。根据行业环保状况、清洁生产技术发展、市场环保水平变化等情况,建立环保"领跑者"指标的动态更新机制。同时,政府还应加大对公众节能环保意识的教育和培养,扩大节能环保产品的市场空间,这有利于在我国形成市场主体节能减排的内生动力,对于加快生态文明建设、进一步倡导绿色生产和绿色消费都具有积极意义。

第七章　我国工业化进程中的生态问题

生态变化深刻影响着人类的生存与发展。我国国土辽阔，山地、平原、海洋兼备，自然资源丰富，气候多样、雨热同期成就了良好的生态空间，是世界上少有的"宝地"。改革开放前，我国山清、水秀、天蓝，但经济发展停滞，消费类产品短缺，国际影响力较低。快速工业化在较短时期繁荣了市场，提升了国际影响力，我国在作为"世界工厂"的同时，存在着自然资源的有限供给与巨大需求的矛盾，需要高强度的国土开发，也产生高负荷的生态影响，生态安全形势不容乐观。生态文明建设为处理我国工业化进程中的生态问题提供了契机。

一、快速工业化背景下我国生态系统的形势与问题

水体、土体、大气是生态系统赖以存在的基础物质，同动植物、微生物、人类构成了人类赖以存在的生物圈，形成了森林生态系统、湿地生态系统、草地生态系统和农田生态系统、城镇生态系统、村庄生态系统。随着工业化在我国的推进与发展，我国生态系统生态安全形势不容乐观，大

中型城镇生态宜居程度降低,生态脆弱地区生态退化与贫困并存局面。①

(一) 我国生态系统退化严重

受大规模污染排放影响,我国农田生态系统呈现出有毒化工和重金属污染交织引起的土壤、耕地质量下降,不利于绿色食品供给。我国化肥施用强度是发达国家警戒线的3—5倍,农药施用量是发达国家对应限制的4—7倍,这增加了我国农副产品有毒、有害物质含量较高的风险。2013年环境保护部发布的《土壤污染与人体健康》显示全国18个粮食主产省份中有13个存在重金属污染问题。我国每年受重金属污染的粮食高达1200万吨,相当于4000万人一年的口粮。

受能源结构和能源利用技术的制约,我国大气生态系统受到煤烟型污染和机动车尾气污染交织影响,雾霾频发、高发、大范围爆发,形成了华中、西南、华东、华南多个雾霾污染严重区域,呈现城市群分布的区域特征。② 我国呼吸系统疾病与肺癌等疾病的高发病率在很大程度上同空气质量的快速下降相关。1987年我国癌症发病率是184/10万,2012年上升到286/10万,其中肺癌居首位。我国雾霾集中爆发的区域多为经济和人口布局集中的大中型城市和城市群。例如北京市肺癌发病率在近10年增长了56%。

水生态功能快速退化,影响到饮水安全,加速了生物资源的衰竭。我国2/3以上的城市严重缺水,北京、上海、天津等几个特大型城市尤为严重。由于工业污水和生活污水的排放,我国水质性缺水现象十分严峻。我国有三分之二的湖泊受到不同程度富营养化的危害,流经我国大中型城市的江河和城区湖泊呈现出"有水皆污"的状况。全国118个大中型城市中有115个城市地下水受到污染,重度污染约占40%,严重威胁到饮水安

---

① [美]赛德:《经济"去增长"、生态可持续和社会公平》,王维平、张娜娜编译,《国外理论动态》2013年第6期。

② 张欢、成金华:《特大型城市生态文明建设评价指标体系及应用研究——以武汉市为例》,《生态学报》2015年第2期。

全。近年来，我国内蒙古、甘肃、新疆、吉林等地区湿地、草地大面积退化、沙化，在很大程度上是由于过度开发水资源、生态用水补给快速下降所致。浙江、江苏、山东、天津、广州等地区由于大量开采地下水，海水倒灌造成了大面积的土地盐碱化。水资源的短缺不仅会制约工业的发展，还会引起林木、耕作物和动物、微生物的连锁反应，造成生物的大面积死亡和生物资源的衰竭。

由于高强度的矿山开发、生产建设，我国正进行着世界上规模最大、最快的荒漠化、水土流失过程。我国土地盐碱化、沙化面积已经达到20.25亿亩，水土流失面积达53.4亿亩，土地盐碱化、沙化面积与耕地保有面积相当，水土流失面积约为耕地面积的2.67倍。

气候的变化影响着农业生产和动植物的生存和繁衍。以2013年为例，我国因旱受灾和因洪涝受灾的耕地面积分别为1.68亿亩和1.78亿亩，占我国农作物播种面积的10%左右。我国3万种高等植物中至少有3000种处于濒危境地；裸子植物濒危和受威胁的有63种，极危的有14种；脊椎动物受威胁的有433种，灭绝和可能灭绝的有10种。生态系统的变化，也滋生了大量有害生物和病毒，非典等病毒的产生与扩散危害到社会的稳定和发展。

(二) 我国大中型城市生态负荷较大

大中型城市是我国燃煤空气污染、汽车尾气污染、工程建筑粉尘污染和其他气体污染最为严重的区域，同时也是空气净化能力较差的区域。大量生物性有机物、重金属、持久性有机化学物在河流、湖泊等湿地富集，造成了大城市较为严重的地表水和地下水污染，降低了湖泊、河流等水域功能，滋生了有害生物，威胁到饮用水安全和居民健康。我国大城市绿地、湿地、城市广场存量不足、分布不均，并不断被新建房地产和工程项目挤占，由于城区容积率过高、楼间距不足、雨污收集处理设施设计不合理等因素，大城市城区生态空间存在不同程度超载现象。大城市居民出行拥挤，休闲地不足，噪音干扰大，职住分离严重，通勤时间长，生活成本高，降低了城市宜居程度。①

造成我国大中型城市生态赤字和生态宜居程度下降的主要原因是重化工产业布局集中和生态空间不断压缩。当城市发展到大型阶段以后，继续依靠高污染产业促进 GDP 增长和就业增加的路线就会对水体、土体和大气造成严重污染，影响城市的可持续发展。大型城市土地十分稀缺，相对于工业用地，住宅供地、公共设施供地和生态供地规模偏小，"碎块化"供地现象普遍。不仅导致大城市"虚胖"，还使得中心城区人口密度过大，公用设施不足，生态资源和人口超载现象不断趋于严重。

（三）我国生态脆弱地区生态退化与贫困并存

我国生态脆弱区主要分布在北方干旱半干旱区、南方丘陵区、西南山地区、青藏高原区及东部沿海水陆交接地区，我国 95% 的贫困人口生活在生态脆弱区。我国生态脆弱区以荒漠、山地和丘陵为主，自然生态系统脆弱。虽然我国近三十年来对北方荒漠化地区、黄土高原，以及部分高山、高寒地区进行了生态治理，但荒漠化、水土流失等现象仍然处于扩大趋势。究其原因，主要是各地区启动大规模生态建设的同时，还是安排了很高的经济增长速度。如果达不到如此高的增长速度，在产业结构不可能大幅度升级的情况下，只能是依靠基础产业规模的扩张，这种结果会进一步引起生态脆弱区生态退化。以内蒙古为例，内蒙古自从保护区成立以来，农牧业快速发展，所承载的畜牧总量达到 8000 多万头，远超过土地的承载能力。

西部大开发为扩大发展空间，实行协同发展、共享发展的重要战略，对于促进中西部地区社会经济发展起到了显著作用。受地质条件和国土开发程度较低的影响，西部大开发的主要项目集中在冶金、火电、建材、有色等矿业开发和水电开发方面，这些产业对大自然的搅动作用较强，生态影响较大。如果粗放开采或对矿区恢复治理发展不够，对水土的保护力度

---

① 景杰：《人口城镇化进程中的生态风险防范》，《宏观经济管理》2015 年第 7 期。

不足，对土壤层的剥离和对水资源、动植物资源的消耗必然会加速弱化这些项目所在区域生态环境的稳定性，引起生态退化，社会经济发展也会陷入"资源的陷阱"。矿产资源开发对水土的剥离正在加速这些地区的生态恶化。我国西北五省、自治区和内蒙古的荒漠化面积已经达到212.8平方千米，并以有史以来最快的速度扩张。[1] 除此之外，广大的西部地区所承接的东中部地区的产业多是污染型产业，这增加了西部地区生态负荷。

二、我国生态问题的成因分析

面对工业化进程中生态问题趋于严峻的现实，我国生态管理工作长期滞后，要因地制宜，进行体制机制创新。长期以来，我国生态管理一直沿用多头分割管理思路，缺乏行之有效的管理部门，存在着管理效率不高、生态市场调节机制不完善、资源能源生态问题交织并存等一系列问题。

（一）生态系统管理缺乏有效的统一管理

我国生态管理按照所管理的对象和区域分别由发改委、环境保护、林业、农业、水利、国土资源、城建等部门实施，主要由环境保护、城建和国土资源等部门主导。林业和水利是实施动植物、水资源保护的主导部门。这种有重点分割管理策略能及时地处理工业化进程中的生态污染、生态破坏和进行生态维护，但多部门生态管理形成的联系机制，难以黏合生态系统本身具有的多种经济属性和自然属性，不仅需要有重点分割管理，更需要系统综合管理。我国现有生态管理体系难以对生态资源的经济效益和生态损失界定、量化，不同生态系统按照其对应的经济属性由不同部门管理，部门利益、地区利益势必会影响到生态系统的管理效率，加速生态资源消耗。

---

[1] 孙鸿烈：《中国生态问题与对策》，科学出版社2010年版，第42页。

（二）工业、人口布局与资源环境承载力不匹配

我国大中型城市生态超载和生态脆弱区生态退化的重要原因，是由于我国当前工业、人口布局与资源环境承载力不匹配、不协调。开发区和大型工业项目多布局在直辖市、省会城市、计划单列市和特区，在二三线城市布局较少。大量二三线城市工业化程度普遍低于城区扩张速度，大量二三线城市的"鬼城"现象十分严峻，占用了稀缺的耕地、森林，严重浪费了国家土地。生态脆弱地区较高强度的农牧业生产和工矿企业布局，过度用水、开荒、毁林、捕捞、狩猎引起生物、能量和物质传导机制破坏而引起的生态结构和生态功能的退化。如果不按照主体功能定位平衡好经济和人口布局，对这些自然资源及其赖以存在的生态系统实施有效管理，我国各类区域的生态系统也将继续恶化。

（三）生态管理缺乏行之有效的市场机制

虽然近些年我国对自然资源产权制度和有偿使用制度建设取得了一定成效，但产权制度还不能有效发挥各类主体保护自然资源的积极性，生态系统健康和生态产品价值不能在最终的食品消费中体现，不健康的食品由于价格低廉排斥着健康的食品。我国大型城市高地价、高房价有利于提高地方政府的财政收入，这使得大型城市中草地、树林、湿地存在的机会成本较高，保护生态资源意味着有较大的经济成本。这种生态资源价值难以衡量的地价形成机制，排斥了生态资源的存在价值。生态资源的区域流动如果继续没有体现出生态资源的价值，生态补偿将难以量化，在谋求经济发展的面前，地方政府存在提高对水资源、森林资源和湿地资源利用强度的动机，否则保护生态资源只会成为政府的一句口号。

（四）生态问题与资源能源问题和环境问题交织并存

我国生态问题与资源能源问题和环境问题交织并存，处理工业化对生态系统负影响的任务十分艰巨和复杂。未来30年，是我国工业化和小康社

会全面建成时期，工业化与城镇化、区域一体化、产业结构升级同步进行，对资源环境要素需求规模将逐渐进入峰值，如何降低资源能源强度，合理利用生态资源，维护生态健康，对生态管理提出了更高要求。我国工业化存在南北差异、东西差异和城乡差异，生态资源布局本身存在南北差异、东西差异和城乡差异。如何平衡好区域差异，实现创新、协调、绿色、开放、共享发展，需要以生态承载力为依据，需要创新生态补偿和生态扶贫制度，落实主体功能区规划，这对生态管理制度创新提出了较高要求。

三、生态文明道路下解决我国环境问题的基本路径

我国工业化任重道远，还有很长路程要走。继续工业化，要正确认清当前生态形势与保障生态安全的重要性，谋求生态文明建设过程中生态可持续发展。

（一）实施主体功能区战略，建立生态屏障

按照主体功能区布局，在构建"两横三纵"为主体的城镇化格局中，以推进环渤海、长江三角洲、珠江三角洲地区优化开发，推动哈长、江淮、海峡西岸、中原、长江中游、北部湾、成渝、关中—天水等地区重点开发，实施集中、集约、集聚发展。发挥大型城市的辐射带动作用，重点建设京津冀城市群、长三角城市群、珠三角城市群、长江中游城市群、成渝城市群五大国家级城市群，稳步发展哈长城市群、山东半岛城市群、辽中南城市群、海峡西岸城市群、关中城市群、中原城市群、江淮城市群、北部湾城市群和天山北坡城市群9大区域性城市群和呼包鄂榆城市群、晋中城市群、宁夏沿黄城市群、兰西城市群、滇中城市群、黔中城市群6大地区性城市群，推动产业高端高效发展、区域均衡发展和共享发展。

在构建"七区二十三带"为主体的农业战略格局中，构建以东北平原、黄淮海平原、长江流域、汾渭平原、河套灌区、华南和甘肃、新疆农产

品主产区为主体，以提供农产品为主体功能，提供生态产品、服务产品和工业品为其他功能，保障农产品供给安全，实现农村居民安居乐业的美好家园。从优化我国农业生产布局出发，引导不同地区发展不同特点的优势产品，建设若干优势农产品产业带，促进农业区域化布局、专业化生产和规模化经营。

在构建"两屏三带"为主体的生态安全战略格局中，构建以青藏高原生态屏障、黄土高原—川滇生态屏障、东北森林带、北方防沙带和南方丘陵山地带以及大江大河重要水系为骨架，由生态功能区和国家禁止开发区为重要组成的生态安全格局。自然保护区、森林和湿地是我国主体功能区中生态涵养区的主要组成部分。保护好中部和西部，以及沿海福建等地区的森林、湿地资源，要提高北京、上海、广东、江苏、浙江等地区自然保护区、森林、湿地面积，促进生态存量的增长。按照绿地、水域、动植物及微生物自净作用的发生机理，在城市群间、城市间和城区间构建生态屏障，社区间、街道间建立绿道网和城市绿锲，降低城市的热岛效应，减少区域间生态不利影响。

（二）以生态承载力为依据优化国土开发和工业布局

只有不超过生态承载力的国土开发和工业布局，才能成为生产力、拓展力、竞争力较强的工业体系。[①] 我国东部地区生态承载力优于中部地区、中部地区优于西部地区，我国南部地区优于北部地区。我国国土开发和工业布局应优先于东部和中部地区的平原、平湖以及河流流经地区，这些地区生态资源充沛。对于生态系统稳定性较差、生态资源匮乏北方荒漠地区、黄土高原、高山、高寒地区，尽可能地控制国土开发强度，严格限制工业开发。

我国大型城市生态压力较大，生态空间有限，疏散大型城市非核心功能和污染产业，逐步转移在大型城市和生态脆弱区的大型工业项目和资

---

① 李世东：《世界重要生态工程研究》，科学出版社2007年版。

源、能源消耗较大、对环境影响较大的工业项目，新增大型工业项目要优先布局在生态容量较大、交通发达的中小城市。保护好水资源、林业资源、动物、微生物资源，控制好对这些资源的开发力度，扩大投资，提高这些资源的富集水平，以增加碳汇水平和地区的生态承载水平。按照生态容量和水资源供给空间合理配置工商业和居民区，减少环境容量较小和水资源供给不足地区对环境容量和水资源消耗较大的工业。发展节水工业和环境友好产业，重点加强冶金、石化、火电、建材等重化工产业水资源消耗和排放管理，改进生产工艺，加大实施节水技术的力度，提高工业用水效率。

（三）促进产业生态化和生态经济发展

实现产业生态化是降低生态负面影响的根本出路。通过环保技术的提高促进产业结构自身的调整与优化，通过对污染的资源化处理使排污量降低，治污成本减少，提高经济效益，实现生态投资的良性循环发展。实施清洁生产，做好污染控制和废物资源化工作，应用现代技术改造传统产业，提高产业自动化、数字化和非物质化水平。企业的技术创新活动与清洁生产紧密联系起来，达到"节能、降耗、减污、增效"的效果，实现经济效益和生态效益的双赢。社会经济的发展必须考虑资源生态环境成本，按照提升产业生态效率的标准对现有产业体系进行重新设计和安排，倒逼生态转型发展。引导中小企业走"专、精、特、新"的发展路子，提高产业配套水平，促进产业集群化发展。通过优化原料和产品结构与布局，实现原料和产品结构、布局的低碳化、循环化、高效化战略性调整。

（四）推进生态省和生态市建设，建立共生城市体系

要继续推进生态立省和生态立市战略，建设森林城市、园林城市、海绵城市和宜居城市。按照宜居宜业的要求，集约节约利用工业用地，增加生活用地和生态用地供给水平，提供适宜的衣食住行环境、低的热岛效应和雾霾天数。降低城市通勤时间，城市间、城区间建有生态屏障，社区

间、街道间建有生态廊道和城市绿锲。提高生态交通网络覆盖程度，要求生产、居住、商政和生态服务用地混合布局，居民上班、休闲方便。提高新能源供给程度、生活垃圾的减量化和资源化程度。

建立共生城市体系，依托城市比较优势，发展基础设施相联相通、产业发展互补互促、资源要素对接对流、公共服务共建共享、生态环境联防联控的大中小共生城市体系，实现大、中、小城市共同发展。通过发展和培育城市群，引导大城市外迁非核心职能和非优势产业，在中小城市建立非核心功能、职能服务区的形式，降低大城市资源环境消耗规模和人口密度。按照生产空间集约高效、生活空间宜居适度、生态空间山清水秀的要求，划定城市资源环境界线，合理规划城市空间，提高城市绿地、水域、公共用地比例与水平，提高城市生态资源存量，发展绿色经济、循环经济和低碳经济，促进经济发展的绿色化、生态化转型。

（五）创新推进生态移民和生态补偿机制，降低生态脆弱区生态影响

在全球气候变暖和极端气候频发的今天，生态脆弱区维持生态稳定已十分困难。发达国家对生态脆弱区以保护为主，严格限制开发。我国要学习发达国家对生态脆弱区的保护机制，创新发展生态移民和生态补偿机制。我国贫困地区的分布与生态脆弱区具有较高的地理空间分布上一致性。通过生态移民将恶劣环境条件下的居民搬迁到生存条件更好的地区，可以减轻对生态脆弱区生态环境的继续破坏，恢复和重建生态系统，使自然景观、自然生态和生物多样性得到有效保护，通过异地开发，逐步改善贫困人口的生存状态。精准扶贫要以生态移民为重点，借鉴发达国家经验，总结三江源移民、三峡库区移民、规制麻山地区移民等移民工作，坚持自然、尊重民意、民俗的原则，按照生态移民的产业分类和主导对象，稳步推进生态移民，让居民"迁得出、稳得下、富得起来"。

在主体功能区的框架下，积极探索生态补偿制度，提高生态功能区保护生态、维护生态的积极性。发挥自然资源的定价机制和产权机制，建立

生态服务价值、生态保护成本和放弃工业、农业生产机会成本的科学评估机制，建立反映自然资源稀缺程度和保护成本收益的生态补偿标准。在中央统筹下，扩大生态补偿试点领域和地域，建立中央、省市县四级生态补偿基金，实现重要和一般生态功能区全覆盖。

第三篇

我国后工业化时期生态文明建设的体制机制研究

第八章　发达国家工业化时期资源环境政策对我国生态文明建设的启示

工业化是经济快速发展和财富集中创造的伟大时代，因工业化发展阶段不同、速度不同，工业化产生的资源环境问题存在差异。分析归纳发达国家相同工业化阶段、相同工业化发展速度下的资源环境问题共性及所采取的资源环境政策普遍规律，这对完善我国资源环境体制机制，促进生态文明建设具有重要启示意义。我国生态文明建设既要学习发达国家工业化资源环境政策经验，还要注意到我国工业化发展背景、资源环境条件、工业化任务与发达国家的差异，立足于我国国情和社会经济发展目标，促进工业化与生态文明建设的有机融合。

一、发达国家工业化阶段资源环境问题共性

发达国家在其工业化阶段，不可避免地产生资源环境问题。[1] 发达国家工业化阶段的资源环境共性，表现在资源环境问题的阶段性共性和不同

---

[1] 乔治·斯蒂纳、约翰·斯蒂纳：《企业、政府与社会》，华夏出版社2002年版，第37页。

发展速度下的资源环境问题集中性共性。

(一) 发达国家工业化阶段资源环境问题的阶段性共性

沿着工业化初期→工业化中期→后工业化发展路径，发达国家主导产业存在由轻工业主导向重化工业主导，到服务业主导的产业演进规律。[①] 资源环境要素利用存在倒"U"型的总量变化规律和"S"型的人均利用量变化规律。[②] 这些规律决定着发达国家在相同工业化阶段，资源环境问题存在相似之处。

英国、美国、法国等国家的工业化起步于18世纪第一次工业革命，日本、韩国、新加坡、中国台湾等国家和地区的工业化起步于20世纪50年代的第三次国际产业转移浪潮，并伴随着第三次工业革命，虽然工业化起步时间相距甚远，但其工业化均起步于轻纺工业。这是由于轻纺工业易发挥劳动力成本比较优势，发展轻纺工业资本、技术门槛较低。[③] 在工业化初级阶段，发达国家资源能源供给较为充沛，环境影响程度整体偏低，生态环境质量整体较好。在英国伦敦、法国巴黎、美国旧金山等城市的工业集中区，由于社会各阶层对环境保护尚处于认识朦胧期，城市设计和资源环境保护"杂乱无章"，工业生产恣意利用自然资源，在工业集中的城镇发生了较为严重的水源污染、煤烟污染、生产生活垃圾等资源环境问题，环境恶化是导致这时期肺结核、霍乱等疾病大范围传播的重要原因。英国伦敦也是这时期戴上了"雾都"的帽子。

轻纺工业的发展有利于资本积累，城市化、农业机械化和基础设施建设大规模展开，扩大了对重化工产业发展的需求。机械工业、金属加工业、汽车工业和能源等重化工产业逐渐替代轻纺工业，工业化步入中期阶段。重化工产业具有高物耗、高能耗、高污染特征。城镇化的推进和重化

[①] 王金照：《典型国家工业化历程比较与启示》，中国发展出版社2010年版，第51页。
[②] 王安建、王高尚、张建华等：《矿产资源与国家发展》，地震出版社2002年版，第48页。
[③] 徐彰、张超：《产业革命、主导产业的形成与政策研究——基于英国、美国、日本工业化早期阶段的经验研究》，《财政研究》2006年第6期。

工产业发展扩大了铁矿石、铝土矿、铜矿等矿产资源和煤炭、石油、天然气等能源利用规模，占用了大量土地，消耗了大量水资源，排放了大量废水、废气、固体废弃物。发达国家在加大对国内自然资源开发强度的同时，大量利用国外资源能源。能源短缺和生态环境的快速恶化是发达国家工业化中期资源环境问题的重要表现。20 世纪 20—40 年代，美国、英国、法国等发达国家工业化加快发展，资源约束趋紧、生态环境恶化。在比利时的马斯河谷、美国宾夕法尼亚州多诺拉、美国洛杉矶等城市酿成多起严重的大气污染公害事件，导致大量禽畜死亡，上千人中毒，上百人丧命。20 世纪 50—70 年代，美国、英国、法国、德国等缓慢工业化进入工业化中期的后半阶段，这与日本、韩国、新加坡等快速工业化国家和中国台湾、中国香港地区的工业化中期叠加，世界资源环境要素消耗规模屡创新高，环境污染大爆发。[①] 英国伦敦、美国洛杉矶、日本四日市等城市大气污染事件发生频率增高、范围增广，对居民危害加深。发达国家"黑河、墨湖、赤潮"现象十分普遍和严重。大量森林、绿地、水域被占用和破坏，动植物加速灭绝。重金属污染、持久性污染物和放射性污染成为这一时期环境污染的新内容。日本"水俣病"事件、日本名古屋"镉大米"和"米糠油"等有毒食品事件说明环境污染已经影响到食品安全和居民身体健康，保护水土安全和大气安全成为发达国家可持续发展的挑战。

20 世纪 70 年代以后，英国、美国、德国等国家相继完成工业化。20 世纪 90 年代以后，日本、韩国、新加坡等国家和中国香港、中国台湾地区先后完成工业化。伴随着信息化和第三次国际产业转移，劳动密集型产业和重化工产业向中国、印度、巴西等新兴工业化国家转移，发达国家新增公共基础建设和重化工产能开始降低，进入以高端制造业和服务业为主导的工业化后期阶段，资源环境的整体压力显著降低，生态环境质量进入全面改善时期。发达国家居民收入水平持续提高，恩格尔系数大幅下降，增强了居民的环保意识，环境公益组织和民间环保团体得到快速发展，对推

---

① 梅雪芹：《工业革命以来西方主要国家环境污染与治理的历史考察》，《世界经济》2000 年第 6 期。

动资源环境保护发挥重要作用。在资本、技术进步和环保运动推动下，经过 20—30 年的治理，发达国家生态环境质量已全面改善。

（二）相同工业化速度的发达国家资源环境问题的共性

发达国家工业化发展速度经验表明：缓慢工业化国家工业化开始时期较早，资源环境条件较好，资源环境问题的治理空间较大；快速工业化国家相对于缓慢工业化国家的资源环境问题更为集中，处理工业化发展和资源环境保护难度较大。

美国、英国、德国、法国等国家的工业化伴随着三次工业革命的发展向前推进。[①] 第一次工业革命推动这些国家从农业社会步入工业社会。经过第二次和第三次工业革命时期，这些国家先后完成了工业化。这些国家的工业化随着城镇化和市场经济发展，无其他国家经验可借鉴，大约经历了两百多年，是一种缓慢工业化进程。这些国家工业化时期，世界煤炭、石油、铁矿石等重要矿产资源的开发程度较低，生态环境的破坏与污染较少。这些先期工业化国家的生产力水平和经济体制是同时期最具有竞争力的生产力和最有效的组织方式，凭借工业革命带来经济、技术优势，通过国际贸易、资本输出，甚至是战争，从全球获取了大量的廉价原材料和劳动力资源，以满足工业化需求。在进入工业化中期以后，虽然也造成了较为严重的资源环境问题，但由于其所经历的工业化时期较长，所积累的巨额资本和先进技术为治理环境污染提供了时间和能力。在 20 世纪 60 年代以后，依托于高端产业分工的国际有利地位，通过第二次国际产业转移将大量高能耗、高污染、高物耗产业转移到日本、韩国、新加坡等国家和中国香港、中国台湾地区，减轻了工业生产对本国自然资源和生态环境的压力。进入 20 世纪 80 年代以后，这些国家的国土开发强度维持在较低水平，生态环境质量已全面改善。

20 世纪 50 年代后，在第三次工业革命和第二次国际产业转移的浪潮

---

① 刘笑盈：《推动历史进程的工业革命》，中国青年出版社 1999 年版，第 34 页。

下，日本、韩国、新加坡等国家和中国香港、中国台湾地区凭借后发优势迅速崛起。美苏争霸间接地促进了国际资本、产业和技术向这些国家和地区的转移。伴随着马歇尔计划的实施，这些国家的工业化快速发展，大约经历了30至50年的时间，是一种快速工业化进程。同时期，世界煤炭、石油、铁矿石等资源供给依然充足，价格维持在较低水平，通过国际贸易，能便捷、低成本的保障工业化需求。由于这些国家的工业化进程较快，国内自然资源供给能力和生态环境容量较低，在20世纪50—80年代，资源环境问题在这些国家集中爆发，生态环境的恶化程度相对于美国、英国、德国等缓慢工业化国家更为集中，也更为严重。20世纪90年代以后，信息化和全球化的全面发展，以及中国、印度、巴西、南非等新兴工业化国家的崛起，第三次国际产业转移为这些国家和地区向新兴工业化国家转移资源消耗型和环境污染性产业提供机会，充足的资本、技术积累也有利于治理生态环境污染，实现生态环境的良好状态。20世纪90年代后，这些国家和地区的工业化基本完成，生态环境逐渐好转。

二、发达国家工业化阶段普遍性资源环境政策

发达国家走过了一条先开发、后保护，先污染、后治理的工业化资源环境路线。在发达国家在工业化初期，资源环境意识相对薄弱，政策体系尚待完善，在工业化中期和后期阶段，资源环境政策密集出台，对调控资源能源利用，保护生态环境发挥了主要作用。

（一）推动技术进步，提高资源环境要素的利用率和产出率

工业化的技术实质是对自然资源更高效率的开发利用。[1] 发达国家十分注重科技创新，以提升工业竞争力。[2] 科技进步会提高资源环境要素的利用规模，扩大资源环境要素的利用范围，也是实施资源能源节约集约利

---

[1] 金碚：《资源环境管制与工业竞争力关系的理论研究》，《中国工业经济》2009年第3期。
[2] 霍文慧、杨运杰：《工业化理论研究新进展》，《经济学动态》2010年第3期。

用和生态环境治理的基本条件。

德国是 19 世纪中期到 20 世纪中期的世界科技中心,是利用科技振兴经济,提高资源利用水平的典型欧洲国家。在工业化起步阶段,欧洲纺织工业竞争激烈,德国发展纺织业在技术和市场方面不具有优势。德国工业化的起步通过大规模铁路建设,推动冶金工业、机械工业、金属加工业和能源等重化工产业发展。德国积极学习英国、西班牙等国家先进技术和管理经验,引进先进技术和科研成果运用到工业生产,大量招聘外国工程技术人员。德国是较早实现义务教育的国家,是较早注重职业教育和高质量技术工人培训的国家,也是创新建立企业技术实验室和大学科学实验室的国家。19 世纪下半叶后,德国成为世界科学中心,德国资源能源利用水平显著高于英国和法国等发达国家。第二次世界大战以后,依托较为先进的技术水平,德国经济快速复苏,由于大量先进技术的运用,使得降低资源能源利用强度和生态环境影响程度步入良性的发展轨道。

美国是第二次世界大战后科技水平最高的国家。美国步入工业化,伴随着国际第一次产业转移浪潮,引进英国等欧洲国家先进纺织技术、先进机器设备和熟练工人,注重科技与生产的结合,用技术变革发展机器制造业,用技术替代昂贵的人力资源。美国在 1862 年率先成立《专利局》,1982 年颁布了《莫里尔法案》,保护知识产权,激励科技创新。1867 年建立国家科学院,大量建设公立图书馆,兴办学校,促进高等教育发展。第一次世界大战和第二次世界大战期间,在美国大量引进和利用先进技术的同时,也大量引进科技人员和熟练工人,技术水平和经济实力快步增强。第二次世界大战以后,美国的科学技术水平代表世界最先进的技术水平,军事科技突飞猛进,并大量运用到民用生产。美国积累了大量高效的清洁能源技术、清洁生产和环保技术,能耗、电耗、水耗大幅降低,生态环境治理能力位居世界前列。

(二)民众推动,政府主导下的资源环境保护体制机制建设

发达国家的环保史实际上是环保法制史,贯穿于发达国家资源环境保

护的一切工作，是在民众推动、政府主导下的资源环境保护机制体制完成的过程，是一种自下而上和自上而下相结合的资源环境保护机制体制完善过程。

英国是最早开始工业化的国家，也是最早品尝工业化"苦果"的国家。[1] 在英国工业化早期，在利润最大化原则下，工业生产恣意开发自然资源和排放污染物，技术落后和社会各阶层环境意识的欠缺助长了环境污染的蔓延。18世纪后期，英国进入稳定发展时期，居民生活水平稳步提高，社会各阶层注意到环境污染对居民健康和城市可持续发展的影响，工人阶级和城市居民通过广泛的集会、游行等方式表达对环境质量全面改善的诉求，呼吁皇室和议会予以干预。英国皇室成立了皇家委员会予以调查，中央政府成立了中央卫生委员会、地方政府成立了城镇卫生协会，还设置了卫生医官，推进环境法案的实施和环境污染监督。在法律法规方面，相继颁布了《河道法令》《公共卫生法》等法案，推进水污染治理、城市垃圾清运、食品卫生监督和预防传染病；相继颁布了《碱业法》《大气清洁法》等行业法案，推进行业减排和污染控制。经过长达一百多年的治理，英国工业化时期的环境污染和城市环境问题才得到有效治理。进入20世纪70年代以后，英国田园风光逐渐恢复，伦敦也彻底摆脱了"雾都"的帽子。

由于日本本土资源供给能力和环境容量较小，日本在创造工业奇迹的同时，资源能源的开发强度和环境污染的排放密度远高于其他发达国家。在20世纪60年代到70年代日本环境污染大爆发时期，民众反对公害的集会游行、公害受害者诉讼、民间团体介入企业防治公害等事件呈现高发状态，说明工业化发展与资源环境保护的矛盾十分尖锐。资源环境问题的社会化、政治化，推动了日本政府着力解决日益严峻的资源环境问题。[2] 日本政府成立了公害审议会，颁布了《大气污染防止法》《水质污染防止法》《噪声控制法》《恶臭防止法》《关于防止农用土地土壤污染的法律》

---

[1] 刘金源：《工业化时期英国城市环境问题及其成因》，《史学月刊》2006年第10期。

[2] 沈惠平：《日本环境政策分析》，《管理科学》2003年第3期。

《关于防止海洋污染及海上灾害的发展》等法律法规，在此基础上，颁布了《公害对策基本法》，提出了大气污染、水污染、土地污染、噪音、震动、地基下沉及恶臭7大公害治理的原则和途径。20世纪70年代以后，颁布了《自然环境保护法》，以实施农地治理、森林湿地恢复和海洋净化。20世纪80年代以后，制定了削减氯氟烃的法律和计划，制订以新能源为中心的"月光计划"。20世纪90年代颁布了《基本环境法》。经过了三十多年强有力的环境治理；进入21世纪后，日本的环境质量得到根本改善。

（三）从污染物末端治理到清洁生产和循环生产

20世纪20年代到40年代，是发达国家资源约束趋紧、环境恶化加速时期。发达国家相继建立了以末端治理为主的污染控制机制，这种机制注重污染物排放总量管控和生态环境健康目标管理，对于扭转大气、湖泊、河流、耕地环境恶化的效果明显，也可以减少对工业生产的影响，促进技术进步。[①] 美国在《国家环境政策法》中规定："联邦政府的一切机构，在采取会对人类环境产生明显的重大影响时，应当编制一份详尽的说明书，其中应包括对环境产生的影响。"美国、荷兰等发达国家先后采取严厉的"技术强制"处理方式，污染源"重新符合"排污限额，新污染源采用"最佳实用标准"。通过强制标准和技术，发达国家工业化时期污染严重的河流、湖泊得到恢复与保护，有害废物、有毒化学品和农药得到有效管理。美国法律规定，对特殊性质地区和特殊种类的动植物，实施特别保护，这些资源的保护相对于其他用途拥有优先权，取走或使用这些资源，只有在极特殊条件下才被允许。

20世纪60年代到80年代是发达国家资源环境问题大爆发时期。末端治理机制难以控制资源环境需求快速增长状态下的环境恶化问题，发达国家资源环境政策开始以污染物"末端治理"为主的政策向以实行"清洁生

---

① 金碚：《资源环境管制与工业竞争力》，经济管理出版社2010年版，第52页。

产""全程控制""末端削减"的政策转变。这时期资本和技术的积累也为清洁生产、循环生产、生态经济发展提供了条件。美国颁布了《1990年污染预防法》,宣布以污染预防政策取代"末端"处理为主的污染控制政策,要求工矿企业通过"源头削减"减少各类污染物排放。德国、法国、加拿大、荷兰、瑞典、丹麦等国家高度重视科技进步实施污染预防、清洁生产、循环生产中的战略核心地位,通过法律管制、积极激励、人才培训、信息共享、经验交流等途径推广清洁生产和循环经济。

(四)创新资源环境产权制度,建立严格的资源环境保护与利用标准体系

在探索资源环境保护与开发的过程中,发达国家十分注重发挥市场的调节作用,创新资源环境管理产权制度。在20世纪50年代以后,发达国家结合本国实际,各有侧重创新性建立了征收环境费制度、环境税收制度、财政信贷刺激制度、排污权交易制度、环境标志制度、押金制度、执法鼓励金制度以及环境损害责任保险制度,内部化资源环境影响的外部成本。通过资源环境产生影响的企业颁布许可证制度,严格控制其对资源环境的影响范围。通过产权安排和利益相关者的监督作用,明确企业在环境保护中的角色和责任,监督企业资源环境保护,对违法者进行制裁。通过严格的生态环境修复政策,树立企业和个人的资源环境观,促使企业和个人实施生态环境保护。

在20世纪后半叶,美国、澳大利亚、加拿大、新西兰等发达国家为控制本国自然资源开发强度,保护生态环境,在矿产、能源、水资源等自然资源开发的各个环节订立了严格的环境保护标准,鼓励民众和环境保护组织监督,保护大气、水体、土地和动植物资源及微生物资源的健康。资源环境技术标准贯穿于资源利用和产品生产的全过程,在生产环境、消费环境均有较为严格的资源环境标准,确定产品的生产不能对资源环境产生影响,不能对居民的健康产生危害,要有利于居民身心健康,并在财税、贸易、政府采购等相关环节予以规制。

（五）优化产业结构，寻求"污染避难所"，转移资源消耗和环境污染

发达国家产业结构的优化过程是在技术推动下，以效率和效益提升为导向，按照资本、劳动力、资源环境要素比较优势配置产业的过程，伴随着国际产业分工和国际产业转移。

20世纪60年代以后，美国、德国、英国等发达国家在劳动密集型产业和资源能源消耗性产业不具有比较优势。美国、德国、英国等发达国家通过产业高端的有利地位，积极寻求"污染避难所"，将纺织业等劳动密集型产业和钢铁、冶金等重化工产业向日本、韩国、新加坡等国家和中国台湾地区转移，获取资本和技术控制高额利润的同时，转移重化工产业对本国资源的消耗和环境污染。日本、韩国、新加坡等国家和中国台湾、中国香港地区承接了英、美等西方发达国家的纺织业等劳动密集产业和钢铁、冶金、造船、汽车、重型机械、石化电子等重化工产业，重化工产业迅速发展起来，资源能源消耗和环境污染趋于严重。

到20世纪90年代以后，日本、韩国、新加坡等国家和中国台湾地区的劳动力成本快速上升，国内资源环境要素消耗接近极限。中国、印度、巴西、南非等新兴工业化国家工业化快速发展，日本、韩国等国家在纺织业和钢铁等重化工产业比较优势逐渐丧失。中国、印度、巴西、南非等新兴工业化国家优先发展出口导向型产业的政策迎合和日本、韩国、新加坡等国家和中国台湾地区向广大的发展中国家转移劳动密集型产业和重化工产业的需求，积极构筑全球高端的产业版图，在广大新兴工业化国家积极寻求"污染避难所"，降低了日本、韩国、新加坡等国家和中国台湾地区的资源消耗和环境污染。

三、我国与发达国家工业化进程中资源环境问题的共性与差异性

我国的工业化是在英国、美国、德国、法国等发达国家经历了第一轮

工业化，日本、韩国、新加坡等国家和中国台湾、中国香港地区第二轮工业化后，包括印度、巴西、南非等广大亚非拉国家工业化的第三轮工业化。① 我国的工业化路径与发达国家工业化路径进行有其相似之处，所产生的资源环境问题存在共性。我国工业化背景、发展历程、资源环境约束状态与工业化先行国家有较大差异，所面临的资源环境问题也更为严峻和复杂。

（一）我国与发达国家工业化进程中资源环境问题的共性

1. 工业化实现了工业发展和经济繁荣

后发优势和第三次国际产业转移为我国工业化发展带来了巨大机遇与挑战。通过改革开放近四十年的工业化发展，我国工业化初期、中期的目标已经基本实现。改革开放到20世纪90年代中期是我国工业化初期阶段，我国工业化发展的重点是恢复农业生产和发展轻工业，农业发展和纺织业、食品业等轻工业快速发展。90年代中期以后，我国承接了发达国家大量的劳动密集型产业和重化工产业，出口导向性和出口替代型兼备的对外开放政策快速促进了我国资本积累和技术进步。进入21世纪后，我国已经成为世界上少数最为完备的工业体系国家，能生产世界上绝大多数产品。快速的工业化过程促进了我国综合实力的增长，2011年我国的工业总产值位居世界第二。综合国力的增强对我国获取国际资源，补充国内能源资源等大宗商品供给不足，治理环境污染提供了良好的资本和产业条件。进入2012年后，我国工业化进入后期全面发展时期，产业结构正向高端发展，生态文明建设与工业化协同发展，资源集约节约利用和环境保护正在加强。

2. 工业化阶段资源环境问题阶段性共性

发达国家在工业化中期，所消耗的资源环境规模占世界比重较大，是世界资源能源需求增长的主要来源。我国从20世纪90年代进入工业化中

---

① 蔡昉、王德元等：《中国产业升级的大国雁阵模型分析》，《经济研究》2009年第9期。

期阶段以后，粮食、煤炭、石油、铁矿石、铜矿、水资源等大宗商品消耗量快速增加。我国重化工产业发展取得巨大成就的同时，石油、煤炭、铁矿石、氧化铝、铜、水泥等大宗资源品消耗量位居世界第一，我国消耗了世界石油的11%，煤炭、铁矿石等大宗商品的40%—70%，世界主要自然资源和大宗商品的需求增长来源于我国，我国对资源能源的消耗变化是近二十年来世界资源能源价格变化的重要原因。

发达国家工业化中期的能源供给结构多以煤为主，以煤为主的能源结构和汽车保有量的快速增加，形成了发达国家燃煤型污染和汽车尾气污染为特征的大气污染。在发达国家工业化集中的城市，水土污染、大气污染、动植物灭绝现象十分严重。这种污染原因和污染状态与我国当前状态十分相似。我国雾霾天气持续爆发，在很大程度上与大规模煤炭资源利用和汽车保有量增长相关。我国90%的城市水域已受到了严重污染，50%的水源已不符合饮用水的标准，40%的水源已不能饮用。据环境保护部和国土资源部2014年4月发布的《全国土壤污染状况调查公报》显示，我国土壤的点位超标率为16.1%，中度污染占1.5%，重度污染占1.1%。

3. 工业化发展速度与经验的共性

我国的工业化属于快速工业化，这与20世纪60年代到21世纪初的日本、韩国、新加坡等国家和中国台湾、中国香港地区快速工业化进程有其相似之处，都伴随着先期工业化国家劳动密集型和资源环境消耗性产业的国际转移。后期工业化国家在处理发展与环境保护的过程中，资源环境保护多让位于经济发展，导致了相对于先期工业化国家工业化进程中更为严重的资源环境问题。快速工业化国家为了吸引国际资本和技术，在产业安全、资源安全、工人健康、资本控制，甚至外交、军事方面受制于前期工业化国家。[1] 资本不足和技术欠缺使得快速工业化国家保护资源和治理环境显得力不从心。

工业化国家在工业化进程中十分注重相互借鉴与学习，建立多种合作

---

[1] 简新华：《中国工业化和城镇化的特殊性分析》，《经济纵横》2011年第7期。

机构和框架协调资源能源利用和生态环境保护，所实施的工业发展、技术进步、环保立法、产业替代等方面具有共性。英国、美国、德国、法国等发达国家是较早开展工业化的国家，相互之间工业化及资源环境保护经验相对有限，在吸收与借鉴外国的同时，结合国内实际，创新发展。日本、韩国、新加坡等先期快速工业化国家和中国台湾、中国香港地区，以及中国、印度、巴西等工业化进程中国家的工业化具有后发优势，虽然均确立了避免走先开发、后保护，先污染、后治理的资源环境路线，但实际上均走过了和正在走一条先开发、后保护，先污染、后治理的资源环境路线。

（二）我国与发达国家工业化进程中资源环境问题的差异性

1. 工业化背景的差异

进入 21 世纪后，美国、日本、德国、英国等发达国家视我国等新兴工业化国家的工业化为威胁，对新兴工业化国家实施技术封锁，通过资本和国际组织，甚至军事和国家主权规制发展中国家的社会经济发展，巩固和完善其产业高端的国际分工体系，维护其国际社会经济的主导地位。发达国家通过大气污染减排控制要求发展中国家降低工业化发展速度，并在国际贸易、国际资本流动等方面设置层层壁垒。我国获取石油、铁矿石、铝土矿、粮食等国际大宗产品的成本均高于工业化时期的发达国家，且受制于发达国家。由于国际市场空间相对饱和，发展中国家众多，新兴工业化国家产业结构差异化不明显，发展中国家的工业化竞争主要是劳动力成本竞争、资源消耗和环境污染的竞争，生态环境破坏严重和国家贫弱在广大发展中国家普遍存在。这种不利的工业化国际背景，是导致我国工业化过程中诸多资源环境问题的重要原因，不利于我国生态文明建设和新型工业化发展。

2. 工业化资源环境条件的差异

我国拥有较为丰富的矿产资源、能源、水资源、动植资源和土地资源。丰富的资源环境要素为我国工业化的起步提供了良好的资源条件。为满足工业化对资源环境要素需求的快速增长，我国同发达国家工业化中期均采取了提高本国的国土开发强度,大量利用国际资源能源的资源能源保障政策。我国铁矿石、铜矿石、铝土矿、石油等主要矿产资源的开发品位大大低于世界平均水平,各类形式的农业用地利用强度均高于世界平均水平。我国石油、铜矿、铝土矿等自然资源对外依存度超过50%,大米、小麦、大豆、肉类对外需求规模快速增加。进入21世纪以来,石油、天然气、焦炭、钢铁、铜、镍、铝、镁、锡、铅、铂、金等矿产资源和能源价格大幅上涨,波动频繁,这与发达国家工业化时期稳定、价廉的获取国际矿产资源形成了巨大差距。[①] 为支持工业化的发展和经济的繁荣,我国不得不采取廉价、甚至无价的资源环境要素和廉价劳动力供给政策,以促进工业资本的积累和发展生产力,这必然加大了我国资源环境的供给压力。

3. 我国工业化任务较重,区域发展不平衡

我国工业化速度快于美国、英国、德国等缓慢工业化国家,我国工业化人口和国土范围是日本、新加坡、韩国等发达国家的30倍或100倍以上,因而,我国工业化对资源环境要素的消耗规模相对于发达国家更大、更为集中。我国的工业化与农业现代化、城镇化、信息化、国防科技化协同并存,工业化的内容更为复杂。

美国、德国等国家再工业化发展十分注重工业化与信息化的结合,是在各产业协调发展下产生。我国国有企业比重较大,企业社会化程度较低,民营企业综合实力相对较低。国际技术日新月异,我国的全球科技竞争力整体不强,现代高端制造业在国际市场的比重较低。我国科研主要靠自我研发,产业高端发展,创新驱动的任务十分艰巨。由于地方政府工业化热情较高,产能重复投资较多,所形成的落后产能和过剩产能相对于工业化先行国家在工业化中期更多、更为分散。这些过剩产能和落后产能降低了我国工业实力,造成了资源浪费和环境破坏。

我国采取东部沿海区域和重点城市重点突破的工业化发展策略快速促进了工业化发展,但也造成了社会经济发展的不平衡。就工业化阶段论,

---

① 成金华:《工业化与矿产资源消耗:国际经验与中国政策调整》,《中国地质大学学报》(社会科学版)2011年第3期。

北京、天津、上海等直辖市,江苏、浙江、广东、福建、山东等沿海省份的部分城市处于工业化后期阶段,广大的中西部地区总体处于工业化中期阶段,部分中西部地区的县市,由于各种原因,工业经济发展缓慢,人民生活水平提高缓慢。[①] 未来20到30年,我国仍有近3亿人口实现城镇化,需要依靠工业化提供更多的就业机会,需要更多的城镇空间。当前,我国北京、上海、广州、深圳等大型城市或特大型城市已经十分拥挤,空气、水、土壤污染严重,无法容纳更多的人口。与此同时,中部和西部的中小城市发展不足,要促进这些城市的发展,势必要进一步促进这些城市的工业化进程,这对我国工业化和城镇化的协同发展提出了更高要求。[②]

四、推进生态文明建设要借鉴发达国家工业化阶段资源环境政策

借鉴发达国家工业化过程中的经验与教训,以生态文明建设提升工业化发展质量,顺利实现工业化向后期发展,走出一条资源节约型、环境友好型新型工业化道路。

(一)提高生态文明建设重要性认识,赋予居民资源环境保护的权利与途径

社会各阶层广泛参与环境公益组织和民间环保团体组织的资源环境保护活动,表达实施资源环境保护的政策诉求,这是发达国家资源环境全面改善,资源环境政策完善的重要原因。我国进入工业化中后期阶段以后,生态环境事件频发,在经历了雾霾频发、城市"有水皆污、有湖皆污"、土壤污染严重、绿色食品供给不足的今天,资源环境保护的重要性已经深

---

① 赵昌文、许召元、朱鸿鸣:《工业化后期的中国经济增长新动力》,《中国工业经济》2015年第6期。
② 张欢、成金华:《特大型城市生态文明建设评价指标体系及应用研究——以武汉市为例》,《生态学报》2015年第2期。

入人心，但环境公益组织和民间环保团体发展缓慢，居民环保维权十分困难。我国基层政府对资源环境保护缺乏担当精神和法制精神，"有法不依、违法不究、执法不严"是导致这种现象的重要原因。虽然赋予了居民资源环境保护的监督权力，但居民行驶监督权渠道不通，维权困难。部分地方政府视环境公益组织和民间环保团体为"麻烦"，"不积极、不配合、相互推诿、不解决问题"，环境公益组织和民间环保团体多凭居民一腔热情，资金来源有限，人员结构不稳定，环境公益组织和民间环保团体很难起到资源环境保护监督功能。

需要借鉴发达国家经验，强化基层政府环境保护职责，坚决贯彻环境保护一票否决制，"治庸"的同时，一定要"问责到底"。借鉴发达国家普遍采用的污染企业举证制度，在还居民环境监督权的同时，还要畅通渠道，减少居民环保维权成本，让居民和环保组织勇于维权、积极维权、方便维权。积极引导和扶持环境公益组织和环保团体，促进各基层向环境公益组织和民间环保团体的募捐，并综合管理，促使其建设成资源环境保护的中坚力量。

（二）建立资源环境法制体系和较高的资源环境保护与利用标准体系

建立资源环境法制体系和较高的资源环境保护与利用标准体系属于"命令—控制式"资源环境管制途径，有利于树立企业和居民"有所为""有所不为"的"资源环境保护"精神。从法律体系来看，我国资源环境保护法制体系仍然存在立法滞后、立法缺失、立法粗疏等问题。我国已经制定了《环境保护法》《海洋环境保护法》《大气污染防治法》等法律法规，出台了《水污染防治行动计划》等行动方案，但配套实施机制与司法解释仍然欠缺。防治噪声污染、固废污染、土壤污染、生物安全、核安全等法律法规建设进展较缓慢。学习借鉴发达国家较为完善的资源环境保护与污染防止法律法规，强化环保部门实行最严格的监管，创新提出体现最严格环境问责的制度和办法。地方立法要有全局观念，还要结合本区实际，根据不同区域、不同行业、不同类型，制定严于国家标准的地方污染防治和资源保护办法。在同一个流域、同一城市，不同区域资源环境法律制度不能相悖，不能牺牲一个地区的环境，让另一个地区环境健康。

我国虽然建立了大量的资源环境保护与利用标准体系，并在不断完善，但相对于发达国家，我国水、土、大气、城市噪声、食品环境标准偏低，我国土地、矿产、能源集约节约利用标准偏低，废水、废气、废渣、化学品、重金属等污染物排放标准偏低，能耗、水耗、电耗等自然资源消耗标准偏低，甚至有些标准低于印度、南非等发展中国家。借鉴发达国家工业化中后期资源环境保护与利用标准，建立反映资源环境要素稀缺程度和重要作用的资源环境政策体系、资源环境保护标准和执行机制，循序渐进提升我国资源环境保护与利用标准，将会形成资源节约、环境保护的长期倒逼作用，促进生态经济的形成与发展。为防止由于快速、大幅度提高资源环境保护与利用标准对实体经济的损害，需出台多项配套政策引导鼓励企业实施资源集约节约利用，鼓励企业发展清洁生产、循环经济、生态经济，鼓励清洁能源产业发展和利用清洁能源。

（三）创新自然资源产权制度，发挥市场的调节作用，激励资源节约与环境保护

市场经济制度是发达国家推动工业化发展的根本经济机制，发达国家通过自然资源产权边界的清晰化，倡导"谁污染谁付费，谁消耗谁承担"，保护自然资源和监督环境质量。我国社会经济发展与资源环境的矛盾和问题，直接或间接地涉及自然资源的产权问题。建立归属清晰、权责明确、保护严格、流转顺畅的自然资源产权制度，有利于发挥市场的调节作用，提高资源配置效率。健全自然资源产权制度是我国生态文明制度建设的基础性制度，需要统筹考虑各有关因素，做好顶层设计。对水流、森林、山岭、草原、荒地、滩涂等自然生态空间进行统一确权登记，制定有利于能源、水、土地等自然资源有序利用、清洁利用、高效利用的产权配置政策，形成归属清晰、权责明确、监管有效的自然资源资产产权制度，释放

市场主体活力和资源环境保护潜力。探索建立空间规划体系，划定生产、生活、生态空间开发管制界限，使不同自然条件的各种自然资源用于不同社会经济与自然需求，创新自然资源用途管制，发挥最大环境容量的作用。健全国家自然资源资产管理体制和自然资源监管体制，统一行使全民所有自然资源资产所有者职责和国土空间用途管制职责。

（四）依靠科技创新推动工业化向后期发展，以发展保护环境

发达国家进入工业化中后期阶段，经济发展速度逐渐降低，维持在2%—4%的水平。我国经过三十多年 GDP 年均 10% 的复合增长，在今后30—50 年里，社会经济发展将在 7% 左右的中高速，甚至更低的中高速增长状态，这符合发达国家在工业化中期经济发展速度降低的普遍规律。我国资源环境与人口红利逐渐降低，只有工业技术的不断提高和高端工业企业规模与数量的不断增长，才能形成工业化后端发展的可持续动力，才能跨越中等收入陷阱，步入工业化后期阶段，生态文明建设才能取得巨大成就。

冶金、化工、机电、建材、造纸、纺织等传统产业是我国的支柱产业，但这些产业资源环境要素的产出效率、人均产值和产品利润率较低，具有国际竞争实力的高端产品较少，过剩产能和落后产能较多。要循序渐进地化解这些支柱产业落后产能和过剩产能。利用好我国工业化发展的后发优势，依靠科技进步和创新发展，推进传统产业的改造升级和生态经济、循环经济和绿色发展，形成一批具有国际竞争力的高端产品的品牌。实施创新驱动，重点支持信息技术、高档数控机床和机器人、航空航天装备、海洋工程装备及高新技术船舶、先进轨道交通装备、节能与新能源汽车、电力装备、农业装备、新材料、生物医药及高性能医疗器械等产业，高端制造与绿色发展相结合，推动建立起绿色低碳循环发展产业体系，构造中国制造 2025 宏伟蓝图。

工业化的发展与城镇化紧密相连。化解我国东部沿海和直辖市、经济特区、省会城市、计划单列市等大型城市工业企业过于集中，资源环境容

量可发挥空间减小问题，在促进工业化高端高效发展的同时，以京津冀城市群、长三角城市群和珠三角城市群等城市群为依托，疏散大型城市功能和工业布局，建设卫星城和新城区，促进职住同城与产城融合的发展。通过产业向中西部专业和中小型城市转移，推进工业化的纵深发展，提高中西部地区和中小型城市的工业项目布局规模和水平，要防止中小城市工业化、城镇化过程中的环境污染。城市设计要依据山水地貌，均等化不同区域、不同城市社会经济资源，提高城市宜业宜居水平，促进中小城市和城市群均衡发展。

（五）加快工业化"走出去"步伐

美国次贷危机以后，我国政府多方拓展国际关系及贸易渠道，其核心主要是围绕如何消化我国的落后、过剩产能问题和获取国际资源能源问题，这两大问题都事关我国工业化进程。"一带一路"、环太平洋会议、金砖国家会议、上海经合组织、南亚区域合作联盟等战略与协作机制的推出，亚洲开发银行、金砖国家银行等国际金融公司的发起与成立，为我国拓展国际市场，实施"走出去"的工业化提供了机会和渠道。中国石油、中国石化、中国铝业、中国五矿等大型资源能源企业在澳大利亚、巴西、中东国家等国家和地区进行了大量投资，拓展了资源能源渠道，但成本高、风险大、收益较低的现实仍然制约着我国企业获取国外优质资源能源的潜力。如何利用好国际、国内两个市场为工业化提供足够的资源供给，是摆在中国工业化过程中不可回避的难题，也是中国工业化转型的必由路径。

第九章　我国工业化进程中的生态文明战略

大力推进生态文明建设需要科学的战略部署和体制机制安排。党的十八大以来，生态文明建设被提到前所未有的战略高度。2015年，中共中央、国务院发布了《关于加快推进生态文明建设的意见》，明确提出到2020年，两型社会建设取得重大进展，主体功能区布局基本形成，经济发展质量和效益显著提高，生态文明主流价值观在全社会得到推行，生态文明建设水平与全面建设小康社会目标相适应。至此，我国正式全面进入生态文明建设高速期，机遇与挑战并存。未来十年，是我国生态与经济发展"两难"期，也是我国生态文明建设的重要机遇期。[①] 我们要坚定不移地从"五位一体"的战略高度，加快建设生态文明，为实现中华民族的永续发展打好基础、做好准备和创造条件。

一、"五位一体"战略与生态文明建设

我国生态文明的最大特点之一，是科学合理的顶层设计与自上而下的

---

① 王金南、蒋洪强、刘年磊：《关于国家环境保护"十三五"规划的战略思考》，《中国环境管理》2015年第2期。

政府推动,这保障了我国生态文明建设的系统性、协调性和整体性。在中共中央制定的生态文明建设思路中,生态文明被提升到与经济、政治、文化和社会建设同等重要的高度,这既体现了中共中央建设生态文明的伟大决心,更是生态文明建设的特殊性、复杂性的内在要求。

(一)"五位一体"战略的有机构成

党的十八大报告明确指出生态文明建设是关系人民福祉、关乎民族未来的长远大计,要求把生态文明建设放在突出地位,融入经济建设、政治建设、文化建设和社会建设的各方面和各过程。这种生态文明建设的总体布局被称作"五位一体"。为有效落实"五位一体",本书认为应当以科学发展观为指导,以生态文明体制建设的顶层设计为核心,以政治建设、经济建设、文化建设和社会建设四个领域的协同改革为支柱,推动形成人与自然和谐发展的中国特色社会主义建设新格局(如图9-1所示)。

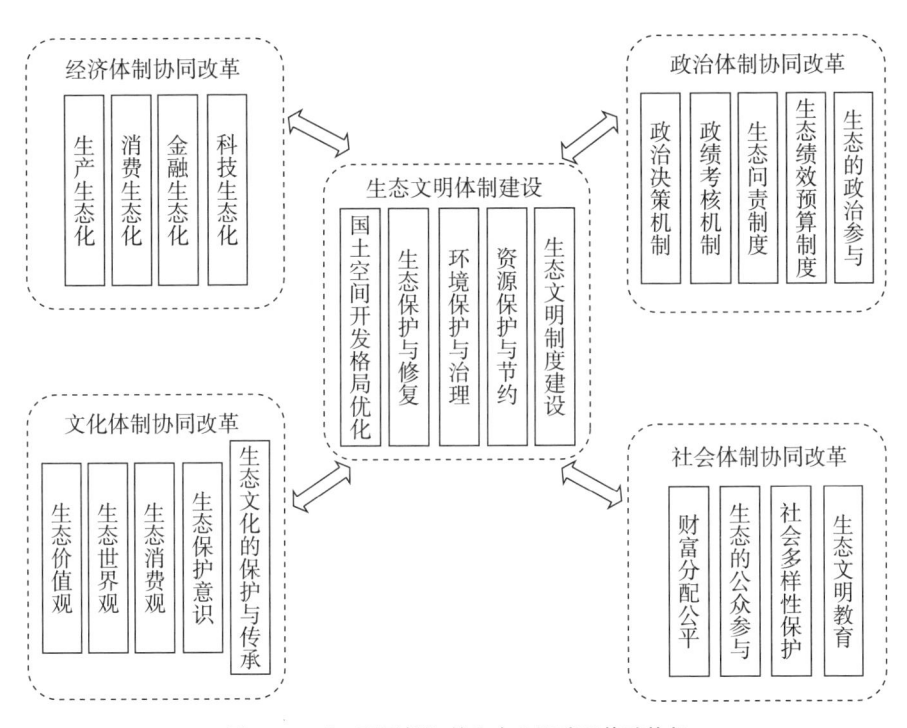

图9-1 "一顶四柱"的生态文明建设战略构想

(二) 生态文明体制建设

生态文明体制建设的目标是建立系统、完整的制度体系和法律体系，使生态文明建设工作常态化、制度化、法制化，基本形成源头预防、过程控制、损害赔偿、责任追究的生态文明制度体系，自然资源资产产权和用途管制、生态保护红线、生态保护补偿、生态环境保护管理体制等关键制度建设取得决定性成果。[①] 生态文明体制建设主要包括：

1. 落实国土空间开发格局优化战略

尊重区域差异，因地制宜选择经济社会发展模式，是科学发展观的内在要求，但长期以来，中国对资源开发没有从国土空间来进行整体把握，分区管理，造成了国土开发的失序，开发强度失当，整体格局失衡。[②] 中国应在借鉴发达国家国土空间开发相关理念的基础上，结合我国区域发展战略实践经验，创新性地制定主体功能区战略，根据不同区域资源环境承载能力、现有开发强度和发展潜力，统筹谋划人口分布、经济布局、国土利用和城市化格局，将全国划分为多个主体功能区，并据此明确开发方向，完善开发政策，控制开发强度，规范开发秩序，形成人口、经济、资源环境相协调的国土空间开发格局。[③]

2. 加强生态保护与修复工作

（1）建立更为系统和完善的生态保护制度。包括加快健全生态保护红线制度、严格落实重点生态功能区制度、建立生态环境动态监测和预警制度等。生态保护红线，是最严格的资源保护制度，具有系统完整性、强制约束性、协同增效性、动态平衡性、操作可达性等特征。有关部门还应在生物物种、生态环境调查的基础上，利用遥感技术和大数据技术，建立起

---

① 中共中央、国务院：《关于加快推进生态文明建设的意见》，2015 年 4 月 25 日，见 http://www.scio.gov.cn/xwfbh/xwbfbh/yg/2/Document/1436286/1436286.htm。
② 谷树忠、曹小奇等：《中国自然资源政策演进历程与发展方向》，《中国人口·资源与环境》2011 年第 10 期。
③ 杨伟民、袁喜禄、张耕田：《实施主体功能区战略，构建高效、协调、可持续的美好家园》，《管理世界》2012 年第 10 期。

覆盖全国的动态监测、评估和预警网络，及时针对重要生态问题作出响应，保护生态安全。

（2）加大生态保护和修复投入。改革开放三十多年来，我国用于生态环境保护的资金投入逐年增加，但生态环境治理资金仍有巨大缺口，而根据美国佐治亚大学的一项关于全球各国生物多样性保护资金充裕度的研究成果，在资金最缺乏的1/4国家中，中国赫然在列。[1] 根据环保部"十三五"规划，中国将重点深入落实六大工作，工程量及耗资巨大，除政府财政拨付外，还必须充分利用市场机制，形成多元投资多方受益的格局，让重点工程建设可持续发展。

（3）提高生态工程、政策效率。我国生态环境保护资金少，任务重，为了更好更快完成生态文明建设的伟大目标，必须进一步提高生态工程和生态政策的效率。具体改进策略包括：深化相关部门管理体制改革，加强决策过程的民主性、公开性和透明度，加强财政监管，引入市场化经营，加快建立涉及多元主体的科学决策和监督机制。

（4）落实生态补偿，促进生态公平。中国自20世纪80年代初开始探索生态补偿，前期以矿产和森林的生态环境补偿为主。[2] 但目前依然存在补偿范围过窄、融资渠道单一、补偿标准不合理、基础性支撑制度缺乏等问题。[3] 为推动生态保护政策和工程的顺利实施，有必要进一步落实生态补偿制度，尽快完善相关法律法规，加强区域生态补偿，加大对中西部重点生态功能区的财政转移力度，对中东部地区考虑征收生态环境税，完善生态服务功能价值核算机制，扩大融资渠道，吸引社会力量加入生态工程的建设和管理中来。

3. 加大环境保护与治理力度

（1）加大大气环境保护与治理。中国国务院2013年出台了《大气污

---

[1] Waldron A., A. O. Mooers, et al., "Targeting Global Conservation Funding to Limit Immediate Biodiversity Declines", *PNAS*, Vol. 29, 2013.

[2] 孙新章、谢高地、张其仔：《中国生态补偿的实践及其政策取向》，《资源科学》2006年第4期。

[3] 李文华、刘某承：《关于中国生态补偿机制建设的几点思考》，《资源科学》2010年第5期。

染防治十条措施》,将控制污染物排放放在第一位,同时要求提前实现"十二五"落后产能淘汰目标,各地也纷纷重拳出击治理雾霾。除此,中国碳排放、二氧化硫、氮氧化物等空气污染问题也亟待有效治理。治理对策包括加大生态林建设工作、调整工业结构和能源消费结构、加快淘汰落后产能等等。

(2) 加大土壤环境保护与治理。与空气污染相比,土壤污染更为隐蔽,但其对生态和人类的危害毫不逊色。根据国土资源部数据显示,中国10%的耕地遭受严重的重金属污染,全国每年受重金属污染粮食高达1200万吨。[①] 其中,很多粮食直接流入市场,湖南、四川等粮食主产区频现"毒大米",直接威胁中国粮食安全。目前国家正在加紧出台《土壤污染防治十条措施》,但仍应尽快将其升级为《土壤污染防治法》,明确并必须建立土壤环境保护多元综合治理机制,建立土壤污染等级划分制度,明确土壤污染者治理责任。另外,启动全面的污染治理工程,尤其在粮食主产区,要增大治理投入,对一些严重污染,已不适合农业生产的地区,要考虑休耕和生态移民。

(3) 加大水环境保护与治理。环保部已于2015年出台了《水污染防治行动计划》,提出要到2020年,全国水环境质量得到阶段性改善,到2030年全国水环境质量得到全面改善。目前问题在于:一是要加紧落实该行动计划,筹措足够资金高质高效完成重点工程建设和水质修复治理工作;二是要进一步制定全国性的、更为严格的水环境保护法,加大对现有水体的保护力度,制定更为严格的水资源红线,加大湿地保护力度等。

(4) 加大环境犯罪惩治力度。虽然中国已经大幅增加环境治理投入,但环境污染仍日益严重,根本原因还在于对环境犯罪惩治力度过于薄弱,其原因有二:一是相关法律法规体系不健全,已有的法律法规对犯罪的惩治力度偏弱;二是有关部门执法不严。为有效保护环境,必须加大环境犯罪惩治力度,切实做到有法可依、有法必依、执法必严、违法必究。

---

① 谢庆裕:《我国10%耕地遭重金属污染 年污染粮食可养活珠三角》,2011年4月1日,见 http://news.xinhuanet.com/fortune/2011-04/01/c_121257698.htm。

4. 推进自然资源保护与节约利用

（1）让经济结构体现资源保护与节约。破解中国生态环境问题的根本之策则是发展循环经济。循环经济是一种复合可持续发展理念的经济增长新模式，它以资源的高效利用和循环利用为核心，以"减量化、再利用、资源化、无害化"为原则，以低消耗、低排放、高效率为基本特征，要解决中国经济与资源环境的突出矛盾，必须大力发展循环经济，建设两型社会。[①] 在需求结构上，要实现由过度依靠投资和出口向消费与投资相协调、内需和外需共拉动转变；在产业结构上，要由过度依靠工业增长向三大产业协调发展共同带动经济发展转变；在生产要素投入上，要由过度依靠资金和自然资源消耗向更多地依靠高水平人力资本和技术进步支撑转变；在资源利用方式上，要实现单向式直线过程向反馈式循环过程转变，使经济增长建立在经济结构优化、科技含量提高、国民素质增强、质量效益提高的基础上，逐步形成"低投入、高产出、低消耗、少排放、能循环、可持续"的经济增长方式。[②]

（2）让价格机制体现资源保护与节约。价格机制缺陷是中国粗放型经济增长方式的原因之一。长期以来我国资源产品价格明显偏低，未考虑环境污染成本，导致了严重的资源浪费。价格问题表现为"四低"：地价低、水价低、能源价格低、矿产品价格低。[③] 一方面，要推动生产要素市场化配置。重点是调高能源价格，要加大市场在资源、能源配置中的作用，尤其是在土地资源的配置上，要对资源能源的使用征收环境税，提高矿山资源补偿费。另一方面，对生活要素要完善阶梯价格。

（3）让制度体现资源保护与节约。让市场履行资源配置的功能是中国资源管理改革的方向，但市场也常常出现滞后和失灵等问题，因此在资源管理、财政、税收等制度设计上要充分体现对资源的保护与节约。在资源

[①] 习近平：《大力发展循环经济，建设资源节约型、环境友好型社会》，《管理世界》2005年第7期。
[②] 马凯：《发展循环经济建设资源节约型和环境友好型社会》，《求是》2009年第8期。
[③] 张卓元：《深化改革，推进粗放型经济增长方式转变》，《经济研究》2005年第11期。

管理制度上，应从审批环节就加重对企业资源节约和环境友好情况的评估，比如采矿权审批时，应将尾矿综合利用能力、绿色矿山建设能力等纳入考察考核范围。在财政方面，要改革当前的地方财政制度，尤其要改变当前地方政府对土地、矿产资源的严重依赖。在税收方面，应调整和完善资源税、实施燃油税、取消高能耗、高污染和资源性产品的出口退税等。①

5. 建立健全生态文明制度体系

建设生态文明，除前文所述，落实主体功能区规划，加大生态、环境和资源保护的投入外，更重要的是将这些建设工作常规化、制度化、规范化，使其成为中国经济和社会发展的内在要求，而非是针对当前日益严重的生态、环境、资源问题的临时性的治理对策，即要让人与自然的和谐共处，从当前中国经济社会发展的"治病之策"变成长久的"养生之道"。

二、生态文明导向的经济体制协同改革

生态文明导向型经济体制改革的目标，是要在坚定不移地建立与完善社会主义市场经济的基础上，加快从解放生产力向发展生产力的转变，加大落后生产力向先进生产力的转化，通过经济体制的深度改革，推动生产力向以人为本和亲生态性的方向发展。具体而言，生态文明导向型经济体制改革需实现以下四个方面的目标：

（一）推动生产绿色化

生产绿色化包括三个方面。

第一个方面，也是最为关键的是工业绿色化。目前，中国工业占全国总能耗的70%以上，工业化学需氧量占全国总量的40%，二氧化硫排放量约占85%，是所有产业中对生态环境冲击最大的。

第二个方面，是农业绿色化。一是要发展生态农业，二是要控制农业

---

① 张卓元：《深化改革，推进粗放型经济增长方式转变》，《经济研究》2005年第11期。

污染、降低农业物耗与能耗,三是要加速农业结构调整,四是要加大农业科技投入。另外,开发和推广粮食替代品也有助于降低农业对土地的需求和对生态环境的冲击。联合国粮农组织就指出,昆虫在未来有可能成为人类新的食物源,降低人类对传统畜牧业的需求。

第三个方面,是服务业绿色化。总体来看,服务业相比于工业和农业有着较为明显的能耗与排污量优势,发展服务业既是一国经济转型的需要,也与低碳等生态环境发展目标相契合。随着中国经济的全面发展,服务业在国民经济中的地位日益凸显,服务业本身的能源消耗与污染排放所占比重也日益增长。有研究指出,1995年至2010年,中国服务业能源消耗超过全国总量的10%,二氧化碳排放总量则占9.5%。[①] 因此,为保障生态文明建设的顺利进行,一是中国应继续推动产业结构的调整,大力发展服务业,尤其要发展高科技服务业,提高经济质量,降低工业能耗与排放量;二是还应通过补贴、税收等手段进一步促进服务业的节能减排。

(二) 推动消费绿色化

首先,通过价格机制的改革,推动绿色消费的发展。中国已经落实了一些绿色消费补贴政策,有效地推动了节能环保型产品的发展,但与国外相比,补贴的范围和力度都较小,补贴方式较为单一,效果也因此有所折扣,应进一步研究相关政策,通过价格优势鼓励消费者选择绿色产品,进而影响企业生产和创新,推动整个经济体的节能与环保。

其次,通过税收调节居民消费行为。(1) 应加大对奢侈品消费的税收。从2006年起,中国已经在汽车等领域对过度消费进行征税,征税效果较为明显,但税收并未有效调节少数先富群体对奢侈品的盲目、过度消费,一方面,这些消费本身可能就是对生态的冲击,比如对象牙或毛皮制品的追求;另一方面,为制造这些奢侈品付出的能源、资源代价,以及先富群体为获得足够消费资金而进行的生产活动,都对生态环境产生冲击。

[①] 王凯、李娟、唐宇凌:《中国服务业能源消费碳排放量核算及影响因素分析》,《中国人口·资源与环境》2013年第5期。

(2) 应增加浪费行为的经济成本。应在各种基本资源、能源消费中通过更为合理的阶梯价格,在保障居民基本消费的基础上,对浪费行为进行有效遏制。(3) 应将消费税与环境税的结合。保护生态环境,不仅是企业的基本责任,也是所有消费者的共同责任,消费具有外部性,包括社会外部性和生态环境外部性,这种外部性理应通过税收来进行内部化,方法之一是设立生态环境的消费税,通过税收调节消费行为,鼓励绿色消费,遏制反生态消费。

(三) 推动金融绿色化

为推动生态文明的建设,有必要推动金融的绿色化。首先,要明确金融机构的生态环境和社会责任,以可持续性原则重塑金融业。金融业也必须履行其环保责任,在促进自身业务可持续性的同时,需要实现经济价值与其他价值的共存,短期利益与长久利益的共赢,部门利益与人类整体利益的并重,需要进一步明确和落实金融业的环境、社会和治理责任。其次,要将金融行为的生态环境成本内部化。应当通过法律制度,将金融行为的后续生态环境成本内部化,督促金融机构在金融投资评估过程中,考虑生态环境风险因素,并据此重新评估投资组合。最后,要鼓励绿色化的金融创新。要大力鼓励绿色金融、低碳金融和生态金融的创新,为生态文明建设工程、企业生态化研发提供有力的资金保障。

(四) 推动生态科技的发展

中国要建设生态文明,就必须实现现有生产力的全面升级,实现生产技术从高能耗、高物耗、高排放向低能耗、低物耗、低排放的转型,科技进步则是这一变化的必要条件。科技发展的影响因素很多,其中财政激励的作用日益得到重视。有研究指出,政府科技补贴和税收减免会对企业的科技投入和产出产生显著效果,而且效果有所差异。[①] 国外研究则指出,

---

① 朱平芳、徐伟民:《政府的科技激励政策对大中型工业企业 R&D 投入及其专利产出的影响》,《经济研究》2003 年第 6 期。

在推动企业生态技术创新方面,不同的政策,比如补贴、税收和准入,会产生不同的效果,而且会对循环经济产业链的发展产生重要影响。① 这些理论研究无疑给管理者以重要启示,如果要推动社会科技快速进步,而且要朝向更加亲生态性的方向进步,建立系统完善、科学合理的经济激励政策是至关重要的。中国目前已初步建立了科技激励政策,但这一政策还存在覆盖面窄、力度弱、政策不够科学合理等问题,相关部门有必要就此进行专门深入研究,推动已有政策的改革。

三、生态文明导向的社会综合改革

生态文明建设是一项极为伟大的复杂巨系统工程,其复杂性不仅体现在生态保护和修复工程本身,以及对经济发展模式和经济体制的改革上,更体现在社会生产生活的每一个领域和层面。生态文明建设既离不开每一个个体的积极参与,也离不开每一个领域的深化改革。

(一) 生态文明导向的政治体制改革

1. 公共决策机制的改革

过去 30 年间,中国公共决策机制改革不断深化,但依然有很多规划和工程并未能真正贯彻这种改革,各种形象工程、政绩工程并未经过公开论证,决策过程未能积极听取公众意见,更未能听取那些对生态环境有特殊主张的少数群体的意见,这些工程数量众多,其累积效果不仅造成了大量资源的浪费,更造成了非常严重的生态环境问题。现有的公共决策机制仍过于偏向政治考量、经济考量,民生考量次之,生态考量和文化考量则仍未能对最终决策产生显著影响,为保障生态文明建设的顺利进行,有必要继续大力深化公共决策机制的改革,坚持公共决策的公开、透明。

---

① Brouillat E., V. Oltra, "Extended Producer Responsibility Instruments and Innovation in Eco-design: An Exploration through a Simulation Model", *Ecological Economics*, No. 83, 2012.

2. 政绩考核机制的改革

以经济增长为核心的政绩考核是历史的产物，有其存在的合理性，但长期来看，生态环境问题和社会问题必将大大耗损发展的成果。建设生态文明，政府必须改变当前整个社会所持有的这种牺牲生态环境的增长方式和思维，必须要让企业和个人对生态环境破坏行为负责，那么政府就必须首先改变自己的思维和行为，这就需要从政绩考核机制入手，彻底扭转政绩考核对地方政府官员发展观的错误影响。改革具体措施包括：首先，要结合生态文明建设战略，进一步转变地方政府职能，加强地方政府官员的科学发展观和生态文明教育；其次，要结合主体功能区战略制定更符合科学发展观的地方政府政绩考核机制，并建立一套明确有力的奖惩机制，加快政绩考核机制向有利于生态文明与和谐社会建设的倾斜；最后，要加强地方税收、财政的配套改革，改变当前地方政府财政支出对资源税费的过度依赖。

3. 建立基于生态文明建设评价的绩效预算制度

建设生态文明，重点要激励地方政府积极投身建设之中，一方面要防止政府行为决策对生态环境的破坏，并对其他社会主体的破坏行为进行严格监管；另一方面还要积极增加生态环境保护投入，大力开展生态环境修复工程，这种政府职能的转变，要依赖政绩考核机制的转变，从传统的经济中心转变为社会、生态中心，更要依赖多种激励的共同作用，其中就包括以财政、税收为核心的经济激励，让地方政府真正能从生态环境保护中受益，让财政、税收与地方政府生态文明建设绩效挂钩，使生态文明建设对于地方政府而言不再只是"赔钱赚吆喝"的工作，建好生态文明不仅能带来政治和社会的收益，也能转化为经济收益，这样才是科学的现代政府管理理念。

4. 建立健全生态问责制度

首先，要健全对政府官员的生态问责制度。生态环境问题是典型的公共管理问题，现代政府有明确的监督管理职责，政府领导理应对其辖区内的生态环境负责。2005年，山东省就提出要建立生态环境问题的政府领导责任追究机制，其他省份近年来也陆续明确这一要求。但是，目前政府官员生态问责还存在两个问题：一方面，一些地区尚未建立起细致明确的生态问责机制；另一方面，大多数已建立起生态问责机制的地区，制度执行工作仍有待进一步强化，不少地区的生态问责流于形式，大大影响了生态环境的保护效果。其次，要加大对企业法人的生态问责力度。有必要加大对企业法人的生态问责力度，这包括加强生态环境立法工作和加强生态环境执法工作两个方面。借鉴国外经验，迅速建立起一整套严格的生态环境保护法律法规，并将这些法律法规落到实处，严格执行，是中国生态文明建设的当务之急。最后，要建立对公民个人行为的生态问责制度。有必要建立起对个人行为的生态问责制度，引导和激励公民积极投身到生态文明建设的大潮中来，推动生态文明更好更快地建设。

5. 扩大生态的政治参与

政治参与是政治文明的重要一环，也是中国政治体制改革的核心议题之一。在全球生态危机日益严重的背景下，政治学和生态学的联姻是历史的必然。[①] 在理性、和谐、正义、民主的政治参与原则中增加生态原则，是极有必要的。具体建议包括：首先要增加政治参与途径，其次要扩大政治参与范围，再次要增加政治参与深度，最后要健全政治参与的制度保障，要加强政治参与的立法工作，让生态政治参与制度化、常态化。

（二）生态文明导向的社会体制协同改革

1. 建立有利于促进社会和谐、维护社会公平的利益协调机制

财富分配的过度不公，既是生态危机的重要根源，解决财富分配的不公平，不仅是解决当前社会人与人之间矛盾冲突的根本之策，也是解决人与自然之间矛盾冲突的前提条件。随着近年来社会矛盾日益突出，深化利益协调体制改革工作越来越受到重视。利益协调体制改革的目标是通过制定和实施合理的社会政策法规，统筹协调各种利益关系，缩小城乡差别、

[①] 方世南：《从生态政治学的视角看社会主义和谐社会的构建》，《政治学研究》2005 年第 2 期。

地区差别和阶层收入差距，促进社会公平正义，保持社会的创造活力。[①]首先，应加强税收对收入分配的调节作用，可以通过征收高累进遗产税，并对垄断性行业开征利润调节税，进一步提高个税征收标准，以扩大中等收入者规模，并对高收入进行有效调节。其次，应加大财政对中西部地区和农村地区的转移力度，尤其要在财政转移中充分考虑生态补偿，为生态保护地区的居民建立覆盖面广、保障程度较高的基本保障体系。最后，应加大对资源管理领域腐败问题的治理力度。

2. 建立有利于调动公众生态环境保护积极性和能动性的社会组织管理体制

社会组织应成为生态文明建设的重要主体。社会组织在发达国家的生态环境保护中发挥着举足轻重的作用，对政府和企业相关行为进行监督，对正式的生态环境治理构成有益的补充，弥补了政府在相关管理和资金上的不足，同时有助于推进生态环境保护的社会教育，使公众更加自觉地保护生态环境。中国的环境保护组织近年来也得到较快发展，2009年年底，共有生态环境类社会组织6700个，一些非政府组织还在国际上赢得广泛声誉。但是，与发达国家相比，中国的生态环境类社会组织数量较少，占中国社会组织总数不到3%，而且规模小、资金不足、管理不够规范、社会动员能力弱，社会活动影响力也不够。

为调动公众生态环境保护的积极性和能动性，也为充分调动所有可以利用的资源和人力快速建设生态文明，必须对社会组织的管理体制进行改革。首先，要改革社会组织审批程序。继续加大简化力度，尤其要鼓励生态环境类社会组织的兴起。其次，加大对生态环境类社会组织的扶持力度。最后，要加强对相关社会组织的规范化管理，使之规范化、透明化，使社会组织、公众和其他社会主体之间产生良性互动。

3. 建立有助于保护生态区少数群体经济利益和特殊文化的社会多样性保护机制

首先，应加大财政补贴力度和保护工作的资金支持。欧美各国在保护

[①] 何增科：《深化十大社会管理体制改革的具体构想》，《北京行政学院学报》2010年第2期。

区域生态和社会多样性方面有着颇为丰富和成功的经验，中国应认真学习借鉴相关经验，建立起较为完善的保护体系，并为这些保护行为提供足够的资金支持，对于保护区域内的居民，应加大财政补贴力度，提供较为系统完善的保障体系，使其能够继承和发展具有特色的群体文化和价值。其次，建立更为完善的自然保护区和国家公园制度。截至 2013 年年底，中国已有国家级自然保护区 407 个，在保护生态环境方面发挥了重要作用，但还存在覆盖面较窄、管理不完善、规划不合理、资金难以到位等问题。不少地区对自然保护区的商业旅游开发不科学，导致对生态系统的严重冲击，自然保护区内居民也缺乏稳定、合理的利益分享渠道，相关制度应进一步完善。最后，应考虑通过立法来规范保护机制。

4. 推动生态文明教育的发展

首先，应建立系统完善的生态文明学校教育。高校生态文明教育工作近年来得到了长足发展，但生态文明教育应进一步向前延伸，从启蒙教育开始，从娃娃抓起，在小、初、高教育中就要大力培养。其次，应发展多形态的生态文明社会教育。应通过图书、影像、网络、社会公益活动等多形态的方式，用广大人民群众易于接受的内容和渠道，建立长期的生态文明社会教育体系。最后，要让生态文明的人生观、世界观、价值观进入中国的教育发展理念中去，不仅要在教材中增加生态文明的部分，更要让作为生态文明基础的包容、共存的价值理念真正融入教育发展理念中去。

（三）生态文明导向的文化体制协同改革

1. 培育系统的生态价值观

在中国的悠久历史中，传统生态价值观占据着重要地位，"天人合一""道法自然"思想一直对中华文化的传承发展有重要的影响，中国大多数地区在漫长的农业文明时期，能够保持人与自然的融洽共存，都得益于这些淳朴的价值观。但进入工业文明以来，这些价值观受到功利主义、拜金主义的严重冲击，传统文化已支离破碎，很多正确的、宝贵的思想已消失殆尽，这极不利于当前的生态文明建设工作。因此，有必要在继承和发扬传统生态价值观的基础上，结合新时期发展的要求，培育系统的、现代的社会主义生态价值观。

2. 保护文化多样性，重点保护体现生态文明的传统文化

如前文所述，生态多样性与文化多样性、价值多样性常常紧密联系，对于和谐社会和生态文明都至关重要。中国历史悠久，民族众多，各民族都有丰富多彩的文化，这些文化来自生活，表达了不同民族对宇宙、对自然、对人生的独特感悟，正是在这些文化的影响下，民族与民族之间，民族与自然之间才能融洽共存。这些文化的传承不仅对各民族而言至关重要，对我们保护生态环境也至关重要，因此，保护文化多样性，尤其是那些体现了生态文明精神的传统文化，是建设生态文明的必要工作之一。首先，加大政府专项投资，建立系统、完善的传统文化保护机制，对文化传承工作进行政府补贴，保护这些文化赖以生存的自然环境和社会环境。其次，应加大传统文化的宣传力度，文化只有在社会互动中才能被保存和流传，有关部门应加大对传统文化的记录、整理，以多形式、多渠道、多层面的宣传，让社会公众认识到这些文化的价值。

3. 提高公众生态文明道德素质

生态文明建设，应始于政府，兴于企业，终于公众，只有人与自然和谐相处的价值理念深入每一个公民的意识，直接影响每一个公民的行为，生态文明建设才能算取得成功，也只有生态文明融入了公民的道德素质，生态文明的成果才能长久保持下去。首先，要将生态文明宣传与公民道德建设工程相结合，在弘扬真善美、贬斥假恶丑的过程中，让人们深刻认识到保护生态环境就是大真、大善、大美。其次，对政府、企业和公众分别开展生态文明的专项教育和宣传工作。最后，结合群众性精神文明创建活动，让生态文明道德素质教育走进每一个社区、每一个角落。

4. 丰富生态文化产品

文化产品是文化的最终载体，中国文化体制改革的一个突出成果，就是文化产品的大繁荣，但我们也应看到，当前文化产品还存在诸多问题，数量虽多，但质量参差不齐，能体现高尚人生观、世界观、价值观的高质

量文化产品供不应求，拜金主义的快餐式文化产品充斥市场，从量的提高向质的提高，必然是中国文化体制改革未来发展的方向。当前的文化产品中，能体现生态文明的高质量产品同样极为匮乏，应通过一系列手段，扶持此类文化产品的发展。首先，应加大扶持力度，对于体现生态文明的文化产品的生产，应加大财政补贴力度，在审批、管理等方面也应给予充分的政策支持。其次，应对当前文化产品市场进行整顿，对那些宣扬低俗价值观、拜金主义的，不利于生态文明建设的文化产品，应加大监管力度。最后，应从政府角度，对体现生态文明的高质量的文化产品予以认可和宣传，向社会和文化产业传递积极信号，引导社会文化的前进。

第十章 国土空间开发格局优化与生态文明建设

人类的生存和发展以及各项经济、文化、政治活动都是以国土空间为依托，优化国土空间开发格局是生态文明建设的重要内容。党的十八大提出，生态文明建设应将国土空间开发格局优化放在首位。党的十八届五中全会提出，要加快建设主体功能区，发挥主体功能区作为国土空间开发保护基础制度的作用。国土空间开发既是建设生态文明的空间基础、物质来源，同时也是其能量源泉和核心构成要素。以优化国土空间开发格局的理念来指导产业转移和区域均衡发展，既是促进产业结构转型和经济发展方式转变的方向，也是生态文明建设的主要内容。优化国土空间开发格局对推动加快转变经济发展方式、区域均衡发展、构建和谐社会具有十分重要的意义。

一、工业化过程中国土空间开发基本格局与主要问题

我国当前正处于工业化中后期阶段，工业化推动了我国国土空间的开发速度和经济社会的发展，但同时也带来了很多资源、环境、生态问题，为优化国土空间开发格局、推进生态文明建设带来诸多约束。以下首先将

阐述优化国土空间开发格局在生态文明建设中的重要性，并探讨工业化进程中国土空间开发格局的影响因素，然后重点分析工业化阶段我国生态文明建设面临的国土空间约束。

(一) 工业化过程中国土空间开发基本格局

新中国成立以来我国国土空间开发格局的演变，总体来看，概括如下：作为国土空间开发活动直接表现的人口、产业和城市，经历了新中国成立初期集中于沿海地区，改革开放之际向内地延伸以及21世纪之前再次向沿海地区集中的过程，目前呈现出在全国范围内分散，在特定区域内集中的态势。

进入21世纪以来，伴随着区域协调发展战略的实施，我国采用了"城市群为核心、发展轴为引导、政策区为重点、多种开发形态复合叠加"的空间开发模式，形成了"三核多极、三轴四区"为主体的多核、多轴、片区型的国土空间开发格局。

(二) 工业化过程中国土空间开发主要问题

国土空间优化，表面上是解决人与自然之间日益突出的矛盾，更本质的问题则在于解决区域与区域、人与人之间日益突出的利益矛盾。国土空间优化面临以下几点问题：

1. 重点开发和优化开发地区国土空间开发存在的问题

进入工业化阶段以来，我国东中部地区经济社会建设取得了飞速发展。在工业化、城镇化的推动下，这一地区人口急剧膨胀、城市边界快速扩张，呈现出一种前所未有的空间集聚现象。按照我国主体功能区规划，这一地区以优化开发和重点开发为主要功能。城镇化的过快发展也逐渐暴露了这一地区国土空间开发过程中的诸多问题。

第一，城市边界无限制扩张，大城市空间"摊大饼"式地向周边扩散，中小城市建设用地快速增长，导致城市化地区空间布局不尽合理。由表10-1所示，从我国城市化地区国土空间建设状况可以看出，1990—

2012年我国建成区面积增加了 3.54 倍，城市建设用地面积增长了 3.94 倍，城市边界极速扩张。城市边界的扩张，使得绝大多数城市居民的生产与生活空间分离，产居不融合。"产居不合一"拉长了居民的生活、生产的通勤距离，提高了通勤成本，降低了居民生活的快乐感和幸福感。城市建设占用了大量耕地、绿地、湿地资源，城市生态空间被迫缩减、甚至破坏消失，城市"三生空间"没有得到有效融合发展。1990—2012 年，我国城市化地区人口增长了 2.36 倍，城市人口密度更是扩大了 8.27 倍。拥挤的人流，给城市的生活、生产带来压力，提升城市居民生活、生产幸福感应纳入城市空间规划之中。城市边界的划定与城市空间的规划应厘清家庭与社区、社区与社区间、社区与城市、城市与其他城市的关系，由此才能构建兼顾城市居民幸福感的宜居、宜业城市。

第二，大、中、小城市发展不均衡，城乡一体化发展不足。我国城镇化进程中大、中、小城市发展不协调与城乡二元分割的问题一直存在，近十年来尤为突出。城市"量级"结构失衡，大、中、小城市及小城镇之间的差距过于悬殊，大城市有"独大"之势，中小城市和小城镇发展相对缓慢。改革开放以来，我国人口和资源一直在向大型城市和特大型城市流入，尤其是 2000 年以来，北京、上海、广州、深圳等超大型城市领先发展，一批大城市也蓬勃发展成为区域经济的龙头，要素资源、政策资源等长期向大型城市倾斜，由于中小城市要素和政策的投入相对不足，导致其经济社会发展较慢，城市功能不够完善，缺乏较大吸引力，城市集聚效益较差。中小城市教育、卫生、文化、交通、医疗等公共服务明显不足，大、中、小城市发展欠均衡。城乡一体化是我国城镇化发展的一个新阶段，旨在改变城乡二元结构，达到城市和农村在政策扶持、产业发展、公共服务的平等，进而实现城市和农村整体的经济社会全方位、协调一致、和谐的发展。而当前我国城乡一体化发展存在严重要素流向分割，由于城乡户籍制度、土地政策的差异、农民财产权利不明等原因，劳力、土地、技术、资本等要素流向存在很大的偏离，城乡之间要素流动尚未实现平等交换。

表 10-1 城市化地区国土空间建设状况

年　份	1990	1995	2000	2010	2011	2012	2013
建成区面积（平方千米）	12856	19264	22439	40058	43603	45566	47855
城市建设用地面积（平方千米）	11608	22064	22114	39758	41861	45751	47109
城镇人口（万人）	30195	35174	45906	66978	69079	71182	73111
城市人口密度（人/平方千米）	279	322	442	2209	2228	2307	2362
年末实有道路面积（亿平方米）	10.20	16.50	23.80	52.13	56.25	60.74	64.42
城市绿地面积（万公顷）	47.50	67.80	86.50	213.43	224.29	236.78	242.72

资料来源：《中国统计年鉴》《中国城市统计年鉴》。

2. 农产品主产区国土空间开发存在的问题

进入工业化阶段以来，农产品主产区经济发展得以改善，居民生活水平得以提升，而耕地资源锐减。耕地资源保护和粮食供给安全问题是农产品主产区国土空间开发过程中面对的最主要的两个问题。

第一，农产品主产区建设用地面积无规制地增长，占用耕地资源。城市化地区扩张大量占用农用地，城市郊区大批农用地被征用建设工业园、大学城、经济开发区、房地产开发等；农产品主产区内部村办企业、农贸市场、乡村道路建设以及农村居民住宅建设用地快速增长，大量占用耕地资源。同时，随着我国工业化、城镇化的发展，大量农村人口向城市转移，农村居民生活水平上升，农村务农人员减少，大量耕地资源闲置。由表 10-2 可以看出，2000—2008 年我国农村人均耕地面积有一个先下降后上升的过程，2004 年降到最低，从 2005 年开始有所回升并持续保持稳态，这种变化主要是与我国耕地资源保护政策和人口迁移政策相关。[1] 2005 年以前，政府部门一味强调地区经济发展，对农产品主产区耕地资源保护意识薄弱，耕地资源逐年下降，农村人均耕地面积在 2004 年达到最低。而近几年来，粮食安全问题越来越得到重视，保护耕地资源的意识也逐渐被政府和普通群众所认识到，2013 年中央农村工作会议，更是明确规定了坚守

---

[1] 我国农村耕地面积数据目前仅统计到 2008 年，后续数据尚未公布。

18亿亩耕地红线以确保粮食供给安全。耕地资源得以保护和恢复,农村人口基数下降,导致农村人均耕地面积开始回升。

表10-2 农产品主产区国土空间开发状况

年份	农村人均耕地(亩/人)	粮食作物播种面积(千公顷)	粮食产量(万吨)	农林牧渔业生产总值(亿元)	第一产业占GDP比重(%)
2000	2.07	108462.54	46217.52	24915.80	15.06
2001	2.05	106080.03	45263.67	26179.60	14.39
2002	2.02	103890.83	45705.75	27390.75	13.74
2003	1.97	99410.37	43069.53	29691.80	12.80
2004	1.95	101606.03	46946.95	36238.99	13.39
2005	2.46	104278.38	48402.19	39450.89	12.12
2006	2.48	104958.00	49804.23	40810.83	11.11
2007	2.51	105638.36	50160.28	48892.96	10.77
2008	2.53	106792.65	52870.92	58002.15	10.73
2009	N/A	108985.75	53082.08	60361.01	10.33
2010	N/A	109876.09	54647.71	69319.76	10.10
2011	N/A	110573.02	57120.85	81303.92	10.04
2012	N/A	111204.59	58957.97	89453.05	10.09
2013	N/A	111955.56	60193.84	96995.27	10.01

资料来源:《中国统计年鉴》(2001—2014)。

第二,尽管农业从业人员下降、耕地面积也没有大幅增长,但粮食产量和农业生产总值依然保持逐年上升趋势。与农村人均耕地面积变化一致,农产品主产区粮食作物播种面积也经历了先下降后上升的过程。由于农业生产科学技术水平的提升,农作物单亩产量提高、机械化生产普及,使得粮食产量和农业生产总值呈现逐年上升的态势。2013年,粮食产量和农林牧渔业生产总值分别是2000年的1.30倍和3.89倍;农产品主产区农业、林业、渔业、畜牧业近几年发展迅速,我国第一产业产值也随之上升,但由于工业和服务业的飞速发展,第一产业占GDP比重逐年下降,最终保持在10%左右的稳态不变。坚守18亿亩耕地红线,提升粮食产量以保证粮食供给安全,发展农林渔牧业保持第一产业在GDP中的基础位置不变,是农产品主产区国土空间开发未来发展的方向。

3. 生态功能区国土空间开发存在的问题

进入工业化阶段以来,在经济利益的驱使下生态功能区的开发利用强度逐步增大,生态空间被大量占用和严重破坏,而逐渐衍生了更多的自然灾害问题。

第一,城市发展和工业建设大量占用了生态空间,主要体现在:城市建设需要大量木材,导致对森林生态区域的滥砍乱伐,肆意攫取林业资源,毁坏森林生态空间;城市生活消费水平提高加大了对牛羊等肉类产品的需求,导致了畜牧业的过度放牧,破坏了草原生态系统的完整性;不合理地修建水利工程,不合适地将自然保护区开发为旅游景点,占用和破坏了野生动植物的生存空间;高速公路和铁路建设横穿生态功能区,将一块完整的生态功能区划分为多个区域,影响了动植物的迁徙和繁衍,破坏了生物多样性,降低了区域的生态服务功能。由表10-3可以看出,2000—2013年,我国自然保护区占辖区面积比例经历了先上升后下降的变化,近年来我国自然保护区划分的数量逐年在增加,截至2014年年底,共有428处国家级自然保护区,而同时自然保护区的生态空间被大量占用,自然保护区的面积有所降低,从而导致自然保护区占辖区面积比例有先上升再下降的趋势发生。湿地面积占国土面积比重据国家统计局数据近十几年来变化不大,2013年略有上升,但从客观事实来看全国各地有关湿地生态空间萎缩的讨论和关注度都越来越高,尤其是沿海地区湿地生态系统的保护越来越受到地方政府和当地居民的重视。我国森林覆盖率近十几年来呈现了稳步上升的态势,从2000年的16.55%上升到2013年的21.63%,由此可见我国对森林资源开发利用的规划与管制成效显著。

第二,工业化、城镇化和农林渔牧业发展所带来的污染严重破坏了生态空间,进而引发了很多生态环境、自然灾害问题。工业化发展、城镇化建设所产生的废水、废气、废渣工业"三废",农林渔牧业发展所产生的农药污染、养殖粪便污染、水体富营养化等问题，对森林、湿地、草原、河流、湖泊等生态系统造成了极大的破坏，降低了其生态服务功能，激发了水土流失、土地荒漠化、生物多样性锐减等生态环境问题产生。人类的生活、生产活动对土地资源、水资源、能源、矿产资源以及森林资源等肆意地开发利用，忽略了区域资源环境承载力，产生了一系列生态环境问题，局部地区的生态环境问题进一步演化为更大区域范围的生态危机，从而加剧了地区自然灾害的发生。由表10-3可以看出，2008—2013年，我国地震灾害发生次数最为集中共发生81次，其中7.0级以上大地震5次，是2000—2007年的2.5倍。2000—2013年，我国极大地加强了地质灾害防治的投入成本，地质灾害防治项目数量也上涨了86.21倍，而地质灾害发生数量却未有明显下降。2008—2013年，地质灾害共发生113683次，高于2000—2005年的112487次，地质灾害所带来的直接经济损失更是明显上升。值得欣慰的是，随着科技水平的进步以及政府和居民抗灾、防灾能力的提升，我国突发环境事件和农作物受灾率都有明显下降，但相比欧美日等发达国家水平仍处于高位。

表10-3 生态功能区国土空间开发状况

年份	自然保护区占辖区面积比例（%）	湿地面积占国土面积比重（%）	森林覆盖率（%）	地震灾害次数（次）	地质灾害发生数量（处）	地质灾害防治项目数（个）	农作物受灾率（%）	突发环境事件（次）
2000	14.40	4.01	16.55	10	19653	429	34.99	2411
2001	14.40	4.01	16.55	12	5793	999	33.50	1842
2002	14.40	4.01	16.55	5	40246	1595	30.47	1921
2003	14.40	4.01	16.55	21	15489	1815	35.76	1843
2004	14.80	4.01	18.21	11	13555	2247	24.17	1441
2005	15.00	4.01	18.21	13	17751	3179	24.97	1406
2006	15.80	4.01	18.21	10	102804	2914	21.87	842
2007	15.19	4.01	18.21	3	25364	3492	26.78	462
2008	15.10	4.01	18.21	17	26580	5325	31.35	474

续表

年份	自然保护区占辖区面积比例（%）	湿地面积占国土面积比重（%）	森林覆盖率（%）	地震灾害次数（次）	地质灾害发生数量（处）	地质灾害防治项目数（个）	农作物受灾率（%）	突发环境事件（次）
2009	15.10	4.01	20.36	8	10580	28061	25.21	418
2010	14.90	4.01	20.36	12	30670	28106	29.38	420
2011	14.90	4.01	20.36	18	15804	20871	23.06	542
2012	14.90	4.01	20.36	12	14675	26882	19.87	542
2013	14.80	5.56	21.63	14	15374	36984	21.38	712

资料来源：《中国统计年鉴》（2001—2014）。

4. 海洋国土空间开发存在的问题

进入工业化阶段以来，我国内陆国土空间都有了很大限度的开发，而海洋国土空间一直未能充分、有效的开发与利用，同时沿海地区的工业化、城镇化发展给近海国土空间带来极大的污染与破坏。

第一，海洋国土空间开发强度偏低，海洋资源有待进一步开发利用。我国是海陆兼具的大国，内陆国土面积963.4万平方千米，海洋国土面积299.7万平方千米，毗邻我国内陆的海域有南海、东海、黄海、渤海。我国海洋国土空间资源丰富，据《中国海洋统计年鉴》数据可知：我国海岸线总长度32000千米，其中大陆岸线18000千米、深水海岸线400多千米、岛屿岸线14000千米，适用于修建港口码头的海湾有160余处；沿海规模以上港口生产用码头总长度647541米、可泊位个数4811个，特大型港口和深水港较为缺乏，有待进一步开发；大于500平方米的岛屿数量有7300个，岛屿总面积达8万平方千米，已利用无居民海岛1900座，其中用于农林牧渔业海岛340座、用于公共服务海岛365座、用于工业仓储交通运输海岛49座、用于旅游娱乐海岛73座、其他特殊用途海岛1020座，海岛综合利用效率偏低。另外，在渤海、东海、南海、黄海我国管辖海域内的能源、矿产资源储量丰厚，海洋资源开采利用亟待加强。如表10-4所示，我国管辖海域内石油累计探明可采储量至2013年共计100040万吨，剩余技术可采储量有49850万吨，而近年来沿海地区每年海洋石油产量仅为4541万吨、天然气产量仅为1176455万立方米，开采力度明显不足，仍具有一定的开发潜能。中国海洋国土资源丰富，但相比陆地国土资源而言，海洋国土空间开发强度很低，海洋资源利用效率也很低，海洋国土与陆地国土空间开发强度不一致。

第二，内陆沿海地区发展破坏和污染了近海国土空间。沿海地区的高度化发展吸纳消化了大量海洋资源的同时，向近海区域排放了大量的污染物，对海洋生态系统具有严重的破坏性。由《中国环境状况公报》"海洋环境"篇可知，我国近海海域水质状况近年来越来越差，符合第一类水质的海域面积比例逐渐降低，2013年较2008年下降了7.3个百分点，第二、第三、第四类水质比例每年有升有降，劣于第四类水质的比例则有明显上升趋势，2013年劣于第四类水质的占比较2008年上升了6.6%。沿海地区的工业化、城镇化发展对海洋国土空间的资源环境都有极大的消耗。沿海地区发展和海洋国土空间的开发应充分考虑海洋国土空间的资源环境承载力，在着力开发海洋国土空间的潜能之时，倡导"资源节约、环境友好"型发展。

表10-4 我国海洋国土空间的资源环境状况

年份		2013	2012	2011	2010	2009	2008
海洋石油（万吨）	累计探明技术可采储量	100040.0	94267.2	87464.0	82554.9	74563.4	70039.0
	剩余技术可采储量	49850.0	48005.7	45043.4	44012.5	40164.5	38837.0
沿海地区海洋原油产量（10^4吨）		4541.1	4444.8	4452.0	4710.0	3698.2	3421.1
沿海地区海洋天然气产量（10^4立方米）		1176455	1228188	1214519	1108905	857847	859173
近海海域水质类别比例（%）	第一类水质	24.6	29.9	25.2	31.5	30.1	31.9
	第二类水质	41.8	39.5	37.6	31.2	42.8	38.5
	第三类水质	8.0	6.7	12.0	14.1	6.0	11.3
	第四类水质	7.0	5.3	8.3	4.7	6.7	6.3
	劣于第四类水质	18.6	18.6	16.9	18.5	14.4	12.0

资料来源：《中国海洋统计年鉴》和《中国环境状况公报》。

二、国土空间开发格局优化的运行体系

党的十八大报告"大力推进生态文明建设"中将国土空间开发格局优化放在首要位置,这充分体现了优化国土空间开发格局的战略地位与重要性。充分发挥国土空间开发格局优化在生态文明建设中的作用,首先需要梳理国土空间开发格局优化的运行体系。基于此,下面将明确基于生态文明的国土空间格局开发理念和优化目标,并据此提出优化国土空间开发格局的优化原则,最后从主体功能区战略的角度阐述优化国土空间开发格局的支撑体系。

(一) 国土空间格局的开发理念与优化目标

空间结构形成后调整恢复的难度和代价非常大,特别是在生态空间、农业空间变为工业和城市建设空间之后。目前我国正处在工业化、城镇化快速变革时期,由此形成的国土空间格局也处于急剧变化的阶段,同时也伴随着许多问题的产生。因此在面对未来诸多挑战时,必须遵循我国社会经济发展规律和国土空间开发的现状,坚持科学的国土空间开发导向,确定我国国土空间格局的开发理念与优化目标(如表10-5所示)。

表10-5 国土空间格局的开发理念

开发理念	开发内容
根据自然条件适宜性开发的理念	尊重自然、顺应自然,根据不同国土空间的自然属性确定不同的开发内容
区分主体功能的理念	区分不同国土空间的主体功能,根据主体功能定位确定开发的主体内容和发展的主要任务
根据资源环境承载能力开发的理念	根据资源环境中的"短板"因素确定可承载的人口规模、经济规模以及适宜的产业结构
控制开发强度的理念	各类主体功能区都要有节制地开发,保持适当的开发强度

续表

开发理念	开发内容
调整空间结构的理念	把调整空间结构纳入经济结构调整的内涵中,把国土空间开发的着力点从占用土地为主转到调整和优化空间结构、提高空间利用效率上来
提供生态产品的理念	把提供生态产品作为发展的重要内容,把增强生态产品生产能力作为国土空间开发的重要任务

(二) 生态文明理念下国土空间开发格局的优化原则

党的十八大报告为国土空间开发格局的优化指明了方向,报告指出国土空间的开发要以生态文明理念为导向,依据资源、环境、人口协调发展的原则,通过主体功能的划分、空间结构的调整等方式,达到社会、经济、生态效益的协调一致。为构建高效生产空间、宜居生活环境、和谐生态空间,基于生态文明理念优化国土空间开发格局需遵循以下原则:

1. 优化空间结构的基本原则

过去我国土地开发处于初级阶段,盲目开发、扩张导致国土空间开发成果有限,因此优化空间结构、转变开发方式是目前国土空间开发需要坚持的重要原则。国土空间开发按照"生产空间高效密集、生存空间适度宜居"的概念,加强农村基础设施建设,管制工业空间的发展,合理扩展交通空间,扩大居民生存空间,保护海洋、森林、草原等生态环境,扩大生态绿色空间。

2. 坚持合理开发的原则

国土空间开发应从开发强度、开发顺序等方面来控制合理开发的范围,进而在保证国土空间开发效率的同时,将我国国土空间开发成为社会经济与资源环境协调发展的安全保障空间,达到国土空间高效合理利用的目的。未来各主体功能区的开发建设都应充分利用废弃、闲置与空闲等现有建设空间,来进行开发利用。工业开发活动应尽可能提高建筑密度和容积率,并根据有利于污染集中治理和发展循环经济的理念集中布局。

3. 经济、社会、生态效益协调统一的原则

国土空间的合理开发的首要条件是引导各开发区域采用科学理性的发展思路，在追求经济发展的同时，将社会效益与生态环境考虑进去，逐渐减缓区域间经济—社会—生态效益的非均衡发展状态。通过提供相对公正的基础公共服务、产业发展与生态补偿政策措施，促进地区经济—社会—生态协调发展，加强区域间经济协调发展，缩小地区经济发展的不均衡。

4. 人口、资源、环境均衡发展的原则

国土空间的开发必须适宜地区自身发展状况，考虑地区资源环境承载力以及社会经济发展状态，设置科学的产业发展政策和环境规划政策，逐步形成人口—资源—环境均衡分布的空间开发格局。在优化国土空间开发格局同时，需要准确把握地区间的社会、经济、资源、环境背景差异，将不同主体开发区域正确地划分开来，形成协调一致、科学合理、和谐均衡的空间开发格局。

（三）优化国土空间开发格局的支撑体系

党的十八大报告在"大力推进生态文明建设"中，明确指出："加快实施主体功能区战略，推动各地区严格按照主体功能定位发展，构建科学合理的城市化格局、农业发展格局、生态安全格局。"[①] 因此，主体区功能战略是优化国土空间开发格局的支撑体系，而国土空间开发格局优化需以主体功能区规划为基础开展。

我国国土空间可划分为陆地国土空间和海洋国土空间。通常国土空间的划分都是指对陆地国土空间的划分。根据主体功能区开发战略的要求，可对陆地国土空间按照如下两种方式进行划分：按开发内容，参照提供主体产品的类型来划分，可将陆地国土空间分为城市化地区、农产品主产区和生态功能区三大主体；按开发方式，依据不同地区是否适合实施大规模工业化、城镇化开发，陆地国土空间可划分为优化开发区域、重点开发区

---

① 胡锦涛：《坚定不移沿着中国特色社会主义道路前进 为全面建成小康社会而奋斗——在中国共产党第十八次全国代表大会上的报告》，《求是》2012年第22期。

域、限制开发区域和禁止开发区域四大主体功能区域。① 如图 10-1 所示。城市化地区以提供工业品和服务产品为主体功能，包括城市建设空间（主要为城市和镇的建成区）和工矿建设空间（为独立工矿区）；农产品主产区以提供农产品为主体功能，包括农业生产空间（主要为耕地、园地和其他农用地）和农村生活空间（为农村居民点、农村公共设施和公共服务用地）；生态功能区以提供生态产品为主体功能，包括绿色生态空间（主要为林地、水面、湿地）和其他生态空间（主要为沙地、裸地、盐碱地等自然生态空间）。

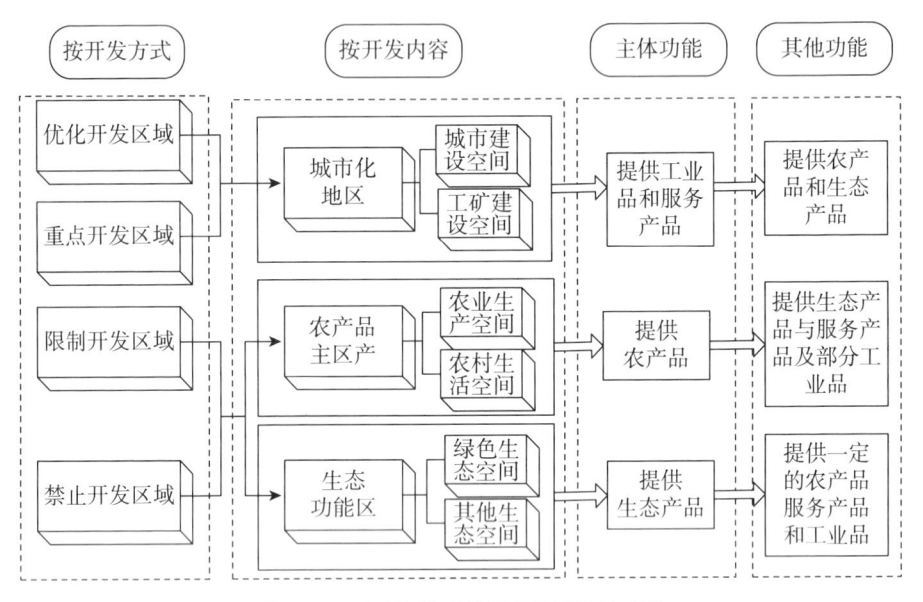

图 10-1 全国主体功能区的分类及其功能

国土空间开发格局的优化必须坚持主体功能区战略，实施分类管理的区域政策，定位城市化地区、农产品主产区、生态功能区，在区域划分的基础上，对城市化地区进行优化开发、重点开发，对农产品主产区和生态功能区进行限制开发和禁止开发，分类制定相应的考评制度和法律法规。② 国

---

① 杨伟民、袁喜禄、张耕田：《实施主体功能区战略，构建高效、协调、可持续的美好家园》，《管理世界》2012 年第 10 期。
② 马凯：《实施主体功能区战略，科学开发我们的家园》，《求是》2011 年第 17 期。

家层面主体功能区域的功能定位和发展方向,归纳总结如图 10-2 所示。坚持主体功能区战略既是优化国土空间开发格局的必然要求,同时也主导着国土空间开发优化方向,因此国土空间优化必须保证主体功能区战略的基础性地位。加快形成国家、省级主体功能区,有助于区域产业化空间的集聚,有助于舒适生活空间的构建,有助于生态和谐空间的形成,有助于人口、资源、环境的协调统一发展。

```
                    国家层面主体功能区
    ┌───────────┬──────────┬──────────┬──────────┐
   优化开发区域  重点开发区域  限制开发区域  禁止开发区域
```

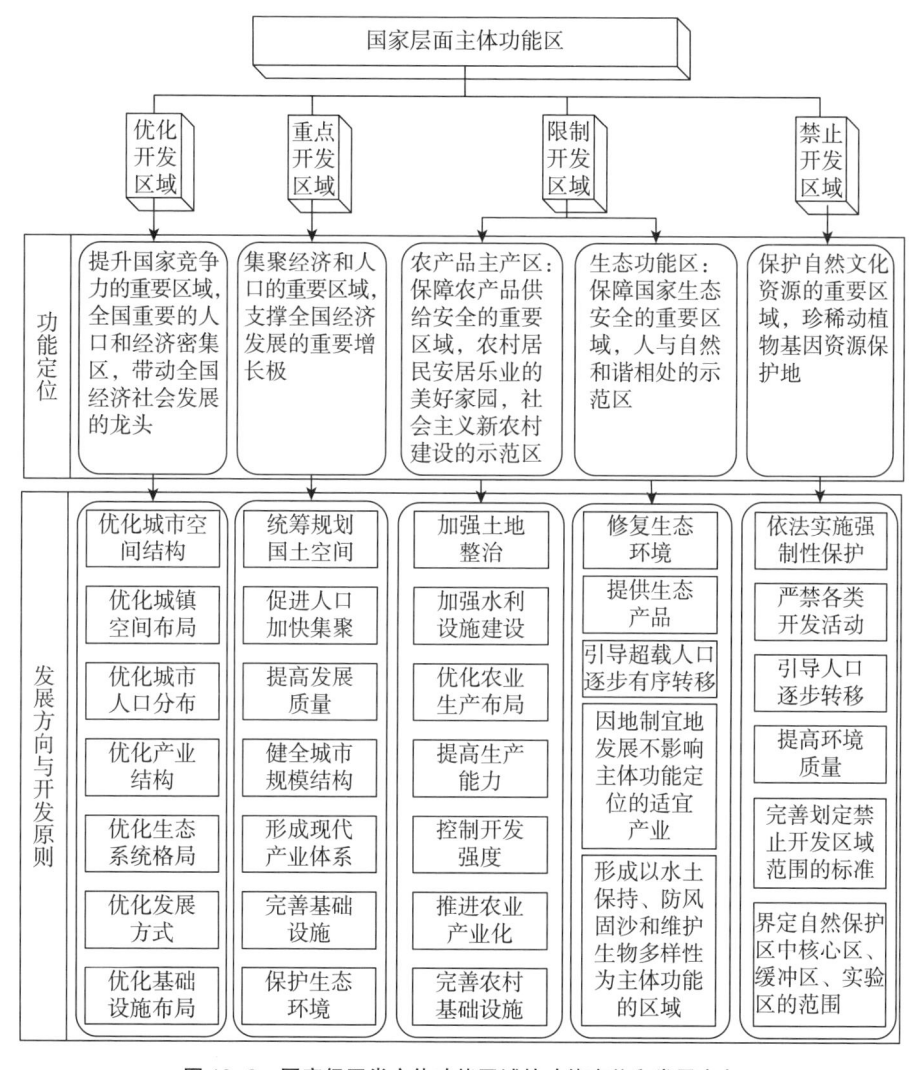

功能定位	提升国家竞争力,全国重要的人口和经济密集区,带动全国经济社会发展的龙头	集聚经济和人口的重要区域,支撑全国经济发展的重要增长极	农产品主产区:保障农产品供给安全的重要区域,农村居民安居乐业的美好家园,社会主义新农村建设的示范区	生态功能区:保障国家生态安全的重要区域,人与自然和谐相处的示范区	保护自然文化资源的重要区域,珍稀动植物基因资源保护地
发展方向与开发原则	优化城市空间结构;优化城镇空间布局;优化城市人口分布;优化产业结构;优化生态系统格局;优化发展方式;优化基础设施布局	统筹规划国土空间;促进人口加快集聚;提高发展质量;健全城市规模结构;形成现代产业体系;完善基础设施;保护生态环境	加强土地整治;加强水利设施建设;优化农业生产布局;提高生产能力;控制开发强度;推进农业产业化;完善农村基础设施	修复生态环境;提供生态产品;引导超载人口逐步有序转移;因地制宜地发展不影响主体功能定位的适宜产业;形成以水土保持、防风固沙和维护生物多样性为主体功能的区域	依法实施强制性保护;严禁各类开发活动;引导人口逐步转移;提高环境质量;完善划定禁止开发区范围的标准;界定自然保护区中核心区、缓冲区、实验区的范围

图 10-2 国家级四类主体功能区域的功能定位和发展方向

三、工业化过程中国土空间开发格局优化的策略

工业化中后期,明确推进生态文明建设的国土空间开发优化的政策要点,是当前国土空间优化的重点探索问题。要坚持以资源环境承载力作为国土空间开发格局前置条件,以构建空间规划体制、建立区域利益协调机制、绩效考核评价体系等为抓手,就不同区域有侧重、有针对性地提出相应的推进生态文明建设的国土空间开发格局优化的对策与建议。

(一)以资源环境承载力作为国土空间开发的前置条件

《中共中央关于全面深化改革若干重大问题的决定》提出,建立资源环境承载能力监测预警机制,对水土资源、环境容量和海洋资源超载区域实行限制性措施。建立空间规划体系,划定生产、生活、生态空间开发管制界限,落实用途管制。这不仅明确了资源环境承载力与国土空间开发保护的关系,也指明了要以承载力相应指标的监测作为国土空间用途管制的基础与依据。

资源环境承载力是在一定时期一个地区自然资源、地理地质、生态环境等综合条件所能承载的社会经济发展总体水平,最终往往以所能承载的人口数量来表征。可以看出,由于资源、环境条件的变化以及科学技术水平的提高,承载力是动态变化的。近年来,随着经济社会的持续快速发展,我国面临的资源环境约束也持续加剧,迫切需要不断提高资源环境综合承载力。同时,优化国土空间开发格局,控制开发强度,调整空间结构,促进生产空间集约高效、生活空间宜居适度、生态空间山清水秀,也要以资源环境承载力为依据,对国土空间分区分类管理,并严格加强用途管制。

我国主体功能区规划明确将国土空间分成优化开发、重点开发、限制开发和禁止开发四大类。不同主体功能区资源环境承载力不同,国土空间用途、开发利用与保护方式各异。而国土规划、土地规划、城市规划、矿

产资源规划等，都要把资源环境承载力作为前置条件，从空间层面上对地区产业、人口等要素的集聚特征，以及资源环境要素的整合效应等空间因素进行分析研究。应在主体功能区规划指导下，做好国土空间定位、用途管制及相应的保护、开发、利用与发展规划。探索区域系统的开放性特征对资源环境承载力的影响和优化。

忽视资源环境承载力的国土空间开发，势必造成严重后果及灾难性损失。比如，汶川和玉树都是在资源环境承载力低的限制甚至禁止开发区域集聚大量人口，导致地震造成巨大的生命财产损失。为此，国务院明确要求先开展资源环境承载力评价，以此为基础来进行灾后重建规划编制。今后，所有的重点区域规划、城市规划、土地利用总体规划编制等都应把资源环境承载力评价作为前置项，根据承载力进行选址、安排项目，确定国土资源开发利用强度，进行用途控制。

（二）构建国土空间规划体系、区域利益协调体系、绩效考核评价体系

推动生态文明建设的国土空间规划体系构建。将生态文明建设纳入上层国土空间规划制定，整合下层国土空间规划。国家和省域层面的上层国土空间规划应根据经济社会的不同发展阶段，明确未来一定时期内全国或全省国土空间开发的方向，维护国土空间安全，推动地区间协调发展，促进生态文明建设，为国家或省域其他政策法令的制定提供支撑，为下层行政单位制定空间规划给予指导。市县层面的下层国土空间规划应重点划定市、县域内土地利用功能的边界，确定具体的土地开发用途和功能，为国土空间开发和项目建设管理提供依据。可考虑将目前政府部门制定的经济社会发展规划、城镇化规划、土地利用规划、空间规划等区域政策规划整合为"四规合一"的综合规划。

推动生态文明建设的区域利益协调机制建立。健全区域利益协调的组织机制，协调区域之间关系的组织机制目前一般由发展改革部门充当主要协调者，在区域规划编制与实施中也可由咨询部门进行协调和监督规划实

施，来克服部门利益，以科学的态度协调不同地区间的利益。政府间也可建立相应组织机构，由同级政府之间互动、议价和协商，实现区域间利益的协调。建立区际利益协调的多元化治理机制，成立区域性的环境治理、生态保护和水资源统筹开发利用等专业委员会，吸引多方参与，形成多元化的诉求与建议。成立由专家学者组成的咨询委员会，对区域合作中的重大事项提供咨询建议。制定协调区域利益关系的法律法规，制定以促进区域合作为契机、以解决区际利益关系和矛盾为目的的"地区关系法"，规范地区间关系，引导地区间合理竞争，明确各级政府在跨行政区合作中的权利、责任，明确区际利益协调的组织机制，鼓励多主体参与区域治理，鼓励采取多种方式解决跨行政区面临的问题。

推动生态文明建设的绩效考核评价体系构建。在政绩考核指标体系中，应将生态环境保护和社会事业发展与经济指标视为同样重要的内容进行衡量，而不能作为经济或经济社会指标中的附属指标。建立生态政绩成本分析，对为取得政绩所付出的投入和代价进行计量和对比，切实避免不必要的浪费和不计成本的重复建设和各种资源浪费，包括经济成本、社会成本、民生成本和生态成本等。根据不同类型功能区要求确定绩效考核具体办法，国务院批复的《全国主体功能区规划》提出了针对四类功能区的绩效考核评价体系。各地区应以全国主体功能区提出的方向，根据目前各地空间规划编制进展和政府绩效考核的总体要求，整体设计相应的绩效考核评估办法。扩大绩效评估的开放程度，为提高绩效评估的科学性，应更多地引入独立的第三方进行评估，如独立的民意调查机构、大学科研机构、媒体以及由不同利益群体组成的独立评估委员会等。

(三) 分主体功能区推进国土优化布局

构建集约高效、宜居适度的城市化格局。划定城市边界，限制城市"摊大饼"式的增长，城市边界可根据过去若干年城区建设面积扩张和常住人口增长的差距来划定，而对于特大型城市边界的划定可依据常住人口的增长动态来调整。城镇用地开发过程中，应注重优化生产、生活空间，鼓励从城镇已有建设用地中挖掘用地潜力，提高用地的集约程度，节约利用土地。合理布局城镇工业、服务业、科教卫生文化事业、交通物流和居住等的用地，理顺大型产业开发区与大型居住区、就业密集区和居住密集区的空间配置关系，合理布局城市生产空间和生活空间，扭转城市建设过程中重生产轻生活，为发展生产而损害生活的倾向。大、中、小城市平衡发展，应以推进中小城市发展为重点培育城市群，促进不同规模城镇均衡发展，逐步调整资源过度向大城市、特大城市集中的趋势。在国土资源有限、人口规模庞大的情况下，要以中心城市为核心，推进量多面广的中小城市的发展，培育功能互补、协同创新能力强、空间布局协调、生态保障高效的城市群。建设绿色城市，优化生活环境，推进城市产业结构升级，发展无污染、低消耗、高附加值产业，淘汰落后产能，减少排污，降低城市的能耗水平。大力推进城市绿化，拓展绿色空间，提高人均绿地面积，把绿化和美化充分结合起来，营造美好的生活环境。

构建耕地资源丰富、农产品供给安全的农业发展格局。坚守耕地红线，继续实施最严格的耕地保护制度，提高对基本农田建设财政扶持力度、加大对各类违法侵占农田的打击力度、做到各类建设用地尽量不占耕地和少占耕地。实施农用地用途管理、促进农业合理布局，以国家构建的"七区二十三带"农业发展空间格局为核心，鼓励农业规模化生产，提高农业生产效率。遵从市场引导，优化农业生产结构和区域布局，开发高效优质农产品，促进农业生产的多元化、品种的多样化。提高农业生产能力，加强农业基础设施和水利设施建设，推进耕地整治，强化农业防灾减灾能力，促进农业稳产高产。加快农业科技进步和科技创新，提高农业物质技术装备水平和农业劳动生产率，促进农业生产过程高效、快捷，实现农业现代化。制定粮食主产区的补偿政策，中央政府应逐年加大对粮食主产区的一般性转移支付力度，探索建立粮食主销区对于主产区的利益补偿机制。

优化海洋国土开发格局，提高海洋资源开发能力。发展海洋循环经济，优化海洋经济产业结构，加快海洋第二产业的结构升级与第三产业的协调发展，积极推进海洋渔业和渔区经济结构调整，发展海洋渔业相关产业，扩展海洋渔业产业链。培育和发展海洋循环经济，节约海洋空间，循环利用海洋资源，形成资源高效循环利用的产业链，发挥产业集聚优势，提高资源利用率。保护海洋生态环境，促进海洋资源开发可持续发展，加强海洋环境保护规划与大江大河流域规划的协调，形成密切合作的管理制度。加强面源污染预防和控制，加强海洋生态系统保护，建立跨区生态管理体制。加强海洋生态修复，加强滨海湿地保护，积极推动海洋自然保护区和特别保护区建设。加强海域、海岛开发管理，提高海洋资源利用效率，合理编制区域建设用海规划和围垦规划，节约使用海域。加强海岛开发保护，制定和完善海岛开发保护法规和规划，促进海岛经济社会持续健康发展，加强中心岛屿涵养水源和风能、潮汐能电站建设，发展海岛休闲、观光和生态特色旅游。

第十一章 工业集中地区的生态文明建设

工业化和城市化是任何一个国家或地区由贫穷落后走向发达繁荣的必由之路，实现工业化和城市化是发展中国家和地区经济社会发展最主要的任务，也是中国全面建设小康社会和迈向现代化的两大基本任务。[1] 我国工业化已取得巨大进步，但总体上看，我国正面临生态文明建设水平滞后于经济发展水平，资源约束趋紧，环境污染严重，生态系统退化，发展与人口资源环境之间矛盾日益突出的问题。[2] 全国主体功能区规划将国土空间划分为四大部分，其中优化开发区域和重点开发区域是工业化和城市化集中发展地区。这两个地区的生态文明建设更为特殊、艰巨，本书在此重点讨论。

一、工业集中地区生态文明建设的基本思路

我国人口与经济分布极为不均，京津冀、长三角、珠三角、中三角和

---

[1] 简新华、余江：《中国工业化与新型工业化道路》，山东人民出版社2009年版，第22页。
[2] 中共中央、国务院：《关于加快推进生态文明建设的意见》，2015年4月25日，见 http://www.scio.gov.cn/xwfbh/xwbfbh/yg/2/Document/1436286/1436286.htm。

成渝五大城市群人口占全国总人口的 40%，占全国总 GDP 的 51%，同时这五大城市群也成为工业污染最为严重、环境恶化速度最快的地区，各种工业病、城市病困扰着地区发展，诸多因素相互交织使得这些地区生态文明建设任重而道远。

（一）工业集中地区生态文明建设的任务

1. 降低生态影响

第一，应更为理性地看待工业化的速度和规模。一些研究早已指出，工业化与就业之间的关系并非简单的线性增长。① 单纯的工业化速度和规模的增长，并不能带来就业和经济发展的同比增长，就业的增加更依赖于工业结构的调整。② 适当地控制工业化的速度和规模，将工作的重心转向提升工业化的资源能源利用效率、降低工业的污染排放，通过社会制度的变革，可以为社会提供更多的就业，保障经济的发展和工业产品的供给，提升国家工业实力，降低工业化对生态环境的冲击力度。

第二，应更加注重工业化的结构和方式的改变。诸多研究指出，工业结构的调整对于提高工业化效果，降低工业化对资源能源的需求和对生态环境的冲击具有重要作用。③ 必须在产业结构上有重大调整，推动信息化与工业化的融合，提升工业化质量。④ 工业化的实现方式也必须发生重要改变，要加快从传统工业化道路向新型工业化道路的转变，推动循环经济和低碳经济的快速发展。⑤

第三，加强人文思想对工业化的指导。随着人类进入工业社会，一个

---

① 朱劲松、刘传江：《重新重工业化对我国就业的影响——基于技术中性理论与实证数据的分析》，《数量经济技术经济研究》2006 年第 12 期。
② 何德旭、姚战琪：《中国产业结构调整的效应、优化升级目标和政策措施》，《中国工业经济》2008 年第 5 期。
③ 张培刚、张建华、罗勇：《新型工业化道路的工业结构优化升级研究》，《华中科技大学学报》（社会科学版）2007 年第 2 期。
④ 成金华、吴巧生：《中国新型工业化与资源环境管理》，湖北人民出版社 2005 年版，第 122 页。
⑤ 刘世锦：《传统与现代之间：增长模式转型与新兴工业化道路的选择》，中国人民大学出版社 2006 年版，第 87 页。

普遍的现象是，在世界范围内，人文科学的地位日益低于自然科学。近半个世纪以来，随着经济学、管理学等学科的迅猛发展，人文科学在人类社会发展中的重要作用得到越来越多的重视，人们开始意识到自然科学与人文科学永远不应该是两条平行线，而应该相辅相成，独立于人文科学的自然科学的发展，很容易偏离了为人类福祉的主题。[1] 工业化也是如此，传统人文思想强调的"天人合一""万物和谐"的观念被摒弃，工业产品的设计与生产并非为提高使用者的幸福感，而成为生产者攫取巨额财富的工具。如今，全世界开始认识到人文科学发展的重要性，是时候要让人文思想重新回到工业化的过程中来，提高工业化的"人性"，克服工业化过程中的种种致命缺陷了。

第四，加强政府对工业化的调控。当前严峻的资源环境危机不容人类再在拖沓中继续破坏性的工业化过程，在这样的情况下，政府作为公众利益的代表，应采取更为有效宏观调控，引导工业化发生实质性的变革，推动工业化结构转型和道路的转变。

第五，加强对工业化生态破坏行为的管控。对于生态文明建设而言，源头控制比污染治理和生态修复要更为重要。对工业"三废"排放标准的严格管控，是发达国家生态环境保护的重要经验。一是要尽快健全相关法律法规，二是要提高生态环境法律法规对违法行为的惩处力度，三是要加强法律法规的执行力度。

2. 增加生态生产

对于主体功能区制度所导致的区域发展不均衡，以及重点生态功能区生态生产的外部性问题，一般认为应建立更为系统完善的生态补偿制度来解决。[2] 近些年来，随着生态环境问题日益突出，生态补偿概念在国内外的理论和实践上都有长足发展。[3] 但是，本书认为，为更好地推动生态文

---

[1] 杜传忠：《转型、升级与创新：中国特色新型工业化的系统性研究》，人民出版社2013年版，第87页。

[2] 孟召宜、朱传耿：《我国主体功能区生态补偿思路研究》，《中国人口·资源与环境》2008年第2期。

[3] 赖力、黄贤金、刘伟良：《生态补偿理论、方法研究进展》，《生态学报》2008年第6期。

明建设顺利、快速进行，除了尽快完善生态补偿，还应该积极探索以生态生产代替生态补偿。

生态生产的核心在于，将生态产品生产作为所有区域的基本责任，按照一定的规则公平、合理地划定各区域的生态产品生产责任，对于生产不足或超过部分，通过市场机制加以调节。

用生态生产的概念取代生态补偿，理由有三：首先，生态补偿是一个后置举措，而生态生产是一个前置举措。生态补偿后置模式会导致补偿行为严重滞后于环境行为，不利于调动各利益相关主体生态文明建设的积极性。生态生产则是在损害（或保护）行为发生之前，根据各地区资源禀赋、生态环境产品消耗等情况合理地确定各地区应承担的生态产品生产责任，生态产品的主要生产地区可以在生产之前就稳定预期自己的利益，主要消费地也可以明确知道自己所应承担的成本，这种前置模式可以缩短生态产品生产（消费）与价值实现之间的衔接，减少行政干预对生态公平的影响，更有利于各利益相关主体根据经济人逻辑调整自己的生态环境产品生产（消费）行为。其次，生态补偿是非市场行为，而生态生产是准市场行为。根据生态补偿的定义，生态补偿是一种行政行为，是行政主体根据公平原则对不同区域主体环境保护（破坏）行为的一种经济赏罚。以行政手段调节不同地区在生态文明建设中的利益分配不均问题，有其独有的优势，但也有不可忽视的缺陷：不能准确地通过价格机制反映生态环境的价值，从而调节生态环境的保护（破坏）行为，并激励相关主体提高生态产品生产效率。生态生产则是一种准市场行为，虽然在各地区生态产品生产量的决定具有一定的计划经济性质，但只要在生产量制定过程中综合考虑区域因素，采取科学方法，就能保证结果的合理性和科学性，一旦各地区生态产品生产量得以确定，那些适合进行生态产品生产的地区就会具有比较优势，不适合进行生态生产的地区则会通过市场机制购买生态产品额度，生产者则会在市场竞争中提高自己的生产效率，从而推动生态文明建设效率的提高和技术进步。最后，生态补偿是双轨制的，而生态生产是单轨制的。如果只规定部分地区来承担生态产品生产职能，其他地区负责补偿，这会造成政府职能转变的双轨制，不利于统一管理，也不符合公平原则。如果规定所有地区都具有生态生产责任，不适合或者不能履行这种生产责任的地区可以通过购买来履责，这更利于建立统一的政府绩效管理。

生态生产又可分为本地生产与异地生产。所谓生态产品的异地生产，即在明确地区生态产品生产量的前提下，对不能完成或不适合完成生态产品生产的地区，允许其通过市场机制，将本地区未完成的生态产品生产任务委托其他地区完成。

将生态产品的生产分为本地生产和异地生产，既能解决不同地区生态产品生产能力的差异问题，又能够实现生态文明建设的公平与效率，但两个生产之间必须要建立市场机制来衔接。首先，要建立完善的生态价值评估和监测机制。其次，要借鉴建设用地增加挂钩机制，建立明确的生态价值增减挂钩机制。再次，要借鉴碳排放交易机制，建立更全面、系统、完善的生态指标异地交易机制。最后，要推动生态金融的全面发展。

3. 提升生态福利

工业集中地区人口密集，建设用地规模较大，生态用地紧张，生态资源相对稀缺，生态服务功能增长潜力不大，但对于生活其中的庞大人口，通过生态文明建设提升包括空气质量、水质、城市宜居环境在内的生态福利，是区域发展的关键性问题。社会主义发展的根本目标，是全面提升人民的福利，这既包括物质产品福利，也包括精神产品福利，更包括生态产品的福利。[1] 提升工业区人民生态福利，包括三个方面：首先，要在界定公民基本人身权利方面加入生态环境权利的考量。其次，在生态产品的生产过程中，要做到以人为本。最后，在生态文明建设评价指标中，要以公众生态环境满意度的提升为重要的衡量指标。

---

[1] 钱学森：《社会主义中国应该建山水城市》，《城市规划》1993年第3期。

（二）工业集中地区生态文明建设的路径

1. 技术进步

技术进步被认为是生态文明建设成败的关键问题。[①] 但技术进步与生态文明建设之间的关系更为全面的理解应该是：技术进步并不必然实现生态文明，生态文明建设必须依赖技术进步。

工业集中地区作为我国工业产业最为发达，科技研发力量最强的地区，除了要投入资金和物力保护和修复生态环境，更应在技术进步过程中发挥中坚作用，集中力量开展技术攻坚，早日破解困扰经济发展与生态保护的技术难题。本书认为以下五个领域是关系工业集中地区生态文明建设进展情况的技术突破关键领域。

（1）信息化

信息化是人类第五次科技革命的显著标志，信息化与工业化的结合是解决传统工业化道路资源环境问题的核心方法，能否把握住信息化发展大潮也被认为是关系我国能否利用后发优势在技术和经济上赶上发达国家的关键机遇。如今，人类已进入大数据时代，传统的工作、生活和思维都面临着巨大变革。[②] 社会管理同样也正在发生巨变。信息化的发展正在显著改变工业产品的设计、生产与流通过程，尤其是互联网和物联网的发展，使得工业生产更加节约高效，这就降低了工业化对资源能源的消耗。在社会管理领域的广泛应用，使得人们能够更为详细、直观地了解社会—生态系统的变化，精确地把控和监管工业化的生产过程及其对生态环境的影响，生态文明建设要求对生态系统的方方面面有更为详细准确的监控，对不同地区生态安全的变化建立监督预警机制。在生态文明建设过程中，信息化与生态技术的结合将是行业发展的重点，一些潜在的产业发展机会包括：支撑信息社会的战略性新兴产业，包括智慧节能环保产业、信息通信

[①] 毛明芳:《论生态文明的技术构建》,《自然辩证法研究》2008年第10期。
[②] ［英］维克托·迈尔-舍恩伯格、肯尼思·库克耶:《大数据时代:生活、工作与思维的大变革》,浙江人民出版社2013年版,第398页。

产业、智慧新能源产业、智慧生物产业、智慧新材料产业等；智慧服务业，包括智慧旅游、智慧物流和智慧金融等；智慧工业；智慧大农业。[①]

(2) 新能源

传统碳基能源使用所造成的温室效应、空气污染，以及碳基能源不可再生等问题，是困扰人类工业化发展的巨大难题，解决方法之一是发展新能源。可控核聚变，被喻为"人类终极能源解决方案"，在原料供给、能源效率和环境影响上都极具潜力，这也是目前人类科学技术史上最具挑战性的特大科学工程，包括欧、美、日、韩、俄、中、印的国际组织已投入逾百亿美元资金，但相关研究仍需数十年才能真正用于商业开发。风能和太阳能，是目前最接近大规模应用的可再生能源，两者都面临着技术升级难题，风电缺乏稳定性、转化效率偏低所导致的风电并网对电网的稳定性和暂态运行质量的影响，成为风电在各国发展的巨大障碍，太阳能发电则面临着提高转化率和降低生产成本的技术难题。生物质能也正面临着严重的技术瓶颈，缺乏高效利用方式、储运不便和高成本使得这种储量极大的能源长期以来一直未得到充分开发，但发达国家的生物燃料技术发展让中国看到了新的契机。海洋能更像是一个尚未被开发的巨大宝库，盐差能、温差能、洋流能和波浪能，虽然理论上能彻底改变人类对碳基能源的需求结构，但这些技术目前仍处于实验阶段。除了新能源生产，能源运输和储存技术瓶颈目前也是限制工业化的重要问题，比如特高压输变电技术瓶颈限制了电力的长距离运输，对于中国这样的电力生产能力区域分配严重不均的国家而言，这些问题亟待解决。

(3) 环境污染治理

根据国土资源部统计，我国受重金属污染耕地面积超3亿亩，技术是困扰重金属污染的最大难题，传统治理技术成本高昂，无法大规模推广，而且治理效率偏低，治理速度甚至远远落后于污染速度。目前，土壤重金属污染主要依赖重金属固化和植物修复法进行治理。前者的问题在于成本

[①] 李世东、林震、杨冰之：《信息革命与生态文明》，科学出版社2013年版，第332页。

高昂，缺乏稳定性，容易引发新的污染；后者的缺陷则包括修复周期过长，对深层污染修复效果差，受气候、地质因素影响较大、容易通过食物链影响生态链安全等。除土壤重金属污染外，中国还面临包括水体污染控制和治理、大气污染防治等诸多技术难题。

（4）生物技术

生物技术，是指人们以现代生命科学为基础，结合其他基础科学的科学原理，采用先进的科学技术手段，按照预先的设计改造生物体或加工生物原料，为人类生产出所需产品或达到某种目的。生物技术涉及的范围十分广泛，人们常把基因工程、细胞工程、酶工程和发酵工程看成是构成生物技术主体的四大先进技术。随着生物技术的开发及产业化发展，生化工程、生物电子工程也会随之迅速崛起。生物技术革命是人类技术思想的巨大飞跃。生物技术的实用转化将形成一大批新兴产业群，包括新生物化学和材料产业、新生物能源产业、新生物信息产业、新生物农牧业、新生物机械产业、新生物医药产业、新生物食品产业、新生物环保产业等。可见，生物技术是渗透于生态农业、生态工业和人类健康和环境保护各个方面的技术体系，是支撑生态文明的核心技术体系。中国生物技术在近年来有长足发展，目前西方发达国家仍把持着大量核心的生物技术，在医药、材料、能源等领域，利用知识产权技术垄断，制约着发展中国家生物产业的发展。因此，中国需要在生物技术领域取得更大的突破，为生态文明建设出力。

（5）废弃物资源化

"没有不能利用的垃圾，只有放错位置的资源"，工业废弃物资源化技术事关循环经济的发展水平，事关可持续发展目标的实现，是生态文明建设的核心技术，是缓解当前资源环境瓶颈的战略选择。[①] 中国废弃物资源化技术虽然已有较大发展，但与发达国家相比，仍有较大差距。2012年5月，科技部出台了《废物资源化科技工程"十二五"专项规划》，明确了

[①] 张懿、徐滨士、邱定蕃：《院士解读〈废物资源化科技工程"十二五"专项规划〉》，《资源再生》2012年第6期。

再生资源利用、工业固废资源化利用、垃圾与污泥能源化资源化利用、废物资源化全过程控制、废物清洁循环利用理论等五大优先发展领域，提出了各领域发展的重点任务及发展目标并制定了技术发展路线图。

2. 制度创新

对于工业集中地区生态文明建设而言，制度创新极为重要。当前的很多问题，或应归咎于制度缺陷，或因制度缺陷而日益严重，或因制度缺陷而使治理工作举步维艰。生态文明建设，要解决的不仅是人与自然的问题，克服的也不仅是技术上的种种瓶颈，更重要的是要解决人与人的问题，解决导致人们不断破坏自然、损害生态行为背后的制度问题。制度问题甚至比技术问题更为重要，因为只有在合理制度的激励下，技术才能朝向有利于生态的方向发展、应用和推广。① 生态文明建设的成败，将取决于我们能否克服重重阻力，建立起一套能约束人们破坏自然，激励人们保护自然的社会制度体系。

生态规制制度。要通过制度规制不当的资源环境生态损耗行为，这可称生态规制制度。生态规制制度至少应包括：首先，生态问责制度。所有有损生态环境的行为都应被严厉追究相应的法律责任，损害者所承担的责任应明晰，并且应远高于其通过生态损害所获得的收益。间接的生态损害也应被追究相应的责任，比如行政决策所造成的生态破坏，也应严厉追究决策者的行政责任。其次，生态价格制度。应该明确所有生态服务功能具有重要经济价值，并建立系统完善的价值估算机制，对所有企业的生态环境消费行为进行计价收费。再次，生态准入制度。应当强化生态环境综合影响评价在项目审批中的重要作用，尤其在重大、重点工程中的作用，加强对现有企业的生态退出管理。最后，生态修复制度。对于已遭损害的生态环境，要建立系统、完善、稳定的修复制度，尤其是建立全面的大气、土壤和水体污染修复计划，落实修复责任，制定修复路线图，保障修复资金，完善修复规划。

---

① 白光润：《论生态文化与生态文明》，《人文地理》2003 年第 2 期。

生态激励制度。与生态规制制度相反，生态激励制度的目的在于鼓励一系列旨在保护生态环境的行为。生态激励制度类型多样，至少包括：首先，生态奖励制度。对直接或间接从事生态保护工作，并有突出贡献的单位和个人要从经济和社会荣誉等多方面予以奖励，尤其要设置全国性的荣誉奖励。其次，生态扶持制度。对从事生态产品生产或亲生态的工业生产技术研发的企业和个人，要在资金、利率、政策上予以扶持，帮助其形成规模。最后，生态绩效评估与预算制度。要将生态绩效评估作为重要内容纳入地方政府绩效考核中来，并以此进行绩效预算管理，推动地方政府积极参与生态文明建设工作。

3. 强化监管

我国生态环境在过去几十年间日益恶化，与生态环境保护监管不力有重要关系。生态环境监管的困境大大降低了生态文明建设的成效，克服重重障碍制定的相关法律流于形式，执法的惩戒效应也无法发挥，因此有必要加强生态环境的监管力度。

加强生态环境保护执法。一是要加大对违法企业的监管。建立健全对企业排污情况的动态监管制度，加大执法监察和处罚力度，对于超标、违法排放企业，不管企业类型、规模，都要严格执法，责令整改，问题解决之后才能继续经营，对严重违法企业要予以坚决关停。二是要加大对地方政府生态破坏行为的执法力度。应该在行政改革过程中建立各地行政主管的生态环境保护责任追究机制，对于造成生态损害的行政行为，要坚决追究相关责任人的行政责任和刑事责任，绝不姑息。三是要加大对个人行为的监管。生态保护是所有公民应尽之责，绝不能因为少数人的阻挠而放弃执法，一方面要继续严格执法，对个人违法行为予以坚决制止；另一方面也应充分考虑到部分人民群众的生活困难，要帮助其在符合生态文明建设要求的前提下更为高效、安全地利用生态资源，使人类对生态资源的开发利用更可持续。

加强生态保护工程建设监管。考虑到生态文明建设任务的艰巨性和建设资金、资源的有限性，应当进一步加强对生态保护项目建设的监管，首先，要加强对项目效果的考核，要及时对项目生态服务功能进行核算，通过合理规划设计和及时调整修正，提高项目建设效率；其次，要加强对建设质量的监管，生态保护工程建设功在千秋，资金规模庞大，要及时对项目质量加以审核，尤其要避免地方政府在建设中好大喜功，违背生态学基本规律盲目、重复建设，避免生态建设对生态环境造成次生损害；最后，要引进市场机制，提升生态保护建设的效率，通过公开透明的管理和公平市场竞争，降低生态文明建设的成本，并促进相关生态技术的进步。

二、高度重视工业园区的生态文明建设

工业园区化是现代工业发展的一个基本趋势，集中在特定区域的多产业既有利于节约运输成本、发挥规模效应、形成循环经济，也有利于生态环境问题的治理。生态工业园已成为许多发达国家工业园发展的主流方向，也是我国第三代工业园发展的主要方向，被认为是推动工业循环经济和生态文明建设的重要模式。因此，推动生态工业园建设将是工业集中地区建设生态文明的重要推手。

（一）工业园区建设现状与问题

中国的生态工业园区建设始于 2000 年前后，2007 年环境保护部出台了《国家生态工业示范园区管理办法》，正式将生态工业园区纳入国家建设和考核系统之中，截至 2014 年，全国共有通过验收批准命名的国家生态工业示范园区 26 家，批准建设的国家工业生态示范园区 59 家。虽然在短短十余年间，中国生态工业园区建设取得了突出成就，但考虑到中国目前有 54 个国家级开发区、54 个国家级高新园区、省级及以上工业园区超 1500 余个，除了生态工业园数量占比不足外，我国生态工业园相比于发达国家的先进代表还存在产业链过短、静脉产业发展不足、工业园共生系统结构不紧凑等问题，可见，中国生态工业园建设任重而道远。

（二）工业园区生态文明建设基本思路

首先，生态工业园区的长远规划。规划对于工业园区建设至关重要，大多数工业园区建成以后就很难再推动其转型，从传统工业园向生态工业园转变的经济成本远大于新建成本。因此，在很多工业园建设过程中，就应当提前做好生态园区规划。与城市规划类似，生态工业园区规划的最大障碍并非来自技术层面，通常最主要的消极影响来自地方政府。工业园区的发展离不开地方政府的支持，但如何在制度上进行改革，使工业园区能够摆脱地方政府少数官员的个人决策影响，而服务于地方整体利益，按照地方总体规划制定科学的、生态的园区发展规划，应是有关部门重点关注的问题。

其次，政府在生态工业园区建设初期的积极推动。在工业园区建设初期，市场信息不完全，规模效应未能充分体现，静脉企业缺乏生存空间等问题较为突出，此时政府应积极推动生态工业园的形成，撮合企业形成产品的生态链网，推动企业转型、抱团，扶持鼓励静脉企业发展，在工业园区生态基础设施上进行投入，通过税收减免等形式帮助企业在工业园区内更好抱团生长。

再次，利于循环经济发展的宏观经济政策改革。当前生态工业园区静脉企业发展缓慢，根本原因是宏观经济政策改革还不够深入，静脉企业产品的生态环境价值在其市场价格中未能得到充分体现，产品优势不明显，必须通过资源价格机制和环境许可交易制度等改革，真正建立起能完全反映商品经济、生态和社会价值的价格形成机制，才能推动循环经济更好更快的发展。

最后，更为严格的建设考核和奖惩机制。目前的生态工业园区考核还是采取依申请建设和考核的制度，由园区自由申请，为推动工业集中地区生态文明建设，应建立生态工业园区建设责任机制，将所有工业园区都纳入到生态文明建设考核中来，按照考核结果，以建设用地指标等方式进行奖惩。

三、重点实现新型城镇化与生态文明建设的融合

(一) 城镇化的基本规律

纵观世界各国的城镇化历程,城镇化发展呈现出阶段性的演进规律。美国城市地理学者诺瑟姆(Ray M. Northam)1979年提出的"城镇化过程曲线"(如图11-1所示)将一个国家和地区的城镇人口占总人口比重的变化过程概括为一条稍被拉平的S形曲线,并把城镇化过程分成3个阶段,即城镇化水平较低的初期阶段,人口向城市迅速聚集的中期加速阶段,以及进入高度城镇化以后城镇人口比重的增长又趋缓慢甚至停滞的后期阶段。[1]

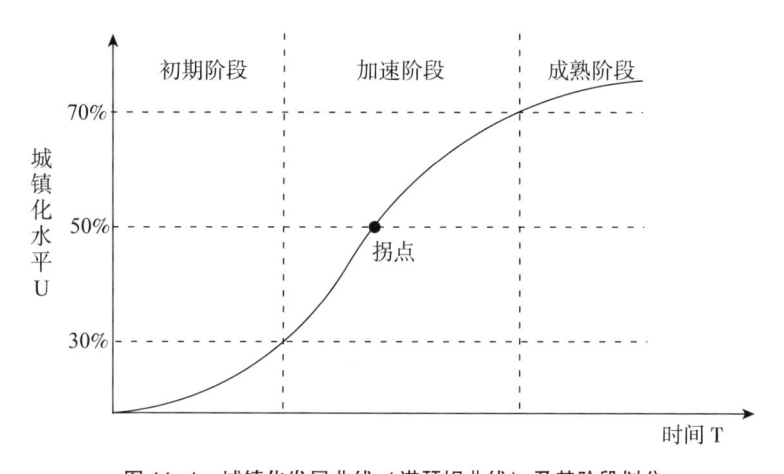

图 11-1　城镇化发展曲线(诺瑟姆曲线)及其阶段划分

一个地方在自然资源禀赋、环境基础以及地理区位的比较优势更利于人口集聚、获取信息、发展工业以及要素自由流动。城市形成与成长阶段,工业化是城镇化发展的核心动力。[2] 工业发展加速了劳动力、资本、知识和技术等要素的集聚,大量农村人口向城市迁移,城市人口和经济规

---

[1] Northam R. M., *Urban Geography*, J. Wiley Sons, 1975.
[2] 叶连松、靳新彬:《新型工业化与城镇化》,中国经济出版社2009年版,第47页。

模持续增长,城市面向生产和生活的内部服务功能与对区域生产要素及生产力的管理、协调、集散和创新外部功能基本协调。城市成熟阶段,城市功能增多、生产要素集中等因素在一定程度上形成了城市规模扩大的"棘轮效应",城市的外部功能的发展快于城市内部功能,城市资源环境承载能力与经济规模、人口总量矛盾凸显,当城市增长的负效应强于正效应时,城市扩张边界也就随之产生,[①] 城镇化发展进入以集聚与扩散共同作用下的"郊区化"阶段。

(二) 城镇化过程中的资源环境问题

长期以来我国工业化与城镇化发展不协调,城镇化滞后于工业化,使得我国当前城镇化发展面临的资源环境问题日益严峻,资源相对短缺与生态环境恶化的压力越来越大。人口城镇化落后于土地城镇化,以耕地占用为代价的建设用地总量扩张带来的土地约束、快速工业化、城镇化对能源的需求持续加大带来的能源约束等问题日益突出。

1. 人口城镇化滞后于土地城镇化,土地利用效率低下

在快速城镇化进程中,人口城镇化与土地城镇化不协调问题突出。2000—2014 年,我国城市建成区面积扩大了 2.23 倍,而城市人口仅仅增长了 1.63 倍,土地城镇化速度是人口城镇化速度的 1.37 倍。一些地方过度依靠土地财政来推动城镇化发展,加剧了土地的粗放利用,导致大量耕地资源进入非农部门,一定程度上威胁到了国家粮食和生态安全。[②] 我国城镇化进程中的空间扩张失控问题越发严重,许多农民因为土地被城镇化,而自身及其家属却没有成为"市民",城镇人口的增长速度滞后于城市建成区面积的增长速度,存在着人口城镇化进程落后于土地城镇化的现象。[③]

---

① 胡爱华:《世界城市化的一般规律和我国的实践》,《经济问题探索》2004 年第 9 期。
② 中共中央、国务院:《国家新型城镇化规划 (2014—2020 年)》,2014 年 3 月 17 日,见 http://politics.rmlt.com.cn/2014/0317/244361.shtml。
③ 陆大道、姚士谋、李国平等:《基于我国国情的城镇化过程综合分析》,《经济地理》2007 年第 6 期。

城镇空间扩张呈现无序蔓延的态势。大城市空间"摊大饼"式地向周边扩散，小城镇建设用地快速增长，城市边界无限制地扩张，过分追求宽马路、大广场，新城新区、开发区和工业园区占地过大，建成区人口密度偏低。由此，导致了城镇化地区土地利用效率偏低及国土空间开发不合理，城市土地存在低效扩张现象。

2. 城镇化资源消耗巨大，能源利用效率偏低

随着工业化城镇化进程的加快，城市化地区对能源资源的需求持续加大，能源紧缺状况将进一步加大。中国高速的经济增长以及工业化和城镇化的推进对能源需求的影响很大，到2020年能源需求将达到45.3亿吨标准煤，而且经济增长速度越快对能源需求就越大。[1] 中国城镇能源消费占全国能源消费总量的比重大致在80%左右，且呈现出上升趋势。就能源消耗的总量来看，由2000年的11.07亿吨标准煤增加到2013年的32.35亿吨标准煤，增长了192.2%。

城镇能源利用效率较为低下，单位GDP能耗较高。根据图5-4所估算的结果，我国城镇单位GDP能耗在2000年高达10.87吨标准煤/万美元，到2013年下降至4.96吨标准煤/万美元，但与世界先进水平相比，能源利用效率仍然偏低。从主要高耗能产品单位能耗来看，与日本相比，我国主要高耗能产品的单位能耗均处于高位，差别最大的纸和纸板综合能耗为日本的2.06倍，而这些高耗能产品主要集中在城镇生产和消费。[2]

水资源供应严重不足。全国城市水资源消耗由1978年的78.7亿立方米急剧增长到2014年的514.3亿立方米，年均耗水增加12.1亿立方米。据相关资料显示：目前，全国400多个城市缺水，其中严重缺水的城市达200个，大部分城市过度开采地下水，造成地面沉降加速，地质灾害频发。当前华北、西北、华东地区的不少城市地下水位持续下降，出现了大面积

---

[1] 孙涵、成金华：《中国工业化、城市化进程中的能源需求预测与分析》，《中国人口资源与环境》2011年第7期。

[2] 魏后凯：《走中国特色的新型城镇化道路》，社会科学文献出版社2014年版，第33页。

的降水漏斗和地面沉降现象。①

3. 城镇环境污染问题严重，生态压力日益凸显

城镇是人类经济活动的高度密集区，是生产生活的主要场所，随之而来的环境问题难以避免。当前，我国城镇主要污染物排放总量仍处于较高水平，节能减排任务十分繁重。从地级及以上城市各项污染物指标来看，2000—2014 年，城市生活污水排放量由 220.9 亿吨，增长到 2014 年的 424.3 亿吨，增长近两倍。近年来，城市工业污染物排放量虽然呈现下降态势，但是下降十分缓慢，主要污染物的高排放给城市发展带来了巨大的环境压力，环境治理任重而道远。

4. 国土空间开发格局不合理，城市宜居宜业水平不高

城镇化地区是我国主体功能区中优化开发和重点开发区域，长期以来，传统城镇化进程中产业集中与人口集中不匹配，城市在大规模集聚产业的同时，并没有起到同比例大规模集聚人口的作用，城镇化与工业化的不协调，导致我国人口分布与经济活动严重背离，不利于人们在城市中安居乐业。此外，人口、产业向城市大规模集聚，城市规模急剧膨胀，城市空间"摊大饼式"蔓延，大部分城市生活、生产空间得到很大程度的扩张，城市生态空间被迫缩减、甚至破坏消失，城市"三生空间"没有得到有效融合，部分大城市的资源环境承载力日益趋紧。城市边界的扩张，也使得绝大多数城市居民的生产与生活空间分离，产居不融合。"产居不合一"拉长了居民的生活、生产的通勤距离，提高了通勤成本，降低了居民生活的幸福感，降低了城市宜居宜业水平。

5. 城乡区域发展不均衡，城乡差距依然巨大

大、中、小城市发展不均衡。我国城镇化进程中大、中、小城市及小城镇发展不协调问题长期存在，近十年来尤为突出。城市"量级"结构失衡，大、中、小城市及小城镇之间的差距过于悬殊，大城市有"独大"之

---

① 魏后凯等：《中国迈向城市时代的绿色繁荣之路——中国城市发展报告 No.6》，社会科学文献出版社 2012 年版，第 43 页。

势，中小城市和小城镇发展却相对缓慢。尤其是2000年以来，北京、上海、广州、深圳等超大型城市率先发展，大批区域性中心城市纷纷崛起，要素资源、政策资源等长期向大城市倾斜，而中小城市和小城镇则由于投入不足、功能不完善、集聚效益差，缺乏吸引力，发展相对缓慢。

东、中、西区域布局失衡。我国东、中、西部城镇化发展水平不平衡，城镇化水平呈现"东高西低"的特征。据统计，2013年我国东、中、西部城镇化率分别为66.11%、47.98%、44.26%，城镇化排名前10的省区市中，东部地区有8个。从城市分布来看，东、中、西部城市规模结构不协调。

城乡发展差距居高不下。城镇化滞后于工业化带来了我国人口分布结构与资源配置结构的失衡，社会固定投资中大部分向城镇倾斜，城镇居民较乡村居民享有更好的公共服务，城乡差距扩大，城乡二元结构加剧。近年来，城乡差距虽然有缩小趋势，但是居高不下的现实并未得到根本改变。

（三）推动新型城镇化与生态文明建设融合的基本思路

一是实现城市产业升级。目前我国特大、大、中型城市产业结构不合理，重工业比重较大，工业生产能耗和资源消耗较高等问题，污染也非常严重。产业升级任务迫在眉睫，首先，要向高端、创新、聚集方向发展。推动技术转化和产业孵化，鼓励高新技术产业发展，鼓励信息产业与工业和服务业的结合，充分利用"大数据"和"互联网+"平台，推动空间信息产业发展，推动"天网""地网"信息平台建设，加快打造经济升级版。其次，要实现就地城镇化与就地工业化的有效结合。在推进新型城镇化过程中，不仅要注重资本、土地的城镇化，更要注重人口城镇化，尤其要进一步增加城镇就业机会，鼓励城镇就地发展符合主体功能区规划的轻工业、服务型工业，充分利用地区区位优势，实现大、中、小城市产业互补互惠。再次，推动城市群产业联动升级，朝向集中、集群、集约方向发展。充分利用目前京津冀、长三角、珠三角城市群集聚优势，大力推动城市群内和群间战略分工，推进产业联动，利用不同城市资源、区位、人口和科技优势组团发展。最后，推进低碳、循环、绿色、开放产业体系建设。进一步加大财政、税收等政策对低碳、循环产业的扶持力度，鼓励环保企业发展，鼓励企业、组织和个人参与环境保护和生态保护，进一步放开行政审批权限，进一步做好"大众创业、万众创新"平台建设工作。

二是建设宜居城市，改善城市生态环境。首先，控制特大城市规模，明确城市发展边界，既能有效保护耕地资源，又能遏制城市无序蔓延。其次，优化城市格局，鼓励特大型城市周边卫星城发展，城市规划向多中心城市转变，注重城市内三生空间融合，改善城市功能布局，实现产城同一、能住合一，进一步优化城市间交通体系，加大交通基础设施建设力度，加大交通绿化带建设，减少拥挤、噪音，降低通勤成本。在新城新市建设过程中，重视前期规划，鼓励公共交通，鼓励低碳交通。重视城市间协调发展，推进大、中、小城市一体化、城乡一体化、扩大生态定向建设和定向补偿范围。最后，进一步改善城市环境，推进城区之间绿屏建设，推进城市绿道建设和墙体、屋顶绿化建设，进一步推进建筑节能工作，鼓励地热、太阳能能源在大中型社区和公共建筑中的应用，鼓励新型节能、节水设施应用，进一步完善阶梯电价、阶梯水价制度，加大社会节约意识教育和文化供给。进一步推进山水城市、生态城市建设工作，进一步提升城市污水处理能力，重点治理城市环境问题。大力推进开放、创新、共享、协调的新型城镇化。

三是推动城市生活绿色化。以公共化、分享化、节约化为导向，大力推进城市生活绿色化。大力发展公共交通，鼓励绿色出行。有条件地区鼓励加大城市轨道交通建设力度，加大对特大型城市私人交通的限制力度，同时鼓励分享型经济的发展，鼓励基于"互联网+"共享型交通模式的发展。鼓励城市循环型服务产业发展，鼓励"互联网+"社区发展，推进社会内互帮互助和资源共享。加大城市园林绿地建设力度，重视城市水环境和湿地资源保护，进一步加大水环境和生态环境保护立法和执法力度。加大资源节约和环境保护的宣传力度，尤其加大高校和中小学教育中生态环境保护教育比重，尽快全面提升公民生态文明意识。

第十二章　推进资源能源节约集约利用

生态文明建设根本任务之一是保障自然资源有效存续。自然资源的丰度和可持续再生能力是生态系统健康有序运行的基础，也是支撑社会经济发展的基础。一些国家和地区的发展实践也已充分表明，生态环境破坏与自然资源开发利用存在深刻的内在联系：在缺乏有效的管理制度约束时，自然资源不合理开发和过度利用，特别是土地、能源、矿产和水资源的不合理开发和过度利用，是造成生态环境破坏的基本原因。当前及未来较长时期，我国面临一系列大有可为的重要战略机遇，但也面临经济社会与资源环境诸多矛盾叠加、生态安全风险隐患增多的严峻挑战。在此背景下，推进资源能源节约集约利用已经成为我国建设生态文明的重要使命。

一、加强资源节约高效利用

耕地、矿产、能源、水等自然资源日益短缺，已经成为制约我国经济社会发展的瓶颈。在未来很长一段时期，特别是在实现"两个百年奋斗目标"[1]

---

[1] "两个百年奋斗目标"是指中国共产党第十八次全国代表大会报告中指出的"在中国共产党成立一百年时全面建成小康社会""在新中国成立一百年时建成富强民主文明和谐的社会主义现代化国家"。

的时期内，我国经济社会发展还将产生较大规模的自然资源消耗，资源约束将替代资本约束，逐步上升为经济社会发展的关键约束。在全面深化改革、加快推进生态文明建设的背景下，工业化进程需要加强资源节约高效利用，以应对越来越严峻的资源问题。

(一) 加强资源全过程管理

新中国成立后、改革开放之前的一段时期，由于当时国家的经济体制是高度集中的计划经济体制，我国的自然资源管理部门分散、互相牵制、耗散管理，在受到国外经济封锁的条件下，我国"独立自主、自力更生"地展开了工业化建设，自然资源开发利用强调规模增长，由此导致自然资源管理侧重于资产化利用，并在较低的技术和管理条件下显现了高耗、低效、封闭的特征。

通过较长时期的实践探索，我国已经建立了一套门类较为齐全完整的、立足国内并以全球化的视角为主的、开放式的自然资源规划、勘探、开发、利用的综合管理体系，该体系将优化整合国际国内"两种资源"、衔接利用国际国内"两个市场"为基础，突出区域之间的资源配置和平衡发展，着力于资源效率与资源安全，为建立独立完整的工农业生产体系起了决定性作用，为国民经济发展提供了资源保障与社会服务。当然，总体来看，我国还应加强自然资源全过程管理。

第一，要加强水资源利用全过程管理。水资源是我国工业化进程中的约束性、控制性因素。[①] 因此，加强水资源利用的全过程管理势在必行。一方面，加强需求侧管理，严格控制和避免不合理用水需求。近年来，我国用水总量不断上涨，已由 2004 年的 5547 亿立方米涨至 2014 年的 6094 亿立方米，即将触碰到水资源利用的"天花板"——6700 亿立方米/年。在这种快速上涨的需求中，应严格甄别水资源用途，控制耗水量大而效率低下的行业用水量，逐步淘汰落后产能。加大节水技术和工艺的投入，重

[①] 陈雷：《实行最严格的水资源管理制度》，2015 年 11 月 9 日，见 http://news.xinhuanet.com/politics/2015-11/09/c_128409657.htm。

点发展节水农业、工业，推广节水型产品。此外，政府部门应加强落实水资源管理制度，"以水定需，量水而行"①，全面监督和引导经济发展与水资源相匹配，促进社会节水意识提高。另一方面，加强水资源供给侧管理。要更加重视开发利用再生水、矿井水、空中云水、海水等非常规水源，提高我国水资源禀赋，加强我国水资源的安全保障。再生水应取代常规水作为城市用水的主要来源，主要包括绿化、道路清洁和生态景观用水等，同时也要积极促进工业生产包括建筑业、钢铁产业、化工产业、火电产业等等重点耗水产业使用再生水，对于未能推进再生水利用的企业，要坚决不予批准新增取水。此外，应大力发展中水设施，促进再生水利用。

第二，要加强土地资源全过程管理。首先，要加强土地资源利用规划，做好土地资源的合理分类，从审批新增用地开始，强化土地资源的用途管制，要求使用者按规划严格执行土地资源的利用。其次，要优化国土资源利用结构，优化开发区要着重加强对存量的开发，重点开发区要发挥市场机制的重要作用，全面优化资源的配置，限制开发区和禁止开发区应严格控制用地增量。再次，加强土地资源用途监管和考核，主要通过强化土地执法力度，落实对土地用途的监督，严肃处理违规使用土地资源的企业和个人，并将土地资源利用情况纳入政府考核体系当中，强化政府的监督作用。最后，要广泛使用节约用地技术和生产方式，当前，国际竞争新优势越来越体现在技术革新能力上，积极开发和推广节约用地技术和生产方式是破解我国土地资源供需不平衡的重要手段之一。

第三，要加强矿产资源全过程管理。矿产资源是我国经济发展的重要物质基础，与工业化生产和社会生活都息息相关。首先，做好矿产资源的储量管理和价值核算，科学制定矿产资源开发利用规划，限制或禁止不合理的乱采滥挖，加大探矿找矿力度，保障国家矿产资源安全。其次，合理配置矿产资源。当前，我国矿产资源短缺不仅是资源禀赋的问题，还表现为资源配置不合理，造成的资源大量浪费和低效利用，因而应完善矿产资

---

① 中共中央、国务院：《关于加快推进生态文明建设的意见》，2015年4月25日，见 http://www.scio.gov.cn/xwfbh/xwbfbh/yg/2/Document/1436286/1436286.htm。

源市场机制,加强矿产资源的合理流动,形成较优或最优资源配置,实现矿产资源的最优耗竭。再次,加快发展绿色矿业,不仅要加强绿色矿山的建设,提高矿产资源"三率",还要将矿产资源开发过程中的环境代价大幅降低,促进矿产资源开发与生态环境保护和谐共进,实现"既要金山银山,又要绿水青山"。

(二) 加强资源高效利用

继党的十八大将生态文明纳入"五位一体"总体布局后,党的十八届五中全会又把绿色发展列入新发展理念。绿色发展是主动适应水、土资源承载力的科学发展模式,只有全面高效利用,才能减少由资源开发引起的系列问题,才能实现绿色发展。"十二五"时期特别是党的十八大以来,我国资源的高效利用已经取得了较为突出的成绩,但仍然落后于经济社会发展的需要,也落后于国际先进水平,我国仍有较大的空间和潜力来全面提高资源利用效率。[①]

第一,从政府决策者来看,要大力推进和落实资源全面高效利用的政策。目前,我国针对水资源、土地资源和矿产资源等自然资源已经建立起较为完善的资源管控规章制度,应尽快完善相关配套政策和法规,逐步淘汰落后、低效产能;同时应加大力度编制自然资源资产负债表,实行自然资源资产离任审计,从宏观层面来引导和促进资源的高效利用。

第二,从工业生产参与者来看,要加强企业高利用效率技术的创新。一方面,要加大力度引入行业领先技术,促进工业生产的高效化、现代化建设;另一方面,要加强自主研发能力,加大科研投入力度,引进技术人才、加大配套资金投入,同时对于行业领先技术应广泛推广,降低企业成本的同时,提高资源的利用效率。

第三,从社会公众来看,要加快树立节约资源理念。通过倡导合理消费,促进社会民众消除奢侈浪费之风,一方面缓解因过度消费而带来的资

---

① 姜大明:《全面节约和高效利用资源》,《人民日报》2015年12月8日。

源需求上升,另一方面降低资源消费带来的生态破坏和环境污染;通过开展反过度包装、反食品浪费、反过度消费来推动勤俭节约的社会新风尚形成,从公众参与的角度来提升资源的利用效率。

二、发展循环经济,推进节能减排

习近平总书记在《关于〈中共中央关于全面深化改革若干重大问题的决定〉的说明》中提出,"山水林田湖是一个生命共同体"。这句话深刻地警示我们:山水林田湖等自然资源与人类社会一样,是一个生命体,在开发、利用自然资源的同时,需要遵循自然资源自身的内在规律及协同特征,注重用途管制和生态修复,"还权利于自然"[①]。然而,在快速的工业化驱动下,我国自然资源的开发利用给自然生态环境造成了巨大的损害和破坏。我国工业化进程仍将继续,绿色、低碳、循环的资源开发利用道路才能更好地呼应我国生态文明建设。

(一) 推进节能减排

我国工业化进程中能源的利用存在着较大的问题,能源结构的不合理、效率低下直接影响着我国温室气体的排放量。2015 年 12 月 12 日,巴黎气候变化大会通过了由 195 个国家缔结的《巴黎协定》,该协定指出未来要将全球平均气温升幅与前工业化时期相比控制在 2℃ 以内,还要求发展中国家应根据自身国情继续强化减排力度,以期达到减排或者限排的任务。虽然我国目前已成为世界节能和利用新能源、可再生能源第一大国,然而我国长期以来的排放强度较大,因此要加大力度推进节能减排工作。

第一,控制总量、提高效率。我国能源消耗逐年增长,供需缺口也越来越大,从保障能源安全的角度来看,控制能源使用总量势在必行。我国

[①] 黄贤金:《关于创新自然资源管理体制的思考与建议》,《决策参阅》2014 年第 23 期。

能源利用效率低下，不仅低于世界发达国家水平，也低于同属发展中国家的印度。在这种背景下，应重点关注高耗能产业的节能低碳行动，推动高耗能产业的能效提升。譬如，可以适当减少火力发电规模，关停不合格火电厂；严格按照建筑节能标准规范建筑业产业发展等。通过总量和强度的双控，来推动节能减排执行。

第二，大力推广新能源、可再生能源的利用。我国的能源消费结构以煤炭为主，并且缺乏煤炭的高效清洁利用技术，我国清洁能源利用起步较晚，虽然绝对量较大，但在一次能源消费比例中仍然较低。因此，要大力发展新能源、可再生能源，加大风电、水电和核电项目的投入。在目前已有的技术条件下，应大力发展新能源交通系统，优化交运方式，促进新能源汽车行业发展，减少对不可再生资源的消耗。

第三，优化产业结构。重点要改造传统高能耗、产能落后产业，抑制高耗能、高排放产业过快发展，完善产业退出机制，促进产业结构优化升级。当前，我国处于工业化与信息化融合发展的机遇期，要紧密联系实际，积极利用先进、适用技术来促进产业高度化。

（二）大力发展循环经济

中共中央国务院关于加快推进生态文明建设的意见指出，要"在生产、流通、消费各环节大力发展循环经济"[①]，发展循环经济也是解决我国目前资源、能源问题的重要方式和手段之一。

第一，加大生产环节的资源循环利用。我国的传统工业化道路是一条粗放型的发展道路，是一种资源密集型的发展模式，工业生产活动低效率地消耗了大量资源。譬如，大部分的工业生产中，水资源是可以被重复、循环利用，然而由于水资源价格机制的不完善和资源节约意识不强，导致大量的水资源没能参与多次循环利用，造成了资源浪费。应从资源利用的源头加强循环利用，按照控制资源新取用总量的基本原则，切实加大生产

---

① 中共中央、国务院：《关于加快推进生态文明建设的意见》，2015年4月25日，见http://www.scio.gov.cn/xwfbh/xwbfbh/yg/2/Document/1436286/1436286.htm。

环节的资源循环利用。

第二，加大流通环节的资源循环利用。目前，我国资源的回收再利用系统仍然不够完善，应通过加大落实垃圾分类回收的推进力度。虽然分类回收的垃圾桶和标识无处不在，但执行的情况依然不容乐观，政府应加强引导和鼓励全社会民众自觉遵循这一原则，提升垃圾分类回收的实际成效，从而更高效地做好资源的再利用；此外，要充分利用"城市矿产"，对于工业化、城市化进程中所产生或遗弃的钢铁、有色金属、橡胶等资源要加以有效利用，不但能缓解城市的资源环境压力，也能促进循环经济发展。

第三，加大消费环节的资源循环利用。尽管我国消费者生态意识、环保意识近几年提高明显，绿色消费者群体数量正逐渐扩大，但是我国绿色消费仍处于发展阶段，譬如塑料袋的使用并没有得到根本性改善。应加大力度推广绿色消费，促进资源循环利用。首先，应根据不同的地域，因地制宜地进行绿色消费的教育。其次，应有计划地将绿色消费及环境保护等内容纳入学前教育、义务教育和高等教育体系中。最后，政府职能部门如商务部、工信部、环保部等多部门协调组织宣传绿色消费的重要性，全面促进资源循环利用。

三、完善我国自然资源管理制度的系统架构

随着全面深化改革进程的深入，我国坚持绿色富国、绿色惠民和有度有序利用自然，对加强自然资源管理制度建设提出了顶层设计和战略部署，为今后进一步加强自然资源资产管理供了系统架构和方向指南。加强自然资源管理尤其是完善自然资源管理制度，已经成为我国建设生态文明的重要任务。因此，面向生态文明的自然资源管理，必然要求进一步深化资源安全、生态安全、循环经济和绿色发展的理念，在资源开发、利用、分配和消费的过程中，实行源头严防、过程严管、后果严惩的制度安排，通过完善和创新资源管理的经济手段和政策工具，使之更加符合集约型资

源市场发展和自然资源参与国家宏观调控的需求，为人们建设"天蓝、水净、气清"的美丽中国和"山水林田湖"错落有致、相映成趣的绿色家园提供系统性的制度保障。

（一）以健全产权制度为前提，夯实"源头严防"的制度安排

《中共中央关于全面深化改革若干重大问题的决定》《生态文明体制改革总体方案》明确提出，要"完善产权保护制度"和"健全自然资源资产产权制度"。产权是所有制的核心，健全自然资源产权制度，是我国坚持和完善社会主义基本经济制度的内在要求和加快生态文明建设的迫切需要。结合当前我国自然资源产权制度建设存在的"虚化"和"弱置"问题，我们需要将自然资源物权界定作为产权制度建设的主体内容，在对自然资产进行系统化的确权登记、划清自然资源国家所有前提下，国家和地方政府行使所有权的责权利边界的基础上，规范产权界定、配置、交易和保护关系，矫正自然资源公共产权设置下"委托—代理"目标错位和权力失衡，为从源头上严格防范自然资源无序开发和低效利用提供制度前提。在健全自然资源产权制度的前提下，还需要加强改进自然资源管理制度，这是从源头上防范自然资源盲目、低效开发的基础性制度安排。完善自然资源管理制度，根本目的是要在公有自然资源的所有者与代表其进行资源管理的政府部门、企业及权力者个人之间形成相互配合、相互监督、协作共赢的服务于自然资源资产保值增值的激励和约束机制。在既定的自然资源产权设置下，改进自然资源管理，要承担并完成"突出一个角色，抓住一个关键，协调两种关系"的主要任务。

"突出一个角色"，即要依法确立国家作为自然资源资产监管的主体地位。要进一步依照宪法和各项专门法，有效区分所有权意义上国家对全民所有的自然资源资产实行所有权及其延伸的管理权利，以及作为资产管理者对自然资源资产行使监管权的权力。从责权利关系上看，资产所有者和资产管理者所追求的目标是不同的。这需要国家在实行自然资源资产管理时，既坚持所有者层面的资产效益最大化，也坚持管理者层面以全民利益

为依据加强监管，实现自然资源资产价值的保值增值。在此过程中，最重要的任务就是要实现管理与监督的分离，将资产管理者和监督者的身份界定于行政管理者的角色之外，在保证管理者具备充分的管理自主性、灵活性的同时，监管者也具备足够的条件和手段，通过建立垂直分布的纵向监督体系对自然资源资产的数量、范围、用途进行跟踪和审核，形成及时有效的资产本底登记和数据反馈机制，为加强自然资源资产管理提供真实可靠的信息支持。

"抓住一个关键"，就是要将有效实施自然资源用途管理制度作为自然资源资产管理的基点，从资源开发利用的前端实现高效的自然资源资产管理。我国宪法和各类自然资源管理法规对自然资源产权所有者和使用者都进行了严格规定。在健全自然资源产权制度的基础上，通过自然资源资产登记，自然资源的使用用途将得到明确界定。因此，对于不同种类、不同地域的自然资源使用，都要遵循资源用途适用范围进行开发，不得随意变更自然资源的使用用途。我国已经建立了严格的耕地用途管制制度，并划定了"耕地红线"。而对于一些林地、水域、海域、滩涂等生态资源的用途管制制度尚未建立，致使生产、生活用地不断扩张，生态用地和储备用地受到侵占。守红线更要"建"红线。[①] 严格控制其转为建设用地，确保生态空间面积的留存和增长。在此过程中，还要特别重视对各种具有代表性的自然生态系统、珍稀濒危野生动植物物种的天然集中分布地、有特殊价值的自然遗迹所在地和文化遗址等的自然、历史、文化遗产专属管理，通过完善国家公园体制和区、街（乡、镇）、村三级负责的"山长制""河长制"等自然资源用途管理机制，杜绝管理主体虚置或人为切割自然生态系统与野生动植物活动空间的管理体制，克服"监管分割、规则不一、资金分散、效率低下"的自然资源用途管理缺陷，使碎片化的自然保护地得到调整整合而得到系统化保护。

"协调两种关系"，就是要在自然资源资产管理中，正确处理好国有自

---

① 于猛：《守红线更要"建"红线——访国土资源部部长徐绍史》，《人民日报》2013年2月3日。

然资源收益权的公共利益所得的分配关系以及资产收益中的中央和地方的分配关系。要合理界定公有自然资源收益与分配关系，建立和完善自然资源资产管理的责权利协调机制，将制度建设和法律监督贯穿于自然资源资产管理的各方面和全过程，严厉遏制少数个人、部门通过权力寻租而导致的自然资源资产收益的分配不公，切实保障国家和集体作为自然资源所有者的根本权益。在当前快速的工业建设和城市开发的过程中，国家自然资源管理部门要特别防范一些地方政府、单位和个人以经济发展、城市建设等名号侵害农业用地、生态用地的行为，在土地等自然资源的领地征收、价格补偿和居民安置等环节要信息公开、程序规范、方法合理地保障人民群众与所拥有自然资源的产权关系及其对应的知情权、处置权、收益权和申诉权等法律和经济权利；与此同时，要根据事权财权相匹配的原则，深入研究和科学制定中央和地方政府对自然资源资产收益的分配比例，并基于绩效收益和资产保值增值的时序变化对这一比例关系进行动态调整，既体现产权所有者的合法权益，又兼顾资源所在政府和居民的合法权益，以保障和提升地方政府和当地群众参与自然资源资产产权管理的积极性。

（二）以资源有偿使用为重点，强化"过程严管"的经济手段

价格制度是有效调节自然资源优化配置的经济杠杆，在强化约束性指标管理，实行能源和水资源消耗、建设用地等总量和强度双控行动①中，具有重要的导向和约束作用。我国粗放型的经济发展模式和自然资源的无序开发、低效利用，从本质上讲，与未能健全全面反映自然资源资产价值和生态价值的价格与税收制度密切相关。我们要以价格和税收制度为重要突破口，改革自然资源价格和税收制度，既是按照市场经济规律调节资源优化配置的本质需求，也是事关资源所有者与开发者切身利益关系和我国整体经济发展质量的重要方面。要深化改革自然资源的有偿使用制度，必须统筹兼顾中央和地方政府、企业和消费者对自然资源价格和税收制度改

---

① 《中共中央关于制定国民经济和社会发展第十三个五年规划的建议》（二〇一五年十月二十九日中国共产党第十八届中央委员会第五次全体会议通过），《人民日报》2015年11月4日。

革的利益诉求,① 在改革中实现全社会范围的"卡尔多希克斯均衡",切实为我国加快转变经济发展方式提供持续的动力支持。

在自然资源价格改革方面,要突出三个重点:一是要必须坚持以市场化导向,按照价值规律和供求关系决定资源产品及其生态服务的价格,使价位作为反映自然资源稀缺程度和开发强度的"温度计""晴雨表",使自然资源价格发挥资源配置的信号和杠杆作用,为建立起统一、开放、公平、高效、有序的自然资源产品开发利用的现代市场竞合体系创造条件,切实解决在开发利用中资源无偿占有和垄断开发的问题。二是要突出价格改革的重点。要以制约土地、能源、水资源等重要基础战略性资源的价格改革为重要切入点和突破口,积极完善市场竞争机制,通过完善招投标和拍卖竞价等方式,优化自然资源的价格构成和价格水平,扭转"资源无价"的思想观念和低效开发模式。三是要重新审视自然资源及其产品价格的有机构成,在充分考虑资源开发、利用导致的生态环境损害成本和修复效益的基础上,改变当前价格制度忽略生态环境成本的现状,通过环境成本核算和自然资源资产的收益评估,将自然资源及其产品开发利用的生态环境成本内部化,并纳入自然资源价格中,形成科学的有利于资源节约利用和生态环境保护的自然资源定价机制。

在改革自然资源价格制度的基础上,对事关国计民生的自然资源,还需建立和完善自然资源及其产品的税收制度,运用税收杠杆作用使自然资源价值得到补偿。

首先,要进一步扩大自然资源税收的适用范围。当前,我国在资源税收方面只对原油、天然气、煤炭、其他非金属矿原矿、黑色金属矿原矿、有色金属矿原矿、盐等七类自然资源征税,其他种类的自然资源则处于免税状态,这势必刺激自然资源的无序、过度开发和巨大浪费,影响自然资源利用的质量和效率。要从全局性资源节约集约利用的战略高度,将保护性开发的林业资源、水资源、土地资源、草场资源、海洋资源等统一纳入

---

① 薄雯:《资源价格改革的意义及原则》,《光明日报》(理论版) 2012 年 10 月 19 日。

资源税的征收范围，提高资源型企业的生产成本和资源利用代价，以利益约束和市场规则引导企业从盲目的、无节制的资源利用转变为理性的、有规划的资源利用，从资源生产和产品消费的上游控制自然资源的开发强度和利用效率。

其次，要进一步调整实施差别税率和税收优惠政策。既要在提高非再生性、稀缺性资源的税率的基础上，将现行资源税计税依据由销售数量和自用量改为按实际生产量计征，又要依据严格的产品标准，[1] 从投资、生产、销售和研发等环节对有利于自然资源节约、循环和高效利用的经营活动采取差别化的优惠制度，减免或降低增值税、所得税或消费税等税率激励企业积极从事技术革新，采用清洁生产工艺、安装节能设备进行生产，并回收利用可再生资源。反之，对于在生产中严重损害、浪费资源的企业，则应加重其增值税、所得税税率，对以稀缺资源或以不可再生资源为原材料的消费品也应提高其消费税率。

再次，还需要进一步完善税收手段，在正税清费的同时，实现常规性手段与临时性手段的融合并用。资源税的运用要依据政府宏观调控的需要在建立健全的税收制度的基础上，形成制度化的有效运行机制，但是面对市场波动导致的不确定和政治、金融风险，政府也应备案并采用一些临时性的税收管理手段，以弥补市场变化凸显的制度缺陷，使资源利用具有灵活的税收政策保障。

(三) 以推行损害追责为保障，建立"后果严防"的管控措施

自然资源具有经济价值、生态价值和社会价值。在自然资源的开发利用中，企业和个人由于生产过程管理不足或者生产技术不能满足清洁生产和安全生产的要求，通常导致对资源所在地的自然资源及其他相关的企业和个人造成生态、财产和权益损害。在监管制度缺失和执行乏力的背景下，一些自然资源开发利用者对其外部不经济行为不承担经济责任，而是

---

[1] 李正宏：《以制度健全促进资源节约》，《人民日报》2013年7月12日。

转嫁给社会,由政府投资来实施资源保护和生态修复,逃避了应有的赔偿责任,导致了自然资源和生态环境不可逆的系统性破坏。

因此,依据"谁破坏谁恢复""谁利用谁补偿"的原则,建立自然资源损害的责任追究制度,促使自然资源损害的外部成本内部化,为各类自然资源破坏行为提供严格的制度约束,为保护自然资源的组织和个人提供有效的资金补偿和制度保障。

首先,进一步扩大自然资源损害的索赔主体。根据我国自然资源的产权安排和由此形成的资源管理制度,政府机构在自然资源损害赔偿诉讼中已经具备了起诉资格并可以行使自然资源损害赔偿的索赔权。面对自然资源开发利用中的各种资源损害和侵权行为,政府需要建立更加规范的自然资源损害赔偿起诉制度,在强化各类资源管理机构的权力诉求意识同时,赋予个人和团体必要的公益起诉资格,对资源勘探、开发、利用等环节出现的侵害所有权人合法权益的行为提起诉讼。

其次,拓宽赔偿范围。要在建立完整的、覆盖"预评价、损害评价、事后评价"的自然资源损害评价体系基础上,确立资源损害的赔偿内容。这些赔付内容除了损害治理期其他企业和个人的损失以及损害评估费用等之外,还应将损失的范围延伸到因自然资源受损而导致的因资源服务水平降低而带来的经济损失,以及将自然资源恢复到受损害前状态所需的代价。

再次,建立和完善自然资源损害责任的追究制度。对一些自然资源资产管理中盲目决策而造成资产流失和收益损害的决策者和当事人,要严格追究其法律责任,使各类自然资源资产管理受到法律的监管和约束。

当然,在建立自然资源损害的责任追究制度过程中,资源管理部门还需要进一步推行和落实自然资源资产绩效审计制度。作为自然资源管理的新形式,自然资源绩效审计是对自然资源及有关资金管理开展的绩效审计。这一面向自然资源管理的专项审计,致力于核实与披露自然资产及其关联的资金收益的利用与处置的规范性、合法性,着力解决自然资源开发利用中各种问题产生的原因,并形成有效的改进对策,将对促进资源保护和合理开发利用具有重要的监督、防范和调控作用。要实行自然资源资产绩效审计，必须进一步明确自然资源资产绩效审计的内容、明晰各项审计内容的分项标准以及确立审计结果的联动反馈机制。

第十三章 加大生态环境保护与治理力度

加大生态环境保护、治理和修复力度是保障经济可持续发展，建设生态文明社会的必由之路。生态环境是维持人类赖以生存的客观条件，工业化时代的到来冲击着生态资源和环境总量上限，打破了生态系统平衡。一方面，经济社会全面的高质量、高效益和高水平发展需要良好的生态环境来保障；另一方面，人民群众对新鲜空气、清洁水源和安全食品的需求日益增长，意味着生态环境治理工作更加紧迫。因此，加大生态环境保护与治理力度，首先，要做到守住环境质量底线和生态保护红线，控制主要污染物排放总量，减少生态破坏行为；其次，要治理和修复已被污染和破坏的地区生态环境；最后，通过生态保护补偿等长效机制的有效落实，逐步实现经济、生态环境和社会健康、友好、可持续发展。

一、严守环境质量底线，[1] 加大环境治理力度

党的十八届五中全会公报中指出，加大环境治理力度，要以提高环境

---

[1] 李克强：《不损害群众健康的环境质量是一条底线》，2012年1月5日，见 http://news.cntv.cn/china/20120105/102007.shtml。

质量为核心，实行最严格的环境保护制度，深入实施大气、水、土壤污染防治行动计划，实行省以下环保机构监测监察执法垂直管理制度。努力做到"不欠新账、多还旧账"，加大水、空气等污染治理力度。

（一）不欠新账，深入实施污染防治行动计划

1. 大气环境质量底线

我国大气污染防治工作经历了从点源污染向综合治理，从浓度控制向总量控制的两个"转变"。2013年9月12日，国务院正式公布了《大气污染防治行动计划》，设定到2017年全国PM_{10}浓度普降10%，京津冀、长三角、珠三角等工业集中地区$PM_{2.5}$浓度分别下降25%、20%和15%，全国空气质量"总体改善"的目标。[①]

从局部看，我国部分行业和地区大气污染排放总量得到有效控制，但从全局来看，大气污染形势依然严峻。数据表明，可吸入颗粒物占大气污染的七成以上，是造成雾霾等极端天气的主要因素。

表13-1 我国大气污染控制历程

年份	1970—1980	1980—1990	1990—2000	2000年至今
主要污染源	工业点源治理	燃煤、工业	燃煤、工业、扬尘	燃煤、工业、机动车、扬尘
主要污染物	烟、尘	SO_2、TSP、PM_{10}	SO_2、NO_x、TSP、PM_{10}	SO_2、PM_{10}、$PM_{2.5}$、NO_x、VOC、NH_3
主要控制措施	改造锅炉、消烟除尘	消烟除尘	消烟除尘、搬迁/关停/综合整治	脱硫除尘、工业污染治理、机动车治理、总量控制
主要大气污染问题	煤、尘	煤烟	煤烟、酸雨、颗粒物	煤烟、酸雨、光化学污染、灰霾/细粒子、有毒有害物质
大气污染尺度	工业行业	局地	区域	半球

资料来源：李培等：《我国城市大气污染控制综合管理对策》，2011年。

[①] 李培等：《我国城市大气污染控制综合管理对策》，《环境与可持续发展》2011年第5期。

深入实施大气污染防治工作，一是要划定大气环境质量底线，严格控制污染物排放总量和标准。一方面，要进一步细分"大气排放单元"，结合区域发展特征，尽快确立各地大气污染物特别排放限值。另一方面，要严格控制机动车尾气、煤炭燃烧废气排放，在全面推进"国五"油供应的同时，倡导绿色出行、使用绿色能源。二是要淘汰落后产能，鼓励生产企业转型升级。督促各工业区内详细评估企业产能，制订淘汰、转型升级计划表，对未能及时淘汰高污染低效率企业的地区，暂停新建设项目办理审批手续。三是要尽快建立 PM$_{2.5}$ 城市监测体系，落实领导干部责任考核制度。布局区域、省、市级 PM$_{2.5}$ 城市监测体系，做到污染天气心中有数，污染治理成果有据可依。

治理大气污染是一项长期复杂的工作，需要真正做到防控结合、防治结合，多管齐下、多方努力，一边推进产业结构的转型升级，一边注重末端治理，才能最终实现治理目标。

2. 水环境质量底线

2015 年 4 月，国务院印发了《水污染防治行动计划》，俗称"水十条"，共有 10 条、35 款、76 项、238 个具体措施，提出到 2030 年，全国七大重点流域水质优良比例总体达到 75%以上，城市建成区黑臭水体总体得到消除，九成以上城市集中式饮用水水源水质达优。[1]

根据污染表现形式不同，我国水污染问题可分为城市污水、工业废水和农村分散面源污染三类。毫无疑问，水环境质量底线是区域内水环境质量评判的标准，根据区域水环境容量进一步细化和完善水污染物排放量是治理水环境的第一步。

深入实施水污染防治工作，要将工作重点集中在"开发利用总量控制、用水效率提高和水功能区排污限制"三个方面。[2] 一是针对量大面广的城市污水而言，必须开展高效低耗处理技术的研究和示范。在提高污水

---

[1] 国务院：《关于印发水污染防治行动计划的通知》，2015 年 4 月 2 日，见 http://zfs.mep.gov.cn/fg/gwyw/201504/t20150416_299146.htm。

[2] 王金南等：《国家环境质量安全底线体系与划分技术方法》，《环境保护》2014 年第 7 期。

排放标准的基础上，一方面，加强配套管网设计，强化城市污水收集系统；另一方面，改进城镇污水处理设施，有效提高污水处理效率，确保排放的水质达到一级 A 排放标准。二是针对重点行业的工业废水，必须严格排放标准。合理布局高污染企业如造纸、焦化、印染类企业，勒令高污染企业进行清洁生产技术改造或污水集中处理，鼓励其他企业转型升级，实行严格的环境污染一票否决制。三是针对农村分散面源污染，增加控制技术的研究与集约节约综合示范区。一方面，推广低毒低害的绿色化肥，改进施肥技术，提高单位面积化肥使用效率；另一方面，合理规划住宅、养殖和种植区域，倡导发展循环农业经济。

3. 土壤环境质量底线

依据国家土地利用分类标准，全国土地可分为农用地、建设用地和未利用地，其中林地、牧草地和园地等已在生态功能红线中予以明确，建设用地多呈现点状分布而难以界定，1995 年制定通过的《土壤环境质量标准》已不再适应当前现实。

公开数据显示，我国耕地面积不足全世界一成，却使用了全世界近 40% 的化肥；我国单位面积的农药使用量是世界平均水平的 2.5 倍；全国受污染耕地已达 1.5 亿亩，占 18 亿亩耕地的 8.3%，大部分为重金属污染。

依据耕地土壤污染评价结果将土壤环境底线区分为Ⅰ类区、Ⅱ类区、Ⅲ类区。其中，无污染的划为Ⅰ类区；轻微污染、轻度污染、中度污染的划为Ⅱ类区；重度污染的划为Ⅲ类区。对确定为Ⅰ类区的耕地实行优先保护。确保Ⅰ类区耕地土壤环境质量不下降、面积不减少。对确定为Ⅱ类区的耕地，市县有关部门要加强土壤环境质量监测和农产品质量检测，及时掌握土壤环境质量和农产品质量状况，对重金属等污染物超标的农产品，要按照国家有关规定处理处置。对确定为Ⅲ类区的耕地，严格用途管制，禁止种植食用农产品。依据国家有关部署，按照"土尽其用""边生产边修复"原则，有序开展种植结构调整或退耕还林；在种植结构调整等措施落实到位前，要加强食用农产品质量检测，对重金属等污染物超标的食用农产品进行严格管控，不得进入食用领域。

（二）多还旧账，加大环境污染综合治理力度

第一，开展矿山环境恢复治理工作，尽快完善环境修复保证金制度。矿业活动带来了严重的环境污染和生态破坏问题，采矿区是众多污染问题集中爆发的区域之一。[①] 不仅是在矿产开发的过程中排放大量的废气、废水和废渣污染了周边环境和土地，矿业活动终止后的采矿废弃地更是给环境带来破坏性的影响。因此，要尽快完善环境修复保证金制度，健全环境保护责任追究制度，真正把环境恢复治理工作效果落到实处。针对开发中的矿山，要灵活收取矿山环境恢复治理保证金，督促采矿者改进生产方式，边生产边治理；针对已废弃的矿山，可增加治理保证金的提取比例，严肃追究开发主体的环境责任，严格治理成果验收标准。

第二，加快调整产业结构转型升级，关停并转一批高污染生产企业。环境污染综合治理应同经济发展的目标相协调，加快调整产业结构，集中整治高污染企业有利于从根本上改变"先发展，后治理"的环境污染困境。截至2015年第三季度，全国第一、第二和第三产业的累计增速分别为3.8%、6.0%和8.4%，较2014年同期分别下滑0.3%、1.4%和0.8%。大力发展生态农业（林下经济、观光农业等），生态工业（能量流动、资源循环等）和生态服务业（生态旅游、现代物流等），是增加产业附加值，应对经济新常态，保护生态环境的重要出路。另外，要重点排查造纸厂、印染厂、水泥厂等高污染企业，对于排污不达标的企业要求立即停产整顿，对于小企业、上下游企业可以适当进行整合或转型发展，对于排污大户且治污不力的企业坚决予以关闭。

第三，严格施工前环境评价流程，实现环境成本向企业内部转化。完善最严格的耕地保护制度、水资源管理制度、大气保护制度和环境保护制度。同时，加大环保制度落实力度，一旦企业在生产全过程中有任何逾越制度的行为，应能做到及时发现、及时整改。从发达国家经验来看，要想

[①] 张璐、黄德林：《完善我国矿山环境恢复治理保证金制度的若干建议》，《资源与产业》2012年第4期。

真正治理好环境问题，就必须实现污染物的总量控制，达到这一目的的最好方法就是将污染物减排成本内部化为企业成本。[1] 提高施工前环境影响评价工作在项目审批中的地位，对于环评结果将不达标的项目绝不立项，对于环评结果将追究评价主体终生责任。

第四，建立环境监管公众监督反馈机制，实行环保领域一票否决制。建立省级以下环保机构监测监察执法垂直管理制度，构建环境监测体系，同时还可以广泛吸纳公众，建立公众参与环境决策平台、公众参与环境监督平台和公众获得环境司法救济平台。凡是不利于环境保护、污染治理的决策实行"一票否决"。

二、划定生态保护红线，实施生态修复工程

生态红线是我国进行生态建设，协调经济发展的一项重要制度创新，覆盖生态系统格局到生态功能保护全管理过程。生态红线可以细分为生态空间红线、生态面积红线和生态管理红线。[2] 2015 年，环境保护部和中国科学院修订发布了《全国生态功能区划》（修编版），目的是进一步增加生态用地、保护和扩大生态空间。目前，我国自然保护区面积约占陆地总面积的 15%左右。[3] 科学划定生态面积红线，一方面要保护生态系统服务重要区域与生态高敏感区，保障国家生态安全，另一方面要在城市自然生态系统承载力范围内划定生态保护范围界限。配套实施重大生态修复工程，重点修复山水林田湖等生态环境，有利于增强生态产品生产能力，推进荒漠化、石漠化、水土流失综合治理。

---

[1] 成金华、吴巧生：《中国工业化进程中的环境问题与"环境成本内化"发展模式》，《管理世界》2007 年第 1 期。
[2] 饶胜：《划定生态红线 创新生态系统管理》，《环境经济》2012 年第 6 期。
[3] 高吉喜：《生态红线怎么划》，2013 年 7 月 27 日，见 http://www.forestry.gov.cn/main/3987/content-626855.html。

（一）划定生态保护红线，构筑生态安全屏障

生态系统是一个有机的连续的服务系统，以恢复生态环境为目的的生态建设也是一个长期的多元化的治理过程。划定生态保护红线要从生态安全、生态承载力、生态完整性等多方面进行，要筑牢生态安全屏障，坚持保护优先、自然恢复为主，实施山水林田湖生态保护和修复工程，开展大规模国土绿化行动。

第一，科学推进生态红线划定工作。生态红线是统筹我国生态建设全局的重要战略措施。首先，应当准确理解划定生态红线是遏制生态环境退化的客观要求，是优化国家生态安全格局的基本前提。[1] 生态红线不仅仅是严格管控事物的界限，更是灵活调控生态服务功能的桥梁。其次，划定生态红线要兼顾经济发展和城镇化建设。一方面，生态发展与经济发展是可以协调统一、互相促进的过程，合理划定生态红线范围，保障城市发展的基本空间。另一方面，城市群构成了独特的生态环境，兼顾城镇化地区生态特征是我国生态红线划定工作不可或缺的一部分。

第二，构筑"两屏三带"战略格局。"十二五"规划明确提出以"青藏高原生态屏障""黄土高原—川滇生态屏障"和"东北森林带""北方防沙带""南方丘陵山地带"为主的生态安全战略格局。保障生态安全格局的形成和生态服务功能的持续提升，首先，要加大生态工程建设的资金保障，形成国家补贴引导，为受益省市投资的生态保护工程建设基金。其次，协调周边区域减少经济活动对生态环境的影响，对于生态脆弱敏感地区要做好生态移民和生态产业转型多项工作。

第三，建立主次衔接的自然保护区。我国自然保护区从空间上分布不均匀，单个保护区功能单一，保护区之间不能形成良好的互动。截至2014年年底，我国共有自然保护区2729个，总面积147万平方千米，其中国家级自然保护区428个，面积96.52万平方千米。[2] 首先，要发动各大小保

---

[1] 杨邦杰、高吉喜、邹长新：《划定生态保护红线的战略意义》，《中国发展》2014年第2期。
[2] 王智：《从数字看中国自然保护区》，《光明日报》2015年5月8日。

护区清查内部生态资源，定期检测生态环境变化，以便灵活调整保护措施。其次，根据各保护区主要特征，充分考虑生物多样性特征，在区划上划定主要、次要保护功能区，形成核心保护区和保护缓冲区衔接配合的联动机制。最后，采取静态和动态相结合的保护模式。例如，可针对候鸟季节性迁徙的习性，根据时间段特征划定自然保护区核心功能。

第四，合理建设城市生态屏障。首先，要根据城市生态承载力评价结果，控制城市人口增长速度和规模，划定城市边界。[①] 其次，布局城市内外生态屏障。在合理规划城市功能区的基础上，布局公园、绿地和水面等生态资源，形成城市外部生态保护屏障与城市内部生态净化屏障内外联动。另外，按照生态容量和水资源供给空间合理配置工商业和居民区，减少环境容量较小和水资源供给不足地区对环境容量和水资源消耗较大的工业。发展节水工业和环境友好产业。

（二）实施生态修复工程，绿色循环低碳发展

第一，推进实施重大生态修复工程。重大生态修复工程旨在弥补工业化进程中已破坏的生态环境，并通过生态环境修复提升区域生态服务功能，恢复生态秩序。重大生态修复工程一般由国家层面主导实施，各级政府积极响应。从重点区域生态修复角度看，我国在京津冀风沙源治理和三北防护林体系的建设中取得了显著成效。从重点领域生态修复角度看，退耕还林、退牧还草等重点工程在各生态保护区内得到了有效落实。

第二，落实生态修复工程实施效果。建立长效监督保障机制是生态环境的"防腐剂"。重大工程建设步入正轨后，可移交至省级政府监管实施，并适当引进、扶持生态企业，促成当地群众生态就业。一方面可以减轻中央财政的压力，增加地方政府财政收入；另一方面也有利于生态修复工程建设效率的提升，有利于生态经济市场的形成。生态与人和谐共进，修复的生态功能得以长久保持下去。

---

① 生态屏障、功能区划与人口发展课题组：《科学界定人口发展功能区促进区域人口与资源环境协调发展》，《人口研究》2008年第5期。

第三，宣传生态储备意识，保障生态资源代际公平。生态环境具有整体性、连续性，一旦破坏便不可再生。因此，要积极宣传生态储备意识。领导干部要严把污染项目审批关卡，对有可能影响生态环境的项目坚决拒绝。人民群众要自觉履行生态保护责任，选择绿色生产生活方式。要为子孙后代留好青山绿水，避免后代为我们"先破坏，再修复"的行为付出更大的代价。

三、开展生态保护补偿，全面协调可持续发展

生态保护补偿是推进我国生态文明建设的一项重要制度保障。[①] 生态保护补偿的目的是通过生态环境的有效改善，最终促进经济与社会、人与自然可持续发展。[②] 健全我国生态保护补偿机制，对于实施主体功能区战略、促进欠发达地区和贫困人口共享改革发展成果，对于促进人与人、人与自然、人与社会和谐发展具有重要意义。

（一）生态保护补偿是生态文明建设的关键政策工具

我国的生态保护补偿工作内容逐渐丰富，补偿体系逐渐完善（如图13-1所示）。1978年，国家决定在西北、华北、东北风沙、水土流失灾害区分期建设防护林工程，标志着国家层面生态补偿实践开始，这一阶段是政府主导的环境治理实践。20世纪90年代，生态补偿实践主体扩大到企业和个人，全面推行资源有偿使用制度。1994年起，原油、天然气、煤炭及其他非金属矿原矿等从量征收资源税。此后，征税对象范围不断扩大，向水、森林等自然资源延伸。标志着生态补偿思路向适应市场规律方向转变，产权制度改革、激励性规制等手段广泛应用于生态补偿实践。

[①] 徐绍史：《国务院关于生态补偿机制建设工作情况的报告》，2013年4月26日，见 http://www.npc.gov.cn/npc/xinwen/2013-04/26/content_1793568.htm。

[②] 秦光荣：《改善生态环境就是发展生产力》，2014年1月16日，见 http://theory.people.com.cn/n/2014/0116/c40531-24133165.html。

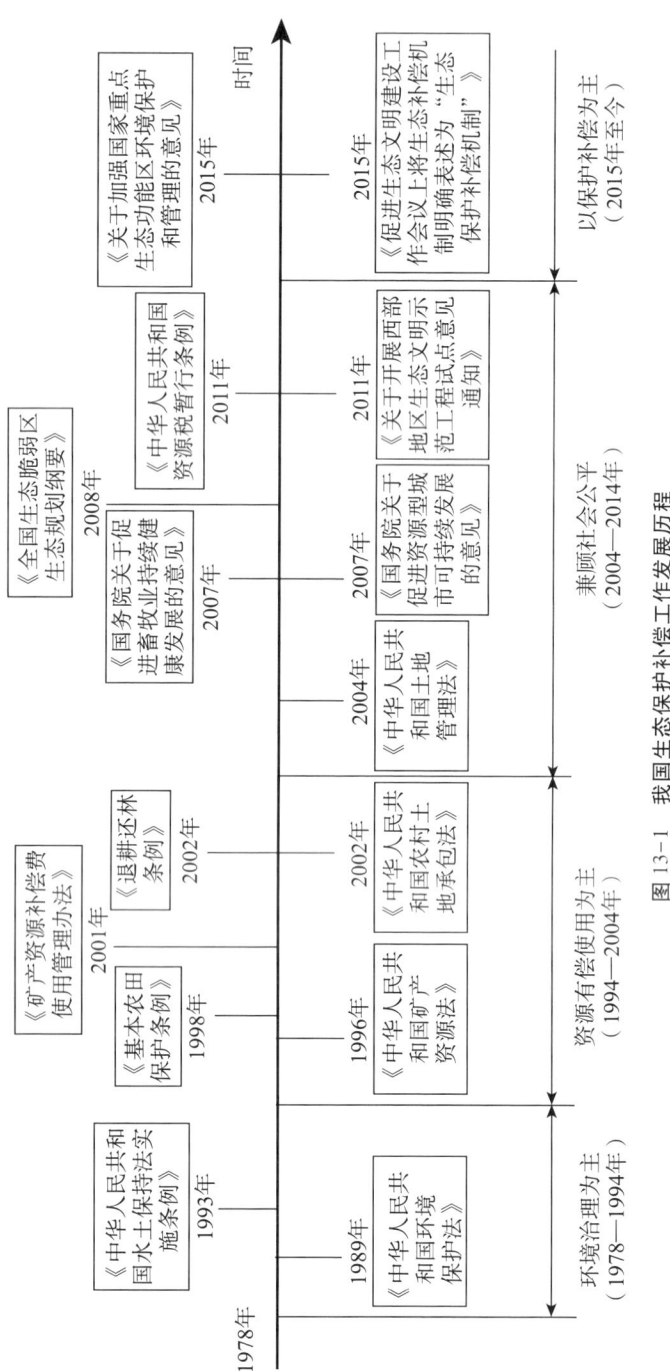

图 13-1 我国生态保护补偿工作发展历程

在环境问题凸显、生态资源日将受到损害的背景下，人们对生态服务价值的认同度提升，并在政府生态环境管理的具体实践中得到了更加具体和系统的政策体现。2005年12月《国务院关于落实科学发展观加强环境保护的决定》等均提及要在工作实践中保障好群众利益，标志着我国生态补偿实践进入了兼顾社会公平和经济发展的新阶段。

2015年，在促进生态文明建设工作会议上，将生态补偿机制明确表述为"生态保护补偿机制"，拓展了我国生态补偿实践内涵。环境保护部、发展改革委和财政部联合下发的《关于加强国家重点生态功能区环境保护和管理的意见》，提出要建立动态调整、奖惩分明、导向明确的生态补偿长效机制。

建立科学的联动的生态保护补偿机制，有利于倒逼循环经济、科技创新，是促进社会进步、经济持续发展、生态文明和谐的重要政策工具。

（二）建立健全我国生态保护补偿长效机制

1. 补偿思路

由于生态环境保护补偿在空间尺度、要素尺度、时间尺度和经济发展进程的步调不一致，导致生态补偿工作具有复杂性和特殊性。补偿主体、补偿方式和补偿标准需要依据实际情况一一界定。在补偿效果的监督保障方面，需要全盘考虑，精心设计。

总结国内外生态补偿的实践经验，生态补偿思路可以从四个方面展开：空间尺度、要素尺度、市场化程度[1]和时间尺度。空间尺度由全球、区际、地区性和局地四个维度构成，表示了生态补偿方案实施的地域范围。要素尺度由森林、草原、矿产、流域、湿地和海洋[2]六个要素构成。另外，根据生态保护补偿方案市场化程度的不同，可以分为政府行动和市

---

[1] 王金南、万军等：《中国生态补偿政策评估与框架初探》，中国环境科学出版社2006年版，第13页。

[2] 刘晓慧：《关注新常态下缺位的生态补偿制度》，2015年3月14日，见 http://www.mlr.gov.cn/xwdt/jrxw/201503/t20150316_1345197.htm。

场机制两类。① 最后，考虑方案实施的期限以及补偿效果的滞后性和影响力，可将时间尺度简要划分为短期、中期、长期三个阶段。

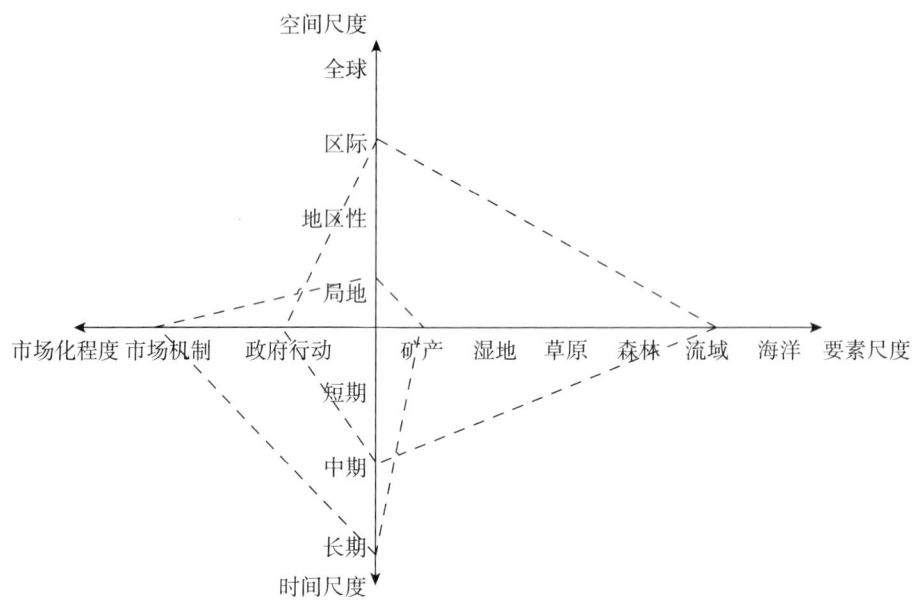

图 13-2　生态补偿方案设计思路

如图 13-2 所示，局地的矿产资源生态补偿可以通过市场机制中资源环境保证金的形式实现。② 但由于矿山环境治理持续时间长，治理效果要在一定时间后才能体现，在补偿方案制定时也必须考虑保证金"征收—补偿—反馈"的长效机制。一般情况下，流域生态补偿方案涉及多个区域，生态补偿工作的开展往往需要多地政府达成共识、协同合作，③ 循序渐进地达成经济发展和流域环境保护治理的可持续发展目标。

2. 总体框架

构建我国生态保护补偿机制应当遵循"科学界定—合理补偿—有效监

---

① 王金南：《建立环境经济政策体系，推动又好又快发展》，2008 年 1 月 15 日，见 http://news.sina.com.cn/c/2008-01-15/160013264471s.shtml。
② 李国平、张云：《矿产资源的价值补偿模式及国际经验》，《资源科学》2005 年第 9 期。
③ 徐大伟等：《基于演化博弈的流域生态补偿利益冲突分析》，《中国人口·资源与环境》2012 年第 2 期。

督"的过程。立足当前国情，响应中央号召，以重点突破和整体推进作为工作方式，探索创新多元化的生态保护补偿长效机制。

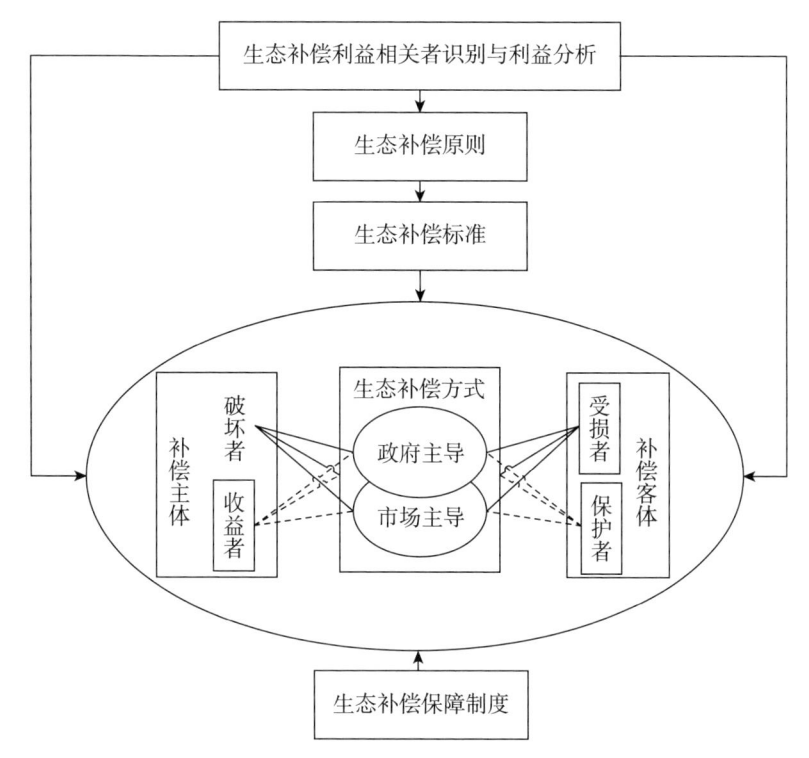

图 13-3　生态保护补偿制度的总体框架

发挥政府和市场双重机制作用是生态补偿持续运行的重要条件（如图 13-3 所示）。我国生态格局尚未形成，生态环境牵一发而动全身，所要涉及的生态补偿层次复杂，主体众多，必须由政府统一规划，及时协调各区域之间的生态利益，保障主动脉和主静脉的供血充足。市场模式下的生态补偿主要以项目为载体，类似于生态补偿机制中的毛细血管，在微观上全面、高效地促进生态文明建设目标的最终达成。

以主体功能区为基础视角，构建"分类、分区、分级"的生态补偿运行机制是推进生态保护补偿管理实践的有效保障。分类补偿要求针对重点领域生态资源进行翔实的核算，对水资源、森林资源、矿产资源等生态服务价值和补偿标准进行细化评估，布局科学合理的生态补偿模式。分区管理要求发挥生态资源的整体效益，提高补偿实施效率。可适当在各重点生态功能区设立生态补偿协调委员会，负责界定本区域内补偿主体和补偿客体，探索包括生态标记，排污权、碳权交易、生态农业、旅游等方式的市场补偿模式和社会参与补偿模式的有机结合，整合区域内可利用的生态补偿资源。分层推进要求在各生态功能区生态补偿协调委员会的基础上，协调发改部门、环保部门、住建部门、林业部门、水利部门、农业部门、国土资源部门分工、分级推进，由中央财政、省级财政、市级财政、县级财政至乡镇一级财政逐级落实。

生态补偿工作要促进生态消费市场的形成。初期需要政府的大力宣传和政策倾斜，培养公民的生态意识；随着市场的成熟，生态交易进入良性循环，政府可以逐渐放手，以减轻财政负担。要在守住重点生态功能区建设的同时，鼓励社会资本渗透进生态补偿市场，形成东部和西部生态、经济协同发展的格局。

（三）全面落实生态保护补偿政策实施效果

今后十年乃至更长时期，是全面推进生态文明建设、实现调结构转方式目标的重大机遇期，是实现科学发展、跨越式发展的黄金增长期，必须抢抓机遇、乘势而上。在今后的生态补偿工作中，应当努力构建层次分明、覆盖面广、持续性久的三维生态补偿体系。以政府补偿为主导，积极推进生态补偿的市场化进程，丰富生态补偿参与主体，为全面促进生态文明建设提供基础。

一是要立足全局，完善生态保护补偿保障体系。首先是要完善布局生态功能区规划，森林生态效益补偿、草原生态补偿、湿地生态补偿、资源开发补偿和生态功能区转移支付等五项工作齐头并进，协调好各功能区域之间、企业和开发地区之间的利益分享关系。与此同时，生态功能各区域间需密切交流。环境要素的循环特征决定了生态资源环境具有连通性，牵一发而动全身。如流域上下游之间分布的生态功能区，需要围绕自然要素流动的主要特征，通力合作，协调管理。其次是要构建分类分区分层协调机制。对森林资源、水资源、生物资源的生态服务功能进行翔实的核算，以生态功能区作为管理单位，负责界定本区域内补偿主体和补偿客体，探索包括生态标记、排污权、碳权交易、生态农业、旅游等方式的市场补偿模式和社会参与补偿模式的有机结合，整合区域内可利用的生态补偿资源。各生态补偿工程、方案经批准实施后，由发改部门、环保部门、住建部门、林业部门、水利部门、农业部门、国土资源部门分工、分级推进，由中央财政、省级财政、市级财政、县级财政至乡镇一级财政逐级落实。

二是要整合资源，建立市县两级的补偿基金。第一，要整合重点生态工程融资渠道。针对目前我国的实际情况，可以改变传统的由国家财政统一出资建设及维护重点生态工程的现状，扩大融资领域，整合融资渠道，使重点生态工程与社会实际生产结合，延伸产业发展。以国家财政为基础，同时引入民间资本，让民间投资获利，同时必须坚持重点生态工程的根本作用不可变，以不改变我国基本政策要求为前提，让更多的公民获得最大的利益。第二，巩固生态扶贫建设成果，促进改革阶段成果转产转型。当下中国经济形势面临下行压力，要正确面对经济"新常态"，做好新形势下我国经济产业的转型升级，实现经济平稳增长。要加快实现生态产业发展，在现有基础上，实现生态农业、生态工业、生态服务业的又好又快发展，采用循环经济模式，深入密切配合产业转型，使我国经济产业发展更加健康高效。

三是要巩固成果，完善生态补偿法律体系建设。第一，要推动生态保护补偿立法进程，让生态保护补偿工作有法可依，使生态补偿工作能在一个更高的平台上发挥改善和生态环境的作用。第二，要加快制定行业生产技术规范，相关行业协会可作为行业生产技术规范融入生态保护补偿工作的主持人，在已有的工作经验基础上，集思广益，并在今后的实际工作中监督完善，在行业内形成绿色、高效、规范的生态生产技术。这将有利于生态补偿工作的顺利进行，早日实现资源节约型、环境友好型社会。第三，完善群众参与民主监督制度。政府可以通过举行公听会的方式，将拟定的生态补偿政策内容公布给参加会议的利益相关方代表，听取公众的评价。对于合理化的意见和建议，政府应予以采纳。此外，还可以通过专家论证会的形式实现公众参与，邀请环境保护方面的专家参与论证咨询，这样就可以很好地保证生态补偿政策或规划的科学性。

第十四章　建立高生态效率的技术创新体系

技术创新是工业化进程及其物质财富创造的重要源泉。在工业文明时代，技术创新锁定市场需求，强调将技术成果物化为产品、工艺或服务，并不断追逐经济价值的增长。在收益最大化的目标驱使下，生产者不惜强化技术创新对资源的掠夺和环境的破坏，引起越来越严重的生态环境问题。这种"技术异化"的最终结果就是将人类自身推向了自我毁灭的边缘。在大力建设生态文明的背景下，如何看待技术创新的生态与环境效应已经成为关键而迫切的问题。面向资源节约和环境友好的现实需要，建立高生态效率的技术创新体系，以降低能源、水、土地消耗强度，提高资源利用效率，修复生态环境，是破解我国资源环境约束进而推动生态文明建设的战略支撑。

一、我国技术创新体系中存在的问题

技术进步被认为是生态文明建设成败的关键问题。[1] 但是，技术进步

---

[1] 毛明芳：《论生态文明的技术构建》，《自然辩证法研究》2008 年第 10 期。

与生态文明建设之间的关系更全面的理解是：技术进步并不必然实现生态文明，但生态文明建设必须依赖技术进步。人类文明发展史本身也是一本技术发展史，从原始文明到农耕文明，再到工业文明，技术的突破性发展促使文明的更迭。技术的进步带来了人类社会物质的繁荣，应该看到，技术进步是一把双刃剑，目前人类社会面临的自然环境危机在很大程度上应归咎于技术问题。技术本身无对错，技术的发展也有客观规律，技术进步一定要有正确的人文思想指导，否则进步的技术会导致人类社会的全面退步。当前，人类社会发展面临着一系列的技术瓶颈，如果要尽可能降低传统技术对生态环境的冲击，实现资源环境保护与工业化发展的共同进步，必须在技术方面有较大突破。

(一) 传统技术创新体系中存在的问题与不足

尽管近年来我国高生态效率技术创新体系发展迅猛，成果显著，但总体来看，与建设生态文明的要求相比，与世界先进水平相比，还存在诸多不足。

一是研发经费投入量低于发达国家水平（如图 14-1 所示）。2007 年，中国研发经费投入量为 341 亿元，仅为日本的 41.7%、美国的 12.9%。近几年来，中国研发经费快速增长，截至 2013 年，中国研发经费投入量为 1047.59 亿元，是日本的 1.3 倍，与美国研发经费投入量的差距也缩小了 23.76%。但是，中国研发经费投入量占国内生产总值的比重小于美国和日本。2007 年，中国研发经费占国内生产的比重为 1.4%，低于美国的 2.84% 和日本的 3.46%。2013 年，中国研发经费占国内生产的比重为 2.03%，增长速度较慢，与美国和日本还存在一定差距。

二是我国产业升级面临较大压力。在新一轮科技革命和产业变革推动下，新的国际产业分工和价值链格局正在形成。发达经济体加快战略调整，推动"再工业化"和制造业回流，对我国产业向价值链高端环节发展构成巨大压力。其他新兴经济体和发展中国家利用生产要素相对优势大力发展劳动密集型、资源密集型等产业，在相当长一段时期内对我国中低端

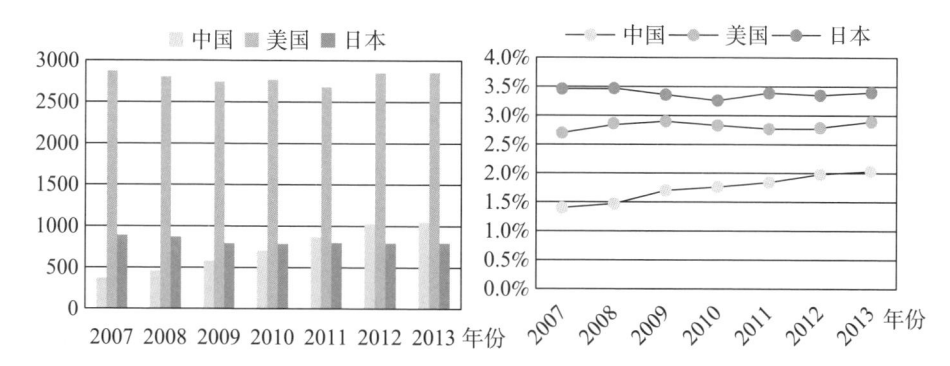

图 14-1　中国、美国、日本研发经费和所占国内生产总值的比重

资料来源：《2014 中国高科技统计年鉴》。

产业形成挑战。与此同时，国际金融危机后国际规则新体系与全球治理新机制正在重构，如何提升我国在国际标准制定、国际贸易与投资谈判等方面的话语权，将会对我国工业竞争力产生深远影响。

三是我国工业主体的技术水平与国外先进水平有差距。我国社科院工业经济研究所的一项研究表明，若将我国工业制成品按技术含量低、中、高的次序排列，发现国际竞争力大致呈 U 型分布，即两头相对较高，而中技术行业主体在国际上的竞争力较低，如化工、材料、机械、电子、精密仪器、交通设备等，这些产业是决定工业技术整体素质的关键基础部门。在国际竞争中，这类产业决定着竞争的下限，如果这类产业科技含量低，那么该国产业链的低端和高端产业则缺乏底气。[①]

四是我国工业化进程是以重工业化为特点，重工业化在提升综合国力的同时也存在资源能源消耗大、生态环境破坏的副作用。但重工业化也为解决生态环境问题，推进生态文明建设提供了物质基础。由于市场机制不完善、企业创新动力不足等原因。长期以来，我国企业创新能力不足，工业发展主要依靠成本优势，通过引进技术和管理迅速形成生产力来实现规模扩张，不重视核心科技，产业附加值较低，处于全球产业链的中下游。

---

① 金碚、李鹏飞、廖建辉：《中国产业国际竞争力现状及演变趋势》，《中国工业经济》2013 年第 5 期。

当下中国资源环境问题日益严重，工业仅依靠成本竞争，而忽视核心科技是不能满足科学发展的要求。科学发展的核心是以人为本，社会发展的终极目标是满足社会成员的物质和文化需要，无论是发展何种经济形态，都不应该违背这个宗旨。① 高生态效率技术创新重视经济效益与生态保护的和谐统一，更加符合经济、社会、自然客观发展规律。

五是重要低碳领域专利申请数量较少。虽然近年来我国专利总量增长迅猛，但是在低碳领域的专利申请数量较少。2004 年，我国低碳技术专利申请量不足 1000 件，2013 年申请量超过了 40000 件。但是，我国在建筑、工业节能技术领域申请量较多，在先进交通工具技术领域申请量偏少。② 在先进交通工具领域，如新能源汽车、新能源飞行器等领域，我国专利仅占世界的 5%。另外，我国掌握的低碳领域核心技术专利较少。太阳能产业是我国发展较快的高技术产业，企业、大专院校和研究机构对太阳能的研究和应用十分积极。但关注点仅在于太阳能热水器的部件、附件和光伏发电的构件、零部件，未掌握核心技术。

（二）我国区域技术创新水平与生态文明建设水平发展不均衡

生态文明水平与经济发展水平呈现正相关关系。我国各地区的生态效率呈现由沿海向内陆、由东部向中西部递减的格局。各地区生态效率的空间分布表现出一定的空间集聚的特征，东部生态高的省份呈现出一定的集聚，西部地区生态效率低的省区也是连片分布。③

区域环境技术创新能力是决定区域产业发展水平、经济实力增长的关键，是区域可持续竞争优势的源泉。④ 根据相关研究，我国 30 个省市科技

---

① 王淼：《"循环"与"低碳"是实现可持续发展的两翼——访北京师范大学资源学院教授刘学敏》，《中国改革报》2010 年 4 月 28 日。
② 国家知识产权局：《我国低碳技术专利发展态势良好》，2010 年 5 月 28 日，见 http://www.sipo.gov.cn/mtjj/2010/201005/t20100528_520334.html。
③ 成金华等：《中国生态效率的区域差异及动态演化研究》，《中国人口·资源环境》2014 年第 1 期。
④ 范群林、邵云飞、唐小我：《中国 30 个地区环境技术创新能力分类特征》，《中国人口·资源环境》2011 年第 6 期。

创新能力可划分为四类。

第一类地区有黑龙江、贵州、内蒙古、云南、海南、甘肃、宁夏、新疆、青海、西藏，这类地区科技创新能力最弱。在 2014 年全国各省区 GDP 排名中，这 10 个省区均位于榜单末尾。根据本书笔者 2015 年的阶段成果，除海南省外的 9 省生态文明综合评价指数排在第 21 位至 31 位，生态文明发展水平相对较低。这类地区大多分布在我国西部，经济基础较差，生态环境遭受破坏的风险较大。这类地区教育落后，技术创新意识、生态保护意识等方面都欠发达，政府对科技方面投入较少，学校科研机构科研能力较差，环保行业发展滞后。

第二类地区有河北、安徽、江西、山西、河南。这类地区的技术创新能力比第一类地区强，生态文明发展水平较差。这 5 个省区均位于中部地区。在 2014 年全国各省区 GDP 排名中，除山西省外，其他 4 个省均位于前列，河南省和河北省分别位于第 5 位和第 6 位。在生态文明建设方面，这 5 个省位于全国各省区的末尾。这 5 个省区矿产资源丰富，拥有大量的矿业城市，且人力资源丰富，因此经济发展较快，处于工业化较快发展的阶段。但由于在工业化过程中忽略了生态保护问题，存在着资源粗放使用等问题，环境破坏问题越发严重。这类地区高等院校、研究机构较少，科研能力较差，环保意识、技术创新意识欠缺。

第三类地区有天津、山东、湖北、湖南、四川、辽宁、吉林。这类地区的技术创新能力较强，生态文明发展水平较高。这 7 个省区均位于东中部地区，在 2014 年全国各省区 GDP 排名中位于前列。在生态文明建设方面，也位于全国前列。这类地区经济实力较强，高等院校科研机构较多，政府和企业对科技创新的投入大，有良好的创新环境，集聚了大量创新人才，获得的科技进步成果也较多，并能迅速投入到环保产业中。

第四类地区有广东、北京、上海、江苏、浙江。这类地区技术创新能力最强，生态文明发展水平最高。这几个省市是我国经济最为发达的地区，制造业和服务业等高附加值产业发达。在生态文明建设方面，浙江省排名全国第一，其余 4 省市均排名前十。这类地区已经形成了"低消耗、低污染、高效率"的集约型经济增长方式。这类地区经济实力雄厚，政府和企业对科研投入大，政府对生态保护力度大，拥有大量科研机构，环境技术创新成果显著，居民生活水平高，环保意识强烈。

二、高生态效率技术创新体系是生态文明建设的驱动力

（一）建立高生态效率技术创新是经济平稳上行的内生动力

我国已经进入经济发展的新常态，从高速增长的状态转向中高速增长，这个趋势今后可能还会继续，经济增长的放缓又会导致社会矛盾增加，引发新的发展问题。如果经济发展的动力出现衰减，而效率没有提高，经济下行的趋势就会不断加剧，会出现所谓的失速现象。[1] 过去30年我国经济是规模速度型的粗放型增长，主要依靠要素驱动。长期依靠物质要素投入推动的经济发展方式是不符合客观经济规律的，难以持续。我国经济发展应该转向质量效应型的集约增长，只有通过"创新驱动"才能推动经济的可持续发展。

（二）建立高生态效率技术创新体系是抢抓重要战略机遇期的必然要求

在经济全球化大背景下，各国对生态环境的关注和对自然资源的争夺日趋激烈，其背后伴随着巨大的经济利益、政治利益和发展权益之争。[2] 各国对绿色技术创新越来越重视，2008年金融危机后，西方发达国家抓紧时机进行技术创新，为经济复苏寻找新的引擎。2009年1月20日，美国总统奥巴马公布了节能减碳、降低污染的绿色能源环境气候一体化的振兴经济计划，这个计划中一半以上项目涉及能源产业，每一项都与能源有

---

[1] 吴敬琏：《政府不要什么事儿都管》，《21世纪经济报道》2015年第1期。
[2] 张高丽：《大力推进生态文明 努力建设美丽中国》，《求实》2013年第24期。

关,能源产业的转型和发展是奥巴马经济复兴计划的核心,奥巴马新政的目的就是要通过新能源产业革命的方式再造美国增长。[①] 欧盟、日本等国家与组织也将绿色技术创新纳入国家战略的范畴。我国正在进行新型城镇化、新型工业化、农业现代化、信息化和绿色化发展进程,对资源和能源有巨大需求,同时对建设"绿水青山"有更多期待。绿色技术创新,将使人类获取经济效益和社会效益的同时,获得最大的生态效益。只有紧紧抓住新的科技革命的契机,加大研发和推广绿色技术的力度,才能实现跨越式发展。

(三)建立高生态效率技术创新体系是破解能源瓶颈的有效途径

今后 50 年,我国十几亿人口通过现代化走向小康,这将对地球的有限资源带来新的挑战。环境污染,能源资源不足,这些问题实际上决定了我国必须进行能源转型,必须发展清洁能源。[②] 绿色技术创新从能源节约、提高能源利用效率和开发利用新能源三个方面来提高能源利用效率,同时降低能源消耗强度。破解能源瓶颈的绿色技术涉及三个层次:一是基础性研究(新材料、新工艺、新概念的创新),二是新技术的创新(电动车技术、海洋能利用技术、储能技术等),三是对重大工程项目和战略性产业的支持(新能源的勘探、节能技术与工程、智能电网技术等)。[③] 加快绿色技术创新成果转化,将是破解能源瓶颈的有效途径。

(四)建立高生态效率技术创新体系是解决环境问题的根本途径

工业革命以来的工业化进程,极大地提升了劳动生产率,丰富了社会

---

① 武建东:《奥巴马经济振兴计划的命脉》,《大地》2009 年第 7 期。
② 梁志鹏:《污染迫使中国发展新能源》,2014 年 11 月 6 日,见 http://js.people.com.cn/n/2014/1106/c360300-22831817.html。
③ 科技部社会发展科技司:《绿色发展与技术创新》,科学出版社 2011 年版,第 37 页。

产品。伴随工业化进程的是严重的环境污染问题。有一种错误的观点认为，发达国家、地区在工业发展到一定程度后，才开始重视环境问题，因为有充足的财富可以推进可持续发展；对于落后国家、落后地区来说，推进可持续发展则是一种"奢侈"，各国所走的实际就是倒 U 型的环境库滋涅茨曲线所描述的"先污染后治理，先破坏后建设"的道路。① 我国建设生态文明具有制度优势，生态文明建设中的绿色技术创新不仅注重环境问题，更重视发展问题。

（五）高生态效率技术创新是履行国际环境公约和国家环境外交的重要保证

各国将生态环境保护作为追求可持续发展的重要内容，一系列具有里程碑意义的国际公约相继问世，我国已经签署了包括《联合国气候变化框架公约》《联合国防治荒漠化公约》《生物多样性公约》等一系列国际公约。国家在履行这些国际环境公约时迫切需要全面、翔实的科学数据和研究结论作为科技支撑，特别需要研究与公约相关的科学问题，提供准确的科学信息和对策方案，以维护我国的合法权益，树立我国良好的国际形象，为社会经济发展创造良好的外部环境。

三、我国建立高生态效率的技术创新体系的基本途径

高生态效率的技术创新体系是建立在传统农业文明技术体系、工业文明技术体系基础上，以生态文明为价值导向，充分运用现代科学成果，按照生态学的基本原理，遵循生态优先原则，对现有农业、工业、信息技术体系的全面创新。其基本特点是贯穿绿色、生态、节能、环境保护、低碳、精细、循环等生态文明理念。不同地区生态文明建设所依赖的技术并不相同，重点生态功能区更依赖于生态环境的保护、修复与整治技术、环

---

① 刘学敏：《转型·绿色·低碳——可持续发展论集》，经济科学出版社 2013 年版，第 311 页。

境动态监测与预警技术等,而工业化地区则更依赖于资源能源相关技术的突破(如图14-2所示)。

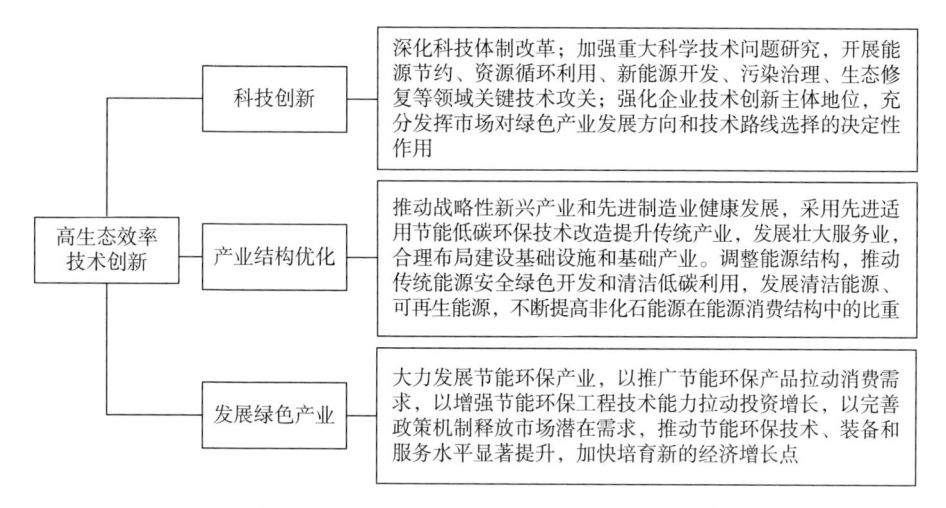

```
                    ┌─ 科技创新 ──── 深化科技体制改革;加强重大科学技术问题研究,开展能
                    │                源节约、资源循环利用、新能源开发、污染治理、生态修
                    │                复等领域关键技术攻关;强化企业技术创新主体地位,充
                    │                分发挥市场对绿色产业发展方向和技术路线选择的决定性
                    │                作用
高生态效率 ─────────┤
技术创新            │                推动战略性新兴产业和先进制造业健康发展,采用先进适
                    ├─ 产业结构优化 ─ 用节能低碳环保技术改造提升传统产业,发展壮大服务业,
                    │                合理布局建设基础设施和基础产业。调整能源结构,推动
                    │                传统能源安全绿色开发和清洁低碳利用,发展清洁能源、
                    │                可再生能源,不断提高非化石能源在能源消费结构中的比重
                    │
                    └─ 发展绿色产业 ─ 大力发展节能环保产业,以推广节能环保产品拉动消费需
                                      求,以增强节能环保工程技术能力拉动投资增长,以完善
                                      政策机制释放市场潜在需求,推动节能环保技术、装备和
                                      服务水平显著提升,加快培育新的经济增长点
```

图14-2 我国建立高生态效率技术创新体系的措施

资料来源:根据相关资料整理。

(一)推动战略性新兴产业和先进制造业健康发展

科技进步是工业的灵魂,工业是科技进步的躯体。[①] 工业发展走向更高文明阶段的直接表现就是:以持续创新和"革命"的方式实现经济社会发展过程。工业的本性是创新和革命的,而转型升级是技术创新和工业革命的基本路径。依靠创新驱动发展是我国走新型工业化道路,打造工业4.0的大背景。

1. 走新型工业化发展道路,推进信息化和工业化深度融合

信息化是人类第三次科技革命的显著标志,信息化与工业化的结合是解决传统工业化道路资源环境问题的核心方法,能否把握住信息化大潮被认为是关系我国能否利用后发优势在经济和技术上赶上发达国家的关键机

---

① 金碚:《工业的使命和价值——中国产业转型升级的理论逻辑》,《中国工业经济》2014年第9期。

遇。信息化制造技术，即信息技术和制造技术结合成型的技术。信息、能源和材料是人类社会发展的三大资源。近半个世纪以来，信息技术为信息资源的开发利用提供了载体，信息技术的不断发展，极大地解放了生产力，为经济增长、发展方式转型和产业升级起到了巨大的推动作用（如图14-3所示）。

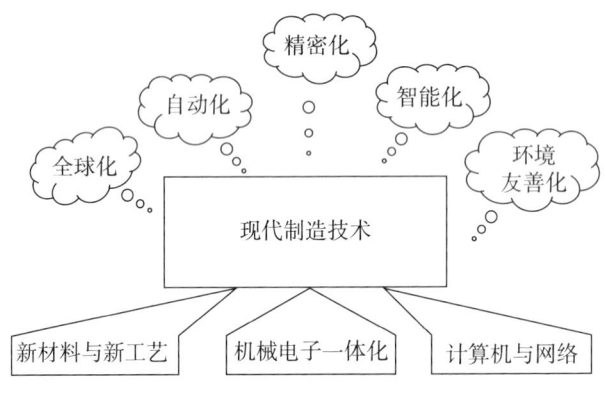

图 14-3 现代制造技术的特征

资料来源：路甬祥：《创新的启示——关于百年科技创新的若干思考》，科学出版社2013年版。

信息化制造技术为生态文明建设提供综合性、高端性技术支持。信息化的发展正在显著改变工业产品的设计、生产与流通过程，尤其互联网的发展，使得工业生产更加节约高效，这就降低了工业化对资源能源的消耗。我国正在实施网络强国战略，推动"互联网+"行动计划。在生态文明建设过程中，互联网与生态技术的结合将是行业发展的重点，一些潜在的产业发展机会有：首先是支撑信息社会的战略性新兴产业，包括"互联网+"节能环保产业、"互联网+"生物产业、"互联网+"新能源产业、"互联网+"新材料产业等；其次是"互联网+"服务业，包括"互联网+"金融、"互联网+"物流和"互联网+"旅游等；再次是"互联网+"采矿业等"互联网+"工业；最后是包括农林牧渔在内的"互联网+"农业。

2. 推动传统能源安全绿色开发和清洁低碳利用，发展新能源

21世纪以来，伴随着我国经济腾飞和新兴经济市场的膨胀，对传统能源的需求不断加大，产生了能源价格暴涨，能源紧缺等问题。另外，传统碳基能源使用所造成的温室效应、空气污染以及碳基能源不可再生问题，是困扰工业化发展的巨大难题。发展新能源是解决这些难题的有效方法之一（如图14-4所示）。新能源主要是指海洋能、风能、生物质能、地热能、太阳能和核能等。伴随着对资源枯竭和全球变暖问题的担忧，清洁化的能源技术得到重视，有了较大的发展。目前，清洁化的新能源在一次能源中所占比例较低，主要是因为新能源技术科技含量高，发展成本较高和一些国家重视程度不足。在新能源的研究和利用方面，发达国家领先于世界其他国家。

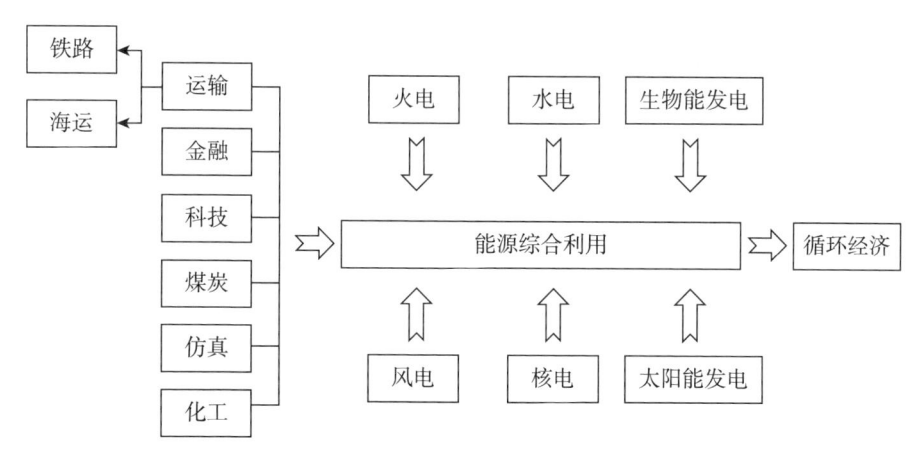

图14-4 能源综合利用

新能源的发现与广泛使用被称为"新能源革命"，大力发展新能源不仅对于优化能源结构，发展生态经济，促进产业升级起到了推动作用，更为重要的是为国家能源安全提供了保障。[①]

（二）大力推进农业现代化，转变农业发展方式

生态农业是指在保护、改善农业生态环境的前提下，遵循生态学、生态经济规律，运用系统科学方法和现代科学技术，集约化经营的农业发展

---

① 刘汉元、刘建生：《能源革命改变21世纪》，中国言实出版社2010年版，第207页。

模式。生态农业既继承了传统种植业和养殖业的优势，又注重克服传统农业的缺陷，形成了生态农业所独具的特征。生态农业的发展应遵循可持续、高效的原则。由绿色农业、白色农业和蓝色农业组成的生态农业则实现了植物、动物和微生物三者的平衡。绿色农业是选择种植多年生植物，有利于涵养土壤肥力，还包括农、林、畜、牧及其加工业等。白色农业是指微生物资源产业化的工业型新农业，包括高科技生物工程的发酵工程和酶工程。[①] 我国海洋领土广阔，拥有1.8万多千米的海岸线和超过2亿亩的近海大陆架。我国南方地区河湖面积广大，淡水资源丰富，适合发展在近岸浅海海域、潮间带以及室内外水池水槽内开展的水产养殖业，即发展蓝色农业。

当今中国农村部分农业基础设施用的仍是新中国刚成立后，人民公社时期所建造的。因这些设施使用年限太久，对农业的支撑作用大打折扣。因此，发展现代农业基础设施建设迫在眉睫。农业基础设施建设领域包括农业机械与计算机、卫星遥感等技术组合，新型材料、节水设备和自动化设备应用。在农业生产方式领域包括农田水利化、农地园艺化、农业设备化以及运输交通、能源运输、信息通信等的网络化、信息化技术。

这些技术一方面有利于推进农业生产的节能减排，另一方面有利于提升农业的投入产出效率，更重要的是在加快农业发展的同时，有利于保护和涵养生态环境。

(三) 大力发展绿色技术，推进绿色城镇化

城市作为经济社会发展的重要载体也是创新要素的主要聚集地，科技创新在城市发展中的作用也日益突出。我国城镇化已经取得的成就举世瞩目，并开始进入初级城市型社会阶段，但是在城镇化过程中由于长期以来的粗放型外延型发展模式，产生了巨大的资源和环境压力。未来，我国还将有3亿多人告别农村、进入城市，如果不从根本上改变这种发展模式，

---

① 马亚茜：《构造高效生态农业，打造生态文明基础——访生态文明的奠基人、著名生态产业专家刘宗超博士》，《神州》2012年第3期（中）。

我国的资源与环境将难以支撑，快速城镇化也将难以为继。① 我国城镇化道路所面临的瓶颈和机遇需要通过科技创新来突破和把握，我们应当以实施创新驱动发展战略为契机，把科技创新融入到城镇化，积极探索资源节约、集约高效、环保低碳的绿色城镇化之路。② 新型城镇化建设所需的技术创新体系应包括以下内容：

1. 优化产城融合的城市发展模式，提升城市功能

随着城镇化进程的不断深入，交通拥堵、噪音污染、住房紧张等"城市病"在我国的城市中蔓延，尤以特大型城市为甚。目前，在城市高新区发展环境友好的新兴产业已成为大势所趋，这使得城市生产区和生活区的融合成为可能，产城融合的模式有利于缓解交通拥堵，降低通勤成本，提高土地利用率，加速产业集聚。以北京周边的固安工业园区开发区为例，目前，固安工业园区已经初步形成了电子信息产业基地、现代装备制造产业基地、汽车零部件产业基地三大产业基地以及城市核心区、生活配套区等五大功能区域，产业新城已初具规模。③ 产城融合应该让具备生产功能的工业园区，逐渐成为生产与生活为一体的新型城区，丰富城市的功能，提升城市居民的生活质量。

2. 运用城市智慧化技术，保障城市健康可持续发展

物联网、下一代互联网、无线网络、云计算等新一代信息通信技术及其应用创新，能够推进城市智慧化。④ 未来城市将承载越来越多的人口，部分特大型城市的"城市病"日益严峻。为解决城市发展难题，发展智慧城市至关重要。智慧城市技术应包括四个方面：一是通过新一代信息通讯技术，优化城市资源配置，加强对环境污染的监督，为城市环保发展提供支撑。二是感测、分析、整合城市公共服务管理和城市基础设施建设的数据，建立大数据库，更为准确地分析城市发展规律，提高城市运行效率，

---

① 于猛：《我们究竟需要一条怎么样的城镇化道路》，《人民日报》2012年12月3日。
② 魏后凯、成艾华：《城镇化的绿色选择》，《中国环境报》2012年2月3日。
③ 刘顺达：《打造产城融合新样板 建设一流首都"卫星城"》，《中国产经新闻报》2011年5月19日。
④ 王兰英、杨帆：《创新驱动发展战略与中国的未来城镇化建设》，《中国人口·资源环境》2014年第9期。

创新城市综合治理方式。三是提高实时信息处理能力与响应速度，改善城市治安环境，提升人民群众的安全感。四是科学规划城市发展道路，避免重复建设，资源浪费。

（四）开展加快发展现代服务业行动，降低物耗能耗

1. 推广绿色物流技术，发展壮大服务业

伴随着服务业日益成为国民经济的主导产业，服务业的节能减排开始成为建设生态文明的重要内容，绿色服务技术因此成为技术进步促进生态文明建设的重要内容。随着能源价格上涨，成本日益加大，许多物流和运输企业正在积极需求提高能源和资源利用的方法。如使用低油耗车辆，培训驾驶员以更节油的方式驾驶并尽量避免空载。同时，不少企业借助软件进行智能化物流调度，从而更有效地利用既有运输能力、发挥中心枢纽的作用。而物联网技术是一种绿色的对经济社会生活产生深刻影响的网络技术。物联网是将各种信息传感设备通过互联网把物品和物品结合起来而形成的一个巨大网络。目前，国内各个城市都在重点发展这一领域。

2. 发展低碳经济、循环经济，推动资源能源集约节约利用

低碳经济是一种通过发展低碳能源技术，建立低碳能源系统，低碳产业结构、低碳技术体系，倡导低碳消费的经济发展模式。低碳经济是降碳经济，它改变了高碳经济无约束、粗放的能源生产和消费方式。发展低碳经济是要在经济发展的同时，降低碳排放量，改变人们高碳消费的倾向。低碳经济技术的核心是低碳能源技术，即在能源生产中，尽可能生产低碳能源，替代煤炭和石油等化石能源。引导人们适应低碳生活方式，尽可能避免消费那些会导致二氧化碳排放的商品和服务，以减少温室气体的排放。"没有不能利用的垃圾，只有放错位置的资源"，工业废弃物资源化技术事关循环经济的发展水平，事关可持续发展目标的实现，是生态文明建设的核心技术，是缓解当前资源环境瓶颈的战略选择。[①]

---

① 张懿：《推进制造业绿色化》，《今日国土》2010年第11期。

第十五章　生态文明建设中的公众参与

从党的十八大、十八届三中全会到中共中央、国务院发布的《中共中央关于加快推进生态文明建设的若干意见》以及最新的国家"十三五"发展规划报告都提出要加快推进生态文明建设，不断完善我国的公众参与制度。鼓励公众积极参与，完善公众参与制度，及时准确地披露各类环境信息，扩大公开范围，保障公众知情权，维护公众环境权益。[①] 充分调动公众参与和监督的积极性是解决环境问题的一个不容忽视的手段，也是加快推进生态文明建设的一个重要保障。本章从公众参与生态文明建设的必要性出发，总结当前我国公众参与生态文明建设存在的突出问题，并与国外发达国家进行比较，最后提出推动我国公众参与生态文明建设的政策建议，为进一步完善我国生态文明建设中公众参与制度提供一定借鉴。

一、生态文明建设中公众参与的现状与需求

生态文明建设是一项系统工程，涉及范围广，建设幸福家园，实现美

[①] 中共中央、国务院：《关于加快推进生态文明建设的意见》，2015年4月25日，见 http://www.scio.gov.cn/xwfbh/xwbfbh/yg/2/Document/1436286/1436286.htm。

丽中国梦是每一个公民的责任与义务，迫切需要公众积极参与到生态文明建设当中。公众作为生态文明建设的实施主体，必须要充分调动其积极性、主动性和创造性，进一步加强生态文明建设的群众基础，发挥社会公众的主体作用。

（一）我国公众参与生态文明建设的现状分析

2014年，环保部的一项调查显示，我国公众的生态文明意识呈现出"认同度高、知晓度低、践行度不够"的特征。[①] 尤其在绿色消费方面，表现为大多数消费者虽然有一定的绿色消费意识，但是有一部分对绿色消费仍不能正确、充分理解或存在误解，如不会科学地处理垃圾等。随着生态文明建设不断推进，目前我国公众的生态文明意识显著增强，仍存在诸多需要完善的地方。生态环境公开信息尚不全面，相关法律法规的制度建设、公众生态意识培养、公众绿色消费制度、公众参与的积极性等方面相对薄弱，与发达国家相比还有很大差距。本书总结了当前我国生态文明建设中公众参与的现状与不足，具体表现在以下方面：

1. 公众参与形式单一，主要是在政府主导下被动参与，属"政府依赖型"

目前，我国公众参与各种环保活动仍然是在政府引导下参与的，而公民本身却缺乏主动性，他们是在政府或其他环保部门新闻报道的推动下，被动地参与到这些活动中的。这种形式下的公众参与具有是偶然性和暂时性，缺乏组织和规模，通常不会持续很长时间。当政府部门举办环保活动时，公众才会被调动起来，如果这些部门没有继续支持环保活动的开展，这种形式的"公众参与"即会被中断；此外，这种形式下的公众参与，无法真正实现公众对政府或有关部门有效监督，失去了公众参与的核心意义，流于形式的公众参与制度难以体现公众参与的真正目的。

[①] 人民日报：《凝聚中国社会的"生态共识"三论深入推进生态文明建设》，2015年5月8日，见http://news.xinhuanet.com/politics/2015-05/08/c_127777776.htm。

2. 目前公众参与制度仍然停留在法律层面，没有具体化

目前我国相关环保法律法规中只是零散地规定了公民的部分环境权，但并没有对这些权利作出明确规定。[①] 所以，公民的环境保护权利仍然没有落实，没有得到实质性的保障，当公民遇到问题时找不到可靠的法律依据来保护资源环境。在我国宪法中并未明确规定公民的环境权，这就无法为公众参与制度提供相应的法律基础。公众参与的目的是要保护资源、减少污染，是要在资源环境遭到破坏前进行干预，而不是在生态遭到破坏后才进行治理，我国的《环境保护法》却忽视了这一点，过分强调事后举报。

3. 公众整体环保意识有所提高，但参与程度低

目前我国公众对生态、环保关注度日益增加，生态意识在提高，但实际参与行为较少。大城市居民的环保观念与意识普遍高于中小城市与部分农村偏远地区，居民参与的环保行动也较多。一些地区公众环境危机意识在不断增强，但是参与意识弱，人们的观念仅停留在思想阶段，缺少具体的实际行动。据国家环保总局和环境保护基金会一项调查显示，被调查对象中仅有6.3%的公众在近期（3个月内）参与过不同类型的环保行动；知道环境问题举报电话"12369"的人不到20%。在调查过程中发现，公众参与仍然停留在节能节水、植树种草、捡拾垃圾等行动上，主动参与公益环保活动的很少，属于"边缘参与"。

（二）生态文明建设对公众参与的迫切需求

1. 公众参与是生态文明的应有之义

生态文明建设离不开公众参与。在生产和生活过程中，每个人都可以看作是自然环境中的细胞，彼此之间相互影响着。随着人类对生态文明认识的逐渐加深，对生活环境和水平、社会进步的要求也在逐渐提高。生态文明建设对我们的生产方式、发展方式以及消费方式都提出了更高的要

[①] 张兰：《我国公众参与环境保护立法实施机制初探》，硕士学位论文，中国政法大学，2007年，第122页。

求,要求我们自觉参与到生态文明建设中。另外,公众参与是生态文明建设目标顺利实现的重要保证。鼓励全社会共同参与,目的是为了能更好地选择最优的目标实现路径,以及资源、财力的投入方式,并通过这种方式来将公众的诉求转达给政府部门。因此,"社会目标通过参与来确定,必然会最大限度地分配社会的利益以符合人口需要和愿望"。[①] 生态文明建设是我们的共同奋斗目标,体现了人民群众的切身利益,应当让全体人民参与到其中,共同实现这个目标。

2. 公众参与是应对资源环境问题的重要途径

公众作为资源和环境的消费者与保护者,有权利也有义务参与进来。当前我国资源环境问题日益突出,北方地区雾霾频繁、水资源短缺,西南地区地震、泥石流等地质灾害频发,太湖蓝藻等污染事件频发,已经严重影响到居民的生活健康,如果处理不好可能会引起社会不稳定。这些问题仅靠政府和企业是无法完全解决的,要充分调动社会公众这一支强大的力量参与进来。一系列的事实都表明要解决发展中面临的资源环境困境、加强生态文明建设,积极鼓励广泛的公众参与已经迫在眉睫。

从经济学角度分析,资源环境问题产生的根源在于其公共性与外部性特征。在传统市场经济下,资源环境成本未被完全计入到使用者个人成本内,而是通过其他方式转嫁到社会其他成本中,这就导致个人成本与社会成本无法达到统一,个体理性与社会理性相冲突,市场无法达到帕累托最优状态,导致市场机制失灵,从而产生无法避免的"公地悲剧"。因此,要逐步解决资源环境问题,要完善市场机制,明确产权制度,将其外部性问题内部化;同时,市场机制也并不能完全解决其本身的外部性问题,这是由资源环境自身的公共性决定的,仍须借助广泛的公众参与。只有不断增强公众参与的主动性与自觉性,积极投身到生态文明建设中,才能更好地克服当前发展中的资源环境困境。

---

① 林震:《生态文明建设中的公众参与》,《南京林业大学学报》(人文社会科学版) 2008 年第 2 期。

3. 公众参与是生态文明建设有效推行的必然要求

生态文明建设涵盖社会经济、资源环境利用、制度文化建设等方面，渗透在各个环节。如果没有广泛调动公众参与进来，最终必然会影响生态文明建设的进程与实际效果。

首先，公众参与体现了生态文明建设的价值导向，是推进生态文明建设的直接动力。生态文明更加强调人与自然的和谐共处，同时在生产和生活方式更加生态化的基础上，有效保护自然和生态系统，推进经济社会与自然环境协调发展。鼓励公众积极参与到生态文明建设，一方面有利于提高公众对环保执法、司法工作的监督，确保法律的公正与权威，有效地遏制破坏资源与环境的违法行为。另一方面有利于在全社会范围内营造节约资源、减少浪费、适度消费的生活方式与理念，树立科学的文明新风尚。

其次，生态文明建设需要社会成员充分的行为参与，以自身行动践行生态文明。在这个过程中，要努力提高公众的生态意识，鼓励低碳环保的生产、生活方式。资源环境问题的根源在于人类的实践活动超出了资源环境承载能力的极限，导致环境恶化、生态系统遭到破坏。作为社会公众，理应主动参与到生态文明建设中来，树立新的生态价值观与生态伦理观。公众参与是一支强大的力量，是推进我国生态文明建设的动力源泉。

再次，生态文明建设需要社会成员广泛的决策参与，集思广益保障决策科学。在实践中，公众在参与决策环节发挥的作用较小，常被决策者以环境问题的科技性与专业性为由而排斥，决策者坚持关门决策和专家决策，这种倾向是不科学的。虽然在环境治理方面需具备一定的专业知识，但这并不能成为决策者排斥公众参与决策的理由，归根结底是一种价值判断，即寻求经济发展与环境保护的相互平衡。[①]

最后，生态文明建设需要社会成员广泛的执行监督，保证公众参与落到实处。在生态文明建设过程中，由于其系统性较强，这就必须要全社会共同参与其中。然而由于在生态文明建设过程中资源环境问题的外部性，

---

① 陈德敏、霍亚涛：《我国节能减排中的公众参与机制研究》，《科技进步与对策》2010 年第 6 期。

不可避免地给"搭便车者"提供了内在诱因，而且在现实中，片面强调GDP增长速度、追求经济发展规模的错误思想仍未彻底根除，导致资源环境问题越发突出。因此，为保证各级部门生态文明建设的政策得到切实推行，既要加强有关部门监督，又必须全面加强公众对执行过程的有效监督。

二、生态文明建设中公众参与绿色消费的制度困境

生态文明建设也是一次行为模式、生活方式和价值观念的"绿色革命"。实现这样的根本性变革，离开法治和制度是难以想象的。[①] 但是，我国当前有关绿色消费的法规制度体系有待完善。

（一）绿色消费法律体系尚不严密

我国还未形成严密的绿色法规体系，在促进绿色消费方面的法律机制也存在一定不足，缺乏多层级的法律法规为绿色消费的推行提供有力的保障。例如，清洁生产促进法、循环经济促进法、可再生能源法等散见于我国现行法律体系当中。还有些法令在全国范围内不一致。在我国，只有吉林省在省级范围内实施全面"禁塑"的法令，出台限放烟花爆竹政策的城市仅 536 个。虽然这些规范性文件对于绿色消费都有所涉及，但是各自强调绿色消费的某一方面，不够系统，法律效力也不统一，使得推行绿色消费的诸多工作无法可依。[②]

（二）绿色消费制度体系不健全

中国政府相继颁布了一系列政策制度，如环境标志制度、绿色信贷政策、绿色消费补贴和资助政策来引导绿色消费。但是，我国绿色消费的制

---

① 《打造美丽中国的"制度屏障" 四论深入推进生态文明建设》，2015 年 5 月 9 日，见 http://news.xinhuanet.com/politics/2015-05/09/c_127780983.htm。
② 张瑞、秦书生：《我国推行绿色消费的困境及应对策略》，《理论导刊》2013 年第 7 期。

度安排还不尽完善，部分领域和环节甚至还存在制度空白和盲区。除此之外，有的各项现存制度之间缺乏有效衔接，形成不了合力。因而，当前制度引导对我国绿色消费发展的作用依然有限。我国绿色消费制度体系主要存在以下不足：

1. 绿色产品认证监督检查制度存在缺陷

管理机制上的缺失使一些产品没有统一的绿色检验标准、认证机制，各地的绿色产品认证部门也缺乏方便、快捷的检测手段，对市场上销售的绿色产品进行全面检测存在困难。同时，有些市场检测人员出于地方利益的考虑，有法不依、执法不严、违法不究的现象依然存在，市场上绿色产品鱼目混珠的现象损害了消费者的权益。

2. 绿色消费税制不完善

现行消费税制在一定程度上放缓了我国绿色消费的发展速度。主要表现为：征税范围偏窄，不能体现节能环保的绿色功能。一些西方国家已开始征收垃圾税、噪音税等相关税收，而我国未将此类行为纳入征税范围。同时，消费税的税收杠杆调控作用有待加强，因现行消费税计税价格仍旧采取的是价内税模式。此外，税率结构不符合绿色消费的发展要求。

3. 绿色消费价格政策存在困境

绿色产品价格机制的不完善制约了绿色消费。现阶段，虽然消费者目前的消费水平已然有所提高，但过高的绿色产品与服务的价格难以对大众消费者产生亲和力，难以形成绿色产品消费和生产的良性循环。

4. 绿色产品服务制度困境

信息管理对绿色消费的各个环节尤为重要，但我国当前涉及绿色消费的信息服务平台并不多见。首先，缺乏统一的绿色消费的信息管理制度；其次，绿色产品的流通环节缺乏完善的监管与激励制度；再次，绿色采购制度尚不健全。

5. 我国社会保障体系有待提升

当前绿色产品价格较高，因而需要较高收入作为保障。根据经济合作发展组织（OECD）数据，2011 年我国人均国民收入为 7476 美元，已经达到了消费成为主动力的阶段。新常态下,推动绿色消费的主力军是中等收入群体,引领未来消费市场新常态的也是中等收入群体。然而,由于中等收入群体增收缓慢,不仅现期收入较低,而且随着我国教育、养老、住房、医疗等领域改革的全面展开,人们的预期收入和未来消费的风险也在增加。社会保障的不完善使我国绿色消费大众化程度的提高受到影响。因此,要引导绿色消费,必须大幅度提高社会保障水平。

三、生态文明建设中公众参与问题的成因分析及启示

针对当前我国生态文明建设中公众参与的现状,指出我国公众参与存在的关键问题,并从立法、决策与执法三个方面分析了原因。采用比较研究的方法,对国内外资源环境保护领域公众参与制度进行了比较与归纳,借鉴发达国家公众参与的实践经验,及其对我国完善生态文明建设中公众参与制度的启示。

(一) 生态文明建设中公众参与问题的成因分析

鉴于以上我国公众参与中存在的问题,总结起来原因主要体现在以下方面:

1. 立法环节公众参与不明确,参与制度流于形式

当前我国缺乏系统的公众参与法律体系,在《宪法》《立法法》等基础法律中也没有清晰的界定公众参与的范围、参与方式、参与程度等,而是取决于行政立法机关的自由裁量。[1] 在我国目前行政立法里,公众参与一般只能通过"听证会"的渠道来实现,然而从实际情况来看,这唯一的参与渠道仍没有落实,也是流于形式。

2. 决策环节公众参与不完善,参与缺乏效率

决策环节的公众参与仅仅有原则性条文,缺乏具体的实施方案。公众

---

[1] 谷成海:《行政立法过程中的民众参与机制研究》,《法治与社会》2011年第8期。

参与的意义在于把即将进行的决策暴露在公众面前，接受公众对决策科学性的广泛质疑、讨论和建议，最终获得结论，而缺乏具体方法和程序的原则性规定使得其意义变成了空谈。一些决策者排斥公众参与决策过程，尤其是坚持精英观点的决策者，认为公众普遍缺乏专业知识，只是盲目地投票，政治决策过程与公众没有太大关联，他们的参与只会浪费时间，相反还会导致公共项目运行成本增加。①

3. 执法环节公众参与不力，缺乏可操作性

我国宪法、法律与法规中有关于公众参与环境执法的不同表述，然而目前公众参与环境执法权并没有得到全面的保护。首先在相关法律法规中，对"公众"的定义比较狭隘，仅包括个体公民，而没有考虑企事业单位、各种社会组织等群体，忽视了这些群体在资源环境保护方面的重要作用。其次，有关法律法规条例中虽对公众参与环境执法的权益有部分表述，但仍未规定公众参与环境执法的方式与途径，以及参与内容，在实际中无法操作。

（二）我国与国外公众参与生态文明建设的比较及启示

采用比较研究的方法，通过对国内外资源环境领域公众参与的理论与实践进行总结。② 在此基础上提炼出发达国家在资源与生态保护领域中公众参与制度的成功经验，并与我国公众参与制度对比，为进一步完善我国生态文明建设中公众参与制度提供借鉴。本书从公众参与的主体、参与对象、参与形式、立法、参与过程、公众环保意识、环境信息公开制度等方面进行比较。③

---

① 约翰·克莱顿·托马斯：《公共决策中的公民参与：公共管理者的新技能与新策略》，中国人民大学出版社2005年版，第59页。

② 李喜燕：《论环境保护中的公众参与制度》，《生态文明与环境资源法——2009年全国环境资源法学研讨会（年会）论文集》，2009年，第6页。

③ 史玉成：《环境保护公众参与的现实基础与制度生成要素——对完善我国环境保护公众参与法律制度思考》，《兰州大学学报》（社会科学版）2008年第1期。宋海水：《公众参与环境管理机制研究》，硕士学位论文，清华大学，2004年，第32页。黄宁：《公众参与环境管理机制的初步构建》，《环境保护》2005年第13期。

表 15-1 中国与国外公众参与制度的比较

	我国公众参与制度	国外公众参与制度 （美国、日本、加拿大等国家）
参与主体	参与主体范围过于狭窄；我国的环境立法实践中，召开的相关听证会和论证会都是邀请特定范围内的人参加，包括行政代表、环境和法律专家等，组织者在涉及环境利害关系时，一般都会回避；我国环保民间组织起步较晚，数量少、规模小、参与力量不够	社会调查、科学研究者、开展咨询服务等专业化的团队出现；参与主体范围广，非政府组织规模日益壮大，这类组织在环境调查、立法建议和政策监督方面发挥重要作用
参与对象	我国当前的立法中主要是一种概括性的规定，而甚少涉及具体的规定，公众参与的对象较为广泛，污染和破坏环境的行为都应该是公众参与的对象	一是参与国家环境管理事务的预测和决策；二是过程参与，包括资源节约利用、环境管理、环保制度的实施一系列环节；三是积极鼓励公众参与到各环保组织中；四是对环境管理中遇到的一些纠纷调解也是其参与的对象
参与形式	主要依靠政府指导，属于"自上而下"的形式，没有持续性与系统性；国内也采取通过座谈会与听证会等形式听取意见	主要形式是"自下而上"；参与形式多样化，主要有咨询委员会、非正式小型聚会、社区组织说明会、听证会、公民审查委员会、民意调查、回答民众疑问等
公众参与立法	宪法中还未确立公众环境权，只对公众参与环境保护有一些原则上的规定，还未明确确立公民基本的环境权利，因此在实际操作中公众的环境参与权难以实现	国外已经明确立法来保护公民的环境权，确保公民在实际参与过程中能实现自己的权利；已经确立较完善的环境公益诉讼制度
公众参与过程	侧重于末端参与，属于"告知性参与"，在"预防参与"上目前非常薄弱	为保障公民在参与环境保护活动中权利的实现，国外已经立法来保护其环境权，并将环境权进一步具体化、明确化和制度化；在环境决策机制和环境监督权上已经较为健全

续表

	我国公众参与制度	国外公众参与制度（美国、日本、加拿大等国家）
公众环保意识	"政府依赖"意识阻碍了公众在环境保护中的参与，公民缺乏环保知识，对环境问题关注不够，自觉参加环保活动的意识缺乏，参与环保活动的范围较小，缺乏广泛性	广泛的社会性，环境教育更为普及；一些国家重视对环保教育的投资，通过建立机构来培训教师、向公众提供有关环保的教材、资料，这样开展广泛的公众环保知识教育，培养公众的环保意识
环境信息公开制度	我国环境信息公开的责任主体过于单一，公布的范围和内容也不够全面；仅靠环保部门和企业提供的信息是无法满足公众需求的，法律规定对企业过于"心慈手软"	分工较为清晰，除政府部门享有环境信息外，一些被赋予职权的非政府组织，也掌握了不少的环境信息

鉴于以上比较，我国公众参与中存在的问题的成因，总结起来主要体现在三个方面：立法环节公众参与不明确，参与制度流于形式；决策环节公众参与不完善，参与缺乏效率；执法环节公众参与不力，缺乏可操作性。

四、推动公众参与生态文明建设的政策建议

公众参与是生态文明建设中的重要环节，需要人人作出努力，凝聚广大人民群众的力量，推动生态文明建设的长效、健康发展。2015年4月，中共中央、国务院颁布的《中共中央关于加快推进生态文明建设的若干意见》中明确提出鼓励公众积极参与，完善公众参与制度，及时准确披露各类环境信息，扩大公开范围，保障公众知情权，维护公众环境权益，构建全民参与的社会行动体系等。[1] 2015年7月，环保部印发了《环境保护公众参与办法》也详细地规定了公众参与环境保护的权利与途径，公众参与

---

[1] 中共中央、国务院：《关于加快推进生态文明建设的意见》，2015年4月25日，见 http://www.scio.gov.cn/xwfbh/xwbfbh/yg/2/Document/1436286/1436286.htm。

生态文明建设将有章可循。

（一）明确公众参与生态文明建设的目标任务，确保公众参与落到实处

1. 明确公众的主体地位，更加重视生态和环保工作

在推进生态文明建设过程中，要充分尊重公众的意愿，了解公众的参与需求，重视公众在生态文明建设中的利益诉求，明确突出公众的主体作用。结合公众需求来规划生态文明建设项目，发挥公众在参与决策中的作用，鼓励个人先进模范。突出强调参与主体的主动性与积极性，要在鼓励公众参与的同时，明确公众在参与过程中的责任与义务，实现公众的自我教育与自我培训，增强公众参与的责任感，使公众更加意识到资源环境的重要性，重视生态与环保工作，不断推进生态文明建设。

2. 强化公众的生态文明教育，用法律手段保障公众参与权

要在全社会加强生态文明教育，增强公众的生态文明意识。通过各种宣传教育逐步改变公众的思想观念与角色，使公众从被动参与转向主动参与生态文明建设，实现从"要我发展"向"我要发展"突破，将生态文明建设的社会责任落实到个人，要加强对公众参与进行引导。完善并保障公众的参与权与监督权，要用法律手段来确保公民的环境权，让公众在生态文明建设的参与权利得到切实保障，从而激励更多公众参与进来。

（二）完善公众参与生态文明建设的具体途径，鼓励公众绿色消费

公众参与的途径与形式多种多样，要为公众提供更加便利的条件参与到生态文明建设中。要健全公众参与制度，保障公众的环境权益不受侵害，健全环保类非政府组织。同时要广泛加强生态文明的宣传与教育，不断拓展与完善公众参与的途径。

1. 立法确认公民环境权，给公众参与制度提供法律保障

首先要将公众的环境参与权纳入宪法体系当中，明确公众在生态文明

建设中的知情权、监督权、诉讼权、索赔权和环境管理权等相关权利。建议推出《公众参与公共政策法案或条例》，进一步健全环境保护领域的公众参与制度，推动生态文明建设。此外，还要根据新的任务及要求，加强其他环境保护与污染治理的法律法规中公众参与的落实，如《环境保护法》《环境影响评价法》《大气污染、固体废弃物污染防治法》等法律法规。

2. 建立和健全非政府组织，为公众参与提供组织保障

实践证明，环保类非政府组织在环境保护中影响越来越大，在国外，这类组织规模不断壮大，人数也在增加，其成员环保意识强，对环保工作充满热情，有着丰富的环保经验和知识，环保非营利组织作为公众参与的一支重要力量不容忽视。2011年1月11日，环保部出台了《关于培育引导环保社会组织有序发展的指导意见》，其中明确提出支持环保组织的发展，充分发挥环保组织在资源环境领域与生态文明建设中的推动作用。

3. 加大宣传教育力度，培育公民生态环保和绿色消费意识

在"十三五"规划建议中，明确提出要加强资源环境国情和生态价值观教育，培养公民环境意识，推动全社会形成绿色消费自觉。要在全社会广泛开展宣传教育，多种途径来开展社会环保教育，普及公民的环保知识，在网络、电视、书籍、报刊等媒介物上加大宣传力度。当前，我国农村及偏远地区公众环保知识极其缺乏，公民的环保观念淡薄、法律意识较弱，更应当加强农村环保教育和宣传，让他们的环境权益落实到实处。全面倡导绿色生活及消费方式，将绿色和文明观念贯彻到社会经济生活里，在全社会范围内营造健康、和谐、生态、环保的氛围。

(三) 构建绿色消费正式制度，引导公众主动参与生态文明建设

1. 建立多层次法律框架为绿色消费提供保障

"生活方式绿色化"须人人参与。2015年4月中共中央审议通过的《关于加快推进生态文明建设的意见》中提出，要加快推动生活方式绿色

化,实现生活方式和消费模式向勤俭节约、绿色低碳、文明健康的方向转变。① "生活方式绿色化"应该成为每个公民的行为指南。加强生态文明建设,每个公民都不能置身事外。② 与此同时,生态文明建设也是一次行为模式、生活方式和价值观念的"绿色革命"。实现这样的根本性变革,离开法治和制度是难以想象的。③ 因此,构建绿色消费的正式制度是首要之举,我国有必要编撰一套独立的完整的《绿色消费推进法》。

2. 强化主要经济制度的约束和引导作用

政府政策干预对绿色消费极其重要。应进一步转变政府职能,持续推进简政放权、放管结合、优化服务,提高政府效能。为引导消费者积极选择绿色消费,政府应着眼于人的需要和全面发展。根据中共中央、国务院公布的《关于加快推进生态文明建设的意见》,尽快制定国家绿色消费发展战略,建立健全绿色消费制度体系,突出制度的引导与规范作用,积极运用国家价格、财税、金融、收入、政府采购、产业、环保等政策和手段,以不断产生新的能降低交易费用的制度演进,扩大绿色消费的制度供给,使非绿色消费的外部成本内部化或绿色消费的"外溢"的收益内部化。从而引导公众积极选择绿色消费。

(四)健全公众参与生态文明建设的制度规范,为公众参与提供制度平台

1. 完善信息公开机制

公开生态文明建设过程中的必要信息是保障公众有效参与的基础。除了政府部门之外,企业也要公开各种环境影响评价信息,让公众准确了解当前的生态环境现状、形势、污染分布、污染来源以及政府的环保措施,在政府、企业和公众之间形成良性互动,加强公众对政府和企业的监督,

---

① 中共中央、国务院:《关于加快推进生态文明建设的意见》,2015年4月25日,见http://www.scio.gov.cn/xwfbh/xwbfbh/yg/2/Document/1436286/1436286.htm。
② 李玉滑:《"生活方式绿色化"须人人参与》,《光明日报》2015年4月1日。
③ 《打造美丽中国的"制度屏障"四论深入推进生态文明建设》,2015年5月9日,见http://news.xinhuanet.com/politics/2015-05/09/c_127780983.htm。

让污染环境的企业接受舆论压力及惩罚，促进绿色环保企业的发展。目前，在环境管理方面，鼓励公开环境信息得到了社会的广泛认可，已经成为继命令与控制监管、基于市场的环境监管之后的"第三次浪潮"。①

2. 健全公众参与的反馈机制

由于个别环保部门的不作为，严重打击了公众参与环境保护的积极性，因此应当建立有效的公众参与反馈机制。一是健全公众参与的责任追究机制。公众参与落到实处才能发挥应有的效果，当公众的参与权利无法得到保证时，就必须要追究相关责任人员（机构）的责任，保障公众参与的权利，才能调动广大公众的积极性。二是健全环境公益诉讼制度。建立环境公益诉讼制度，才能有效保证公众的环境权益。当公民的环境权益受到侵犯时，能够运用合法手段维权，同时应使环境公益诉讼原告多元化，应包括各级政府、企业和其他机构等，降低公众因诉讼带来的费用等。

---

① 马军：《美丽中国需要公众参与》，2012 年 11 月 28 日，见 http://news.sohu.com/20121128/n358892229.shtml。

参考文献

[1] 阿兰·兰德尔:《资源经济学——从经济角度对自然资源和环境政策的探讨》,商务印书馆1989年版。

[2] 安体富等:《可持续发展视角下的资源税改革研究》,《会计之友》2014年第32期。

[3] 白永秀:《中国经济改革30年资源环境卷1978—2008》,重庆大学出版社2008年版。

[4] 保罗·A.萨缪尔森:《宏观经济学》,人民邮电出版社2006年版。

[5] 彼得·霍尔:《城市和区域规划》,中国建筑工业出版社2008年版。

[6] 薄雯:《资源价格改革的意义及原则》,《光明日报》2012年10月19日。

[7] 蔡昉、王德元等:《中国产业升级的大国雁阵模型分析》,《经济研究》2009年第9期。

[8] 蔡守秋:《人与自然关系中的环境资源法》,《现代法学》2002年第3期。

[9] 曹建海、李海舰:《论新型工业化的道路》,《中国工业经济》2003

年第 1 期。

［10］曹永森：《后工业化时代生态治理的理论、方式与组织》，《南京师范大学学报》（社会科学版）2014 年第 3 期。

［11］陈德敏、霍亚涛：《我国节能减排中的公众参与机制研究》，《科技进步与对策》2010 年第 6 期。

［12］陈佳贵、黄群慧、钟宏武：《中国地区工业化进程的综合评价和特征分析》，《经济研究》2006 年第 6 期。

［13］陈君、赵柒新：《湖北沉湖湿地生态补偿机制的浅析》，《湿地科学与管理》2013 年第 2 期。

［14］陈俊荣：《欧盟促进低碳经济发展的政策手段研究》，《对外经贸》2014 年第 11 期。

［15］陈诗一：《能源消耗、二氧化碳排放与中国工业的可持续发展》，《经济研究》2009 年第 4 期。

［16］陈硕：《中外生态补偿案例分析——兼议我国生态补偿制度的目的：扶贫》，《经营管理者》2009 年第 16 期。

［17］陈尉、玉龙、杨丽：《我国生态补偿分类及实施案例分析》，《中国水利水电科学研究院学报》2010 年第 1 期。

［18］陈秀山、孙久文：《中国区域经济问题研究》，商务印书馆 2005 年版。

［19］陈学明：《资本逻辑与生态危机》，《中国社会科学》2012 年第 11 期。

［20］成金华：《中国新型工业化与资源环境管理》，湖北人民出版社 2005 年版。

［21］成金华：《中国工业化进程中矿产资源消耗现状与反思》，《中国地质大学学报》（社会科学版）2010 年第 4 期。

［22］成金华：《工业化与矿产资源消耗：国际经验与中国政策调整》，《中国地质大学学报》（社会科学版）2011 年第 3 期。

［23］成金华：《自然资源管理：建设生态文明的基本任务》，《光明日

报》2011年8月20日。

［24］成金华等：《中国生态效率的区域差异及动态演化研究》，《中国人口·资源环境》2014年第1期。

［25］成金华、陈军、易杏花：《矿区生态文明评价指标体系研究》，《中国人口·资源与环境》2013年第2期。

［26］成金华、李世祥：《结构变动，技术进步以及价格对能源效率的影响》，《中国人口资源与环境》2010年第20期。

［27］成金华、吴巧生：《中国工业化进程中的环境问题与"环境成本内化"发展模式》，《管理世界》2007年第1期。

［28］揣小伟、黄贤金、王倩倩等：《基于信息熵的中国能源消费动态及其影响因素分析》，《资源科学》2009年第31期。

［29］崔大沪：《开放经济中的中国产业增长模式转变》，《世界经济研究》2004年第9期。

［30］［美］丹尼尔：《美国洛杉矶空气管理经验分析》，《环境科学研究》2006年第S1期。

［31］丁四保、宋玉祥、王荣成：《农村人口城市化是实现主体功能区价值目标的根本途径》，《经济地理》2009年第8期。

［32］杜传忠：《转型、升级与创新：中国特色新型工业化的系统性研究》，人民出版社2013年版。

［33］樊杰：《我国主体功能区划的科学基础》，《地理学报》2007年第4期。

［34］樊杰、周侃、陈东：《生态文明建设中优化国土空间开发格局的经济地理学研究创新与应用实践》，《经济地理》2013年第1期。

［35］范群林、邵云飞、唐小我：《中国30个地区环境技术创新能力分类特征》，《中国人口·资源环境》2011年第6期。

［36］范振林：《自然资源产权制度改革研究》，《中国矿业》2014年第12期。

［37］方世南：《从生态政治学的视角看社会主义和谐社会的构建》，

《政治学研究》2005 年第 2 期。

［38］［美］菲利普·安德鲁斯-斯皮德:《中国能源政策的成效与挑战》,《国外理论动态》2005 年第 8 期。

［39］［德］弗里德希·亨特布尔格、弗莱德·路克斯、玛尔库斯·史蒂文:《生态经济政策——在生态专制和环境灾难之间》,葛竞天等译,东北财经大学出版社 2005 年版。

［40］费景汉、古斯塔夫·拉尼斯:《增长和发展:演进观点》,商务印书馆 2004 年版。

［41］冯永锋:《最严格水资源管理"严"在哪儿》,《光明日报》2013 年 1 月 11 日。

［42］冯之浚:《论循环经济》,《中国软科学》2004 年第 10 期。

［43］冯之浚、刘燕华、周长益等:《我国循环经济生态工业园发展模式研究》,《中国软科学》2008 年第 4 期。

［44］高吉喜:《生态补偿面临重要转折点》,2013 年 12 月 4 日,见 http://www.cenews.com.cn/xwzx2013/rdjd/201312/t20131204_752495.html。

［45］高吉喜:《生态红线怎么划》,2013 年 7 月 27 日,见 http://www.forestry.gov.cn/main/3987/content-626855.html。

［46］高培勇:《公共经济学》,中国人民大学出版社 2008 年版。

［47］龚高健:《中国生态补偿若干问题研究》,中国社会科学出版社 2011 年版。

［48］谷成海:《行政立法过程中的民众参与机制研究》,《法治与社会》2011 年第 8 期。

［49］谷树忠、曹小奇等:《中国自然资源政策演进历程与发展方向》,《中国人口·资源与环境》2011 年第 10 期。

［50］谷树忠、胡咏君、周洪:《生态文明建设的科学内涵与基本路径》,《资源科学》2013 年第 1 期。

［51］国家发展改革委宏观经济研究院国土地区研究所课题组:《我国主体功能区划分及其分类政策初步研究》,《宏观经济研究》2007 年第 4 期。

[52] 国家知识产权局:《我国低碳技术专利发展态势良好》,2010 年 5 月 28 日,见 http://www.sipo.gov.cn/mtjj/2010/201005/t20100528_520334.html。

[53] 郭焦锋、白彦锋:《资源税改革轨迹与他国镜鉴:引申一个框架》,《改革》2014 年第 12 期。

[54] 国务院:《国务院关于完善退耕还林政策的通知》,2007 年 8 月 14 日,见 http://www.gov.cn/zwgk/2007-08/14/content_716617.htm。

[55] 国务院:《全国主体功能区规划》,2011 年 6 月 9 日,见 http://www.chinanews.com/gn/2011/06-09/3099774.shtml。

[56] 国务院发展研究中心课题组:《生态文明建设科学评价与政府考核体系研究》,中国发展出版社 2014 年版。

[57] [美] 赫伯特·马尔库塞:《单向度的人:发达工业社会意识形态研究》,刘继译,上海译文出版社 2008 年版。

[58] 赫尔曼·E. 戴利、乔舒亚·法利:《生态经济学:原理和应用》,中国人民大学出版社 2014 年版。

[59] 贺小燕、何学伟:《自然资源产品价格市场化改革研究》,《价格月刊》2014 年第 6 期。

[60] 胡存智:《生态文明建设的国土空间开发战略选择》,《中国国土资源经济》2014 年第 3 期。

[61] 胡锦涛:《高举中国特色社会主义伟大旗帜 为夺取全面建设小康社会新胜利而奋斗——在中国共产党第十七次全国代表大会上的报告》,《求是》2007 年第 21 期。

[62] 胡锦涛:《坚定不移沿着中国特色社会主义道路前进 为全面建成小康社会而奋斗——在中国共产党第十八次全国代表大会上的报告》,《求是》2012 年第 22 期。

[63] 华锦阳、汤丹:《科技投入体制的国际比较及对我国科技政策的建议》,《科技进步与对策》2010 年第 3 期。

[64] 黄范章:《世界的视野看我国新型工业化道路》,《中国工业经济》

2003 年第 6 期。

［65］黄桂琴：《我国自然资源国家所有权物权属性研究》，《石家庄经济学院学报》2006 年第 3 期。

［66］黄宁：《公众参与环境管理机制的初步构建》，《环境保护》2005 年第 13 期。

［67］黄群慧、原磊：《新常态下工业增长动力机制的重塑》，《求是》2015 年第 3 期。

［68］黄贤金：《关于创新自然资源管理体制的思考与建议》，《决策参阅》2014 年第 23 期。

［69］［新］黄有光：《社会福祉与经济政策》，唐翔译，北京大学出版社 2005 年版。

［70］霍文慧、杨运杰：《工业化理论研究新进展》，《经济学动态》2010 年第 3 期。

［71］简新华：《中国工业化和城镇化的特殊性分析》，《经济纵横》2011 年第 7 期。

［72］简新华、向琳：《论中国的新型工业化道路》，《当代经济研究》2004 年第 1 期。

［73］简新华、向琳：《新型工业化道路的特点和优越性》，《管理世界》2003 年第 7 期。

［74］简新华、余江：《中国工业化与新型工业化道路》，山东人民出版社 2009 年版。

［75］简新华、余江：《中国现阶段的重工业发展》，《发展经济学研究》2013 年第 1 期。

［76］江泽民：《全面建设小康社会，开创中国特色社会主义事业新局面》，人民出版社 2002 年版。

［77］江泽民：《对中国能源问题的思考》，《上海交通大学学报》2008 年第 42 期。

［78］金碚：《新编工业经济学》，经济管理出版社 2005 年版。

［79］金碚:《资源环境管制与工业竞争力》,经济管理出版社 2010 年版。

［80］金碚:《国运制造　改天换地的中国工业化》,中国社会科学出版社 2013 年版。

［81］金碚:《大国筋骨——中国工业化 65 年历程与思考》,南方出版传媒广东经济出版社 2015 年版。

［82］金碚:《工业的使命和价值——中国产业转型升级的理论逻辑》,《中国工业经济》2014 年第 9 期。

［83］金碚:《资源与环境约束下的中国工业发展》,《中国工业经济》2005 年第 4 期。

［84］金碚:《中国工业化的资源路线与资源供求》,《中国工业经济》2008 年第 2 期。

［85］金碚:《资源环境管制与工业竞争力关系的理论研究》,《中国工业经济》2009 年第 3 期。

［86］金碚:《资源约束与中国工业化道路》,《求是》2011 年第 18 期。

［87］金碚、李鹏飞、廖建辉:《中国产业国际竞争力现状及演变趋势》,《中国工业经济》2013 年第 5 期。

［88］金碚、吕铁、邓洲:《中国工业结构转型升级:进展,问题与趋势》,《中国工业经济》2011 年第 2 期。

［89］金江军、沈体雁:《信息化与工业化深度融合:方法与实践》,中国人民大学出版社 2012 年版。

［90］景杰:《人口城镇化进程中的生态风险防范》,《宏观经济管理》2015 年第 7 期。

［91］赖力、黄贤金、刘伟良:《生态补偿理论、方法研究进展》,《生态学报》2008 年第 6 期。

［92］冷淑莲、冷崇总:《自然资源价值补偿问题研究》,《价格月刊》2007 年第 5 期。

［93］［美］理查德·埃德蒙:《环境问题对中国政治与社会的塑造作

用》,《中国与德国的环境治理:比较的视角》,宋林译,中央编译局出版社 2012 年版。

[94] [美] 理查德·瑞吉斯特:《生态城市:重建与自然平衡的城市》,王如松、于占杰译,社会科学文献出版社 2010 年版。

[95] 科技部社会发展科技司:《绿色发展与技术创新》,科学出版社 2011 年版。

[96] 李干杰:《"生态保护红线"——确保国家生态安全的生命线》,《求是》2014 年第 2 期。

[97] 李国平、张云:《矿产资源的价值补偿模式及国际经验》,《资源科学》2005 年第 5 期。

[98] 李克强:《协调推进城镇化是实现现代化的重大战略选择》,《行政管理改革》2012 年第 11 期。

[99] 李培、王新、柴发合等:《我国城市大气污染控制综合管理对策》,《环境与可持续发展》2011 年第 5 期。

[100] 李培林:《当前中国城乡家庭消费状况》,《光明日报》2009 年 1 月 20 日。

[101] 李善同、刘勇:《环境与经济协调发展的经济学分析》,《北京工业大学学报》(社科版) 2001 年第 3 期。

[102] 李世东:《世界重要生态工程研究》,科学出版社 2007 年版。

[103] 李世东:《加快信息进程 建设生态文明》,《防护林科技》2013 年第 4 期。

[104] 李世东、林震、杨冰之:《信息革命与生态文明》,科学出版社 2013 年版。

[105] 李世祥:《中国如何应对"环境库兹涅茨曲线"》,《中国国土资源经济》2010 年第 11 期。

[106] 李世祥、成金华、吴巧生:《中国水资源利用效率区域差异分析》,《中国人口·资源与环境》2008 年第 3 期。

[107] 李铁:《正确处理城镇化发展过程中的几个关系》,2012 年 9 月

25日，见http://theory.people.com.cn/n/2012/0925/c40531-19106299.html。

［108］李喜燕：《论环境保护中的公众参与制度》，《生态文明与环境资源法——2009年全国环境资源法学研讨会（年会）论文集》，2009年。

［109］李玉滑：《"生活方式绿色化"须人人参与》，《光明日报》2015年4月1日。

［110］李正宏：《以制度健全促进资源节约》，《人民日报》2013年7月12日。

［111］李智广：《中国水土流失现状与动态变化》，《中国水利》2009年第7期。

［112］李佐军：《资源节约型工业化道路的九大对策》，《表面工程资讯》2006年第3期。

［113］梁志鹏：《污染迫使中国发展新能源》，2014年11月6日，见http://js.people.com.cn/n/2014/1106/c360300-22831817.html。

［114］林伯强等：《资源税改革：以煤炭为例的资源经济学分析》，《中国社会科学》2012年第2期。

［115］林伯强、刘希颖：《中国城市化阶段的碳排放，影响因素和减排策略》，《经济研究》2010年第8期。

［116］林震：《生态文明建设中的公众参与》，《南京林业大学学报》（人文社会科学版）2008年第2期。

［117］刘灿：《我国自然资源产权制度构建研究》，西南财经大学出版社2009年版。

［118］刘畅、崔艳红：《中国能源消耗强度区域差异的动态关系比较研究——基于省（市）面板数据模型的实证分析》，《中国工业经济》2008年第4期。

［119］刘汉元、刘建生：《能源革命改变21世纪》，中国言实出版社2010年版。

［120］刘金源：《工业化时期英国城市环境问题及其成因》，《史学月刊》2006年第10期。

[121] 刘立京:《自然资源价值补偿管理问题研究》,《价格月刊》2014年第2期。

[122] 刘奇葆:《以新型工业化与城镇化为动力 加快转变经济发展方式》,《求是》2012年第5期。

[123] 刘瑞翔、姜彩楼:《从投入产出视角看中国能耗加速增长现象》,《经济学》(季刊)2011年第10期。

[124] 刘尚希:《资源税改革应定位在控制公共风险》,《中国发展观察》2010年第7期。

[125] 刘世锦:《传统与现代之间——增长模式转型与新型工业化道路的选择》,中国人民大学出版社2006年版。

[126] 刘顺达:《打造产城融合新样板建设一流首都"卫星城"》,《中国产经新闻报》2011年5月19日。

[127] 刘晓慧:《关注新常态下缺位的生态补偿制度》,2015年3月14日,见http://www.mlr.gov.cn/xwdt/jrxw/201503/t20150316_1345197.htm。

[128] 刘笑盈:《推动历史进程的工业革命》,中国青年出版社1999年版。

[129] 刘学敏:《转型·绿色·低碳——可持续发展论集》,经济科学出版社2013年版。

[130] 刘洋:《优化国土空间开发格局思路研究》,《宏观经济管理》2011年第3期。

[131] 刘耀彬:《中国城市化与能源消费关系的动态计量分析》,《财经研究》2007年第11期。

[132] 刘耀彬、陈斐:《中国城市化进程中的资源消耗"尾效"分析》,《中国工业经济》2007年第11期。

[133] 刘耀彬、黄梦圆:《城市化进程中的"资源尾效"和"资源诅咒"——基于中国27个煤炭城市的面板数据分析》,《华东经济管理》2015年第1期。

[134] 刘耀彬、杨新梅:《基于内生经济增长理论的城市化进程中资源

环境"尾效"分析》,《中国人口·资源与环境》2011年第2期。

[135] 刘玉龙:《生态补偿与流域生态共建共享》,中国水力水电出版社2007年版。

[136] 刘云山:《更加自觉、更加主动地推进社会主义文化大发展大繁荣》,2007年10月29日,见http://www.wenming.cn/ziliao/lilunwenzhang/201204/t20120406_597751.shtml。

[137] 陆大道、樊杰:《2050:中国的区域发展》,科学出版社2009年版。

[138] 陆大道、樊杰、刘卫东等:《中国地域空间、功能及其发展》,中国大地出版社2011年版。

[139] 陆大道、姚士谋、李国平等:《基于我国国情的城镇化过程综合分析》,《经济地理》2007年第6期。

[140] 罗吉:《试论建立我国环境资产化管理制度》,《中国软科学》2004年第1期。

[141] 吕铁:《重化工业发展与经济增长方式转变》,2007年4月20日,见http://finance.qq.com/a/20070420/000213.htm。

[142] 吕政、郭克莎等:《论我国传统工业化道路的经验与教训》,《中国工业经济》2003年第1期。

[143] 马军:《美丽中国需要公众参与》,2012年11月28日,见http://news.sohu.com/20121128/n358892229.shtml。

[144] 马凯:《发展循环经济建设资源节约型和环境友好型社会》,《求是》2009年第8期。

[145] 马凯:《实施主体功能区战略,科学开发我们的家园》,《求是》2011年第17期。

[146] 马丽梅、张晓:《中国雾霾污染的空间效应及经济,能源结构影响》,《中国工业经济》2014年第4期。

[147] 马亚茜:《构造高效生态农业,打造生态文明基础——访生态文明的奠基人、著名生态产业专家刘宗超博士》,《神州》2012年第3期(中)。

[148] 毛明芳：《论生态文明的技术构建》，《自然辩证法研究》2008年第10期。

[149] 毛文永：《生态环境影响评价》，中国环境科学出版社1998年版。

[150] 毛显强、钟瑜、张胜：《生态补偿的理论探讨》，《中国人口·资源与环境》2002年第4期。

[151] 梅雪芹：《工业革命以来西方主要国家环境污染与治理的历史考察》，《世界经济》2000年第6期。

[152] 欧阳慧：《进一步优化国土空间开发格局的政策方向》，《宏观经济管理》2012年第1期。

[153] 钱丽苏：《自然资源管理体制比较研究》，《资源·产业》2004年第1期。

[154] 钱学森：《社会主义中国应该建山水城市》，《城市规划》1993第3期。

[155] 乔治·斯蒂纳、约翰·斯蒂纳：《企业、政府与社会》，华夏出版社2002年版。

[156] 秦光荣：《改善生态环境就是发展生产力》，2014年1月16日，见http://theory.people.com.cn/n/2014/0116/c40531-24133165.html。

[157] 秦虎、张建宇：《中美环境执法与经济处罚的比较分析》，《环境科学研究》2006年第2期。

[158] 仇保兴：《我国低碳生态城市建设的形势与任务》，《城市规划》2012年第12期。

[159] 曲格平：《探索可持续的新型工业化道路》，《环境保护》2003年第1期。

[160] 饶胜、张强、牟雪洁：《划定生态红线　创新生态系统管理》，《环境经济》2012年第6期。

[161] 人民日报：《打造美丽中国的"制度屏障"四论深入推进生态文明建设》，2015年5月9日，见http://news.xinhuanet.com/politics/2015-

05/09/c_127780983.htm。

[162] 人民日报:《凝聚中国社会的"生态共识"三论深入推进生态文明建设》,2015年5月8日,见 http://news.xinhuanet.com/politics/2015-05/08/c_127777776.htm。

[163] 人民日报:《中央经济工作会议在北京举行》,2013年12月14日,见 http://politics.people.com.cn/n/2014/1212/c1024-26193058.html。

[164] [印] 萨拉·萨卡:《生态社会主义还是生态资本主义》,张淑兰译,山东大学出版社2012年版。

[165] [美] 赛德:《经济"去增长"、生态可持续和社会公平》,王维平、张娜娜编译,《国外理论动态》2013年第6期。

[166] 沈慧:《自然资源资产负债表编制难在哪里——访环境保护部环境规划院环境政策部主任蒋洪强》,2014年8月19日,见 http://www.ce.cn/xwzx/gnsz/gdxw/201408/19/t20140819_3377562.shtml。

[167] 沈镭、刘立涛:《中国能源政策可持续性评价与发展路径选择》,《资源科学》2009年第8期。

[168] 生态屏障、功能区划与人口发展课题组:《科学界定人口发展功能区 促进区域人口与资源环境协调发展——生态屏障、功能区划与人口发展研究报告》,《人口研究》2008年第3期。

[169] 世界银行:《2020年的中国——新世纪的发展与挑战》,中国财政经济出版社1997年版。

[170] 史玉成:《环境保护公众参与的现实基础与制度生成要素——对完善我国环境保护公众参与法律制度思考》,《兰州大学学报》(社会科学版)2008年第1期。

[171] 宋海水:《公众参与环境管理机制研究》,硕士学位论文,清华大学,2004年。

[172] 苏波:《转变发展方式 走新型工业化道路》,《求是》2012年第16期。

[173] 孙刚、盛连喜、冯江:《生态系统服务的功能分类与价值分

类》，《环境科学动态》2000年第1期。

[174] 孙涵、成金华：《中国工业化、城市化进程中的能源需求预测与分析》，《中国人口·资源与环境》2011年第7期。

[175] 孙鸿烈：《中国生态问题与对策》，科学出版社2010年版。

[176] 孙久文：《区域经济规划》，商务印书馆2004年版。

[177] 孙钰：《探索建立中国式生态补偿机制——访中国工程院院士李文华》，《环境保护》2006年第19期。

[178] 谈明洪、吕昌河：《城市用地扩展与耕地保护》，《自然资源学报》2005年第20期。

[179] 田国强：《中国环境治理八策》，《中国经济报告》2015年第1期。

[180] 万伦来、胡志华、李勤：《矿产资源开发利用的环境效应研究进展》，《资源开发与市场》2009年第11期。

[181] 王安建、王高尚、张建华等：《矿产资源与国家发展》，地震出版社2002年版。

[182] 王金南：《关于国家环境保护"十三五"规划的战略思考》，《中国环境管理》2015年第2期。

[183] 王金南：《建立环境经济政策体系推动又好又快发展》（上），2008年1月14日，见http://www.zhb.gov.cn/xxgk/hjyw/200801/t20080114_116213.shtml?COLLCC=346774460&。

[184] 王金南：《建立环境经济政策体系推动又好又快发展》（下），2008年1月15日，见http://news.sina.com.cn/c/2008-01-15/16001326 4471s.shtml。

[185] 王金南、万军等：《中国生态补偿政策评估与框架初探》，中国环境科学出版社2006年版。

[186] 王金南、许开鹏、薛文博等：《国家环境质量安全底线体系与划分技术方法》，《环境保护》2014年第7期。

[187] 王金照：《典型国家工业化历程比较与启示》，中国发展出版社

2010年版。

［188］王兰英、杨帆：《创新驱动发展战略与中国的未来城镇化建设》，《中国人口·资源环境》2014年第9期。

［189］王凯：《国家空间规划论》，中国建筑工业出版社2010年版。

［190］王淼：《"循环"与"低碳"是实现可持续发展的两翼——访北京师范大学资源学院教授刘学敏》，《中国改革报》2010年4月28日。

［191］王庆一：《中国能源效率评析》，《中国能源》2012年第34期。

［192］王小鲁、樊纲：《中国地区差距的变动趋势和影响因素》，《经济研究》2004年第1期。

［193］王啸宇、崔杨、陈玫君：《中国水污染现状及防治措施》，《甘肃科技》2013年第29期。

［194］王延中：《我国能源消费政策的变迁及展望》，《中国工业经济》2001年第4期。

［195］汪阳红：《构建合理的空间规划体制》，《宏观经济管理》2012年第5期。

［196］王玉庆：《中国能源环境战略与对策》，《环境保护》2006年第4期。

［197］王智：《从数字看中国自然保护区》，《光明日报》2015年5月8日。

［198］魏后凯：《中国区域政策——评价与展望》，经济管理出版社2011年版。

［199］魏后凯：《中国大城市交通问题及其发展政策》，《城市发展研究》2001年第2期。

［200］魏后凯、成艾华：《城镇化的绿色选择》，《中国环境报》2012年2月3日。

［201］［英］维克托·迈尔-舍恩伯格、肯尼思·库克耶：《大数据时代：生活、工作与思维的大变革》，浙江人民出版社2013年版。

［202］武建东：《奥巴马经济振兴计划的命脉》，《大地》2009年第

7期。

[203] 吴敬琏:《思考与回应：中国工业化道路的抉择》（上），《学术月刊》2005年第12期。

[204] 吴敬琏:《政府不要什么事儿都管》，《21世纪经济报道》2015年第1期。

[205] 吴巧生、成金华、王华:《中国工业化进程中的能源消费变动——基于计量模型的实证分析》，《中国工业经济》2005年第4期。

[206] 习近平:《大力发展循环经济，建设资源节约型、环境友好型社会》，《管理世界》2005年第7期。

[207] 肖金成、欧阳慧:《优化国土空间开发格局研究》，《经济学动态》2012年第5期。

[208] 肖金成、申兵:《我国当前国土空间开发格局的现状、问题与政策建议》，《经济研究参考》2012年第31期。

[209] 徐大伟、涂少云、常亮等:《基于演化博弈的流域生态补偿利益冲突分析》，《中国人口·资源与环境》2012年第2期。

[210] 徐泓、曲婧:《自然资源绩效审计的目标、内容和指标体系》，《审计研究》2012年第2期。

[211] 徐绍史:《国务院关于生态补偿机制建设工作情况的报告》，2013年4月26日，见http://www.npc.gov.cn/npc/xinwen/2013-04/26/content_1793568.htm。

[212] 徐彰、张超:《产业革命、主导产业的形成与政策研究——基于英国、美国、日本工业化早期阶段的经验研究》，《财政研究》2006年第6期。

[213] 杨邦杰、高吉喜、邹长新:《划定生态保护红线的战略意义》，《中国发展》2014年第1期。

[214] 杨伟民:《大力推进生态文明建设》，《十八大辅导读本》，人民出版社2012年版。

[215] 杨伟民:《规划体制改革的理论探索》，中国物价出版社2003

[216] 杨伟民：《建立系统完整的生态文明制度体系》，人民出版社 2013 年版。

[217] 杨伟民：《建立系统完整的生态文明制度体系》，《光明日报》 2013 年 11 月 23 日。

[218] 杨伟民、袁喜禄、张耕田等：《实施主体功能区战略，构建高效、协调、可持续的美好家园》，《管理世界》2012 年第 10 期。

[219] 杨兴礼：《论资源问题与 21 世纪的世界经济格局》，《经济地理》 2000 年第 4 期。

[220] 伊丽莎白·伊科诺米：《中国环境保护的实施情况》，程仁桃摘译，《国外理论动态》2007 年第 4 期。

[221] 俞海、任勇：《中国生态补偿：概念、问题类型与政策路径选择》，《中国软科学》2008 年第 6 期。

[222] 于猛：《守红线更要"建"红线——访国土资源部部长徐绍史》，2013 年 2 月 3 日，见 http://theory.people.com.cn/n/2013/0203/c49150-20414854.html。

[223] 于猛：《我们究竟需要一条怎么样的城镇化道路》，《人民日报》 2012 年 12 月 3 日。

[224] [美] 约翰·贝米拉·福斯特、布莱克·克拉克：《财富的悖论：资本主义与生态破坏》，《马克思主义与现实》2011 年第 2 期。

[225] 约翰·克莱顿·托马斯：《公共决策中的公民参与：公共管理者的新技能与新策略》，中国人民大学出版社 2005 年版。

[226] 张帆、李东：《环境与自然资源经济学》，上海人民出版社 2007 年版。

[227] 张复明：《矿产开发负效应与资源生态环境补偿机制研究》，《中国工业经济》2009 年第 12 期。

[228] 张复明：《资源型区域面临的发展难题及其破解思路》，《中国软科学》2011 年第 6 期。

［229］张高丽:《大力推进生态文明 努力建设美丽中国》,《求是》2013年第24期。

［230］张宏彬:《能源问题、环境污染与"节能减排"》,《改革与开放》2010年第20期。

［231］张欢、成金华:《特大型城市生态文明建设评价指标体系及应用研究——以武汉市为例》,《生态学报》2015年第2期。

［232］张景华:《经济增长中的自然资源效应研究》,博士学位论文,西南财经大学,2008年。

［233］张可云:《区域经济政策》,商务印书馆2005年版。

［234］张坤民:《中国环境保护事业60年》,《中国人口·资源与环境》2010年第6期。

［235］张坤民、温宗国、彭立颖:《当代中国的环境政策:形成、特点与评价》,《中国人口·资源与环境》2007年第2期。

［236］张兰:《我国公众参与环境保护立法实施机制初探》,硕士学位论文,中国政法大学,2007年。

［237］张力小、梁竞:《区域资源禀赋对资源利用效率影响研究》,《自然资源学报》2010年第8期。

［238］张璐、黄德林:《完善我国矿山环境恢复治理保证金制度的若干建议》,《资源与产业》2012年第2期。

［239］张培刚:《农业与工业化》,武汉大学出版社2013年版。

［240］张瑞、秦书生:《我国推行绿色消费的困境及应对策略》,《理论导刊》2013年第7期。

［241］张懿:《推进制造业绿色化》,《今日国土》2010年第11期。

［242］赵昌文、许召元、朱鸿鸣:《工业化后期的中国经济增长新动力》,《中国工业经济》2015年第6期。

［243］赵国鸿:《论中国新型工业化道路》,人民出版社2005年版。

［244］郑斐斐:《"双向扩容"深化资源税改革》,《企业导报》2011年第7期。

[245] 郑少春:《从传统工业化模式向生态文明模式的历史性跨越研究》,《中共福建省委党校学报》2013 年第 10 期。

[246] 中共中央:《中共中央关于全面深化改革若干重大问题的决定》,《求是》2013 年第 22 期。

[247] 中共中央:《中共中央关于制定国民经济和社会发展第十三个五年规划的建议》,2015 年 11 月 3 日,见 http://cpc.people.com.cn/n/2015/1103/c399243-27772351.html。

[248] 中共中央:《中国共产党第十七届中央委员会第五次全体会议公报》,2010 年 10 月 18 日,见 http://news.xinhuanet.com/2010-10/18/c_12673082.htm。

[249] 中共中央、国务院:《关于加快推进生态文明建设的意见》,2015 年 4 月 25 日,见 http://www.scio.gov.cn/xwfbh/xwbfbh/yg/2/Document/1436286/1436286.htm。

[250] 中共中央、国务院:《中共中央国务院关于促进农民增加收入若干政策的意见》,《中华人民共和国国务院公报》2004 年第 9 期。

[251] 中共中央、国务院:《国家新型城镇化规划》(2014—2020 年),2014 年 3 月 17 日,见 http://politics.rmlt.com.cn/2014/0317/244361.shtml。

[252] 中国 21 世纪议程管理中心:《生态补偿的国际比较:模式与机制》,社会科学文献出版社 2012 年版。

[253] 中国 21 世纪议程管理中心:《生态补偿原理与应用》,社会科学文献出版社 2009 年版。

[254] 中国国际经济交流中心课题组:《中国 2020 年基本实现工业化:主要标志和战略选择》,社会科学文献出版社 2014 年版。

[255] 中国能源发展战略研究组:《中国能源发展战略选择》,清华大学出版社 2013 年版。

[256] 中国社会科学院经济体制改革 30 年研究课题组:《论中国特色经济体制改革道路》,《经济研究》2008 年第 9 期。

[257] 中国特色城镇化发展战略研究课题组:《关于新型城镇化发展战

略的建议》,2013 年 11 月 4 日,见 http://theory.people.com.cn/n/2013/1104/c40531-23419295.html。

[258] 中华人民共和国环境保护部:《2014 中国环境状况公报》,2015 年 6 月 5 日,见 http://jcs.mep.gov.cn/hjzl/zkgb/。

[259] 中华人民共和国全国人民代表大会:《中华人民共和国国民经济和社会发展第十一个五年规划纲要》,《中华人民共和国全国人民代表大会常务委员会公报》2006 年第 3 期。

[260] 周宏春:《新型工业化与生态环境保护》,《中国发展观察》2005 年第 6 期。

[261] 周敬玟、黄德林:《自然保护区生态补偿的理论与实践探析》,《理论月刊》2007 年第 12 期。

[262] 诸大建、何芳、贺佳震:《中国城市可持续发展绿皮书——中国 35 个大中城市和长三角 16 个城市可持续发展评估》,同济大学出版社 2013 年版。

[263] 朱敏:《我国现行资源定价体系存在五大问题》,2009 年 1 月 14 日,见 http://finance.sina.com.cn/review/observe/20090114/10565759059.shtml。

[264] 朱小静、Carlos Manuel Rodríguez、张红霄等:《哥斯达黎加森林生态服务补偿机制演进及启示》,《世界林业研究》2012 年第 6 期。

[265] Akira S. Mori, Thomas A. Spies, Karen Sudmeier-Rieux et al., "Reframing Ecosystem Management in the Era of Climate Change: Issues and Knowledge from Forests", *Biological Conservation*, No. 165, 2013.

[266] Boqiang L, Xiying L., "China's Carbon Dioxide Emissions under the Urbanization Process: Influence Factors and Abatement Policies", *Economic Research Journal*, No. 8, 2010.

[267] BruvollA., Glomstrd S., and Vennemo H., "Environmental Drag: Evidence from Norway", *Ecological Econonmics*, No. 30, 1999.

[268] Chark A. L., Jeon G. J., "Metal Consumption Trends in the Asian-

Pacific Region: 1960—2015", Pacific Economic Cooperation Conference, Manila, Philippines, 1990.

[269] Daly H., *Nature's Service Societal Dependence on Nature Ecosystems*, Washington DC: Island Press, 1997.

[270] *Encyclopedia Britannica*, Inc., Chicago, 1978.

[271] Fan Jie, Sun Wei, Yang Z. et al., "Focusing on the Major Function Oriented Zone—A New Spatial Planning Approach and Practice in China and its 12th Five-Year Plan", *Asia Pacific Viewpoint*, No. 53, 2012.

[272] Fan Jie, Tao Anjun and Ren Qing, "On the Historical Background, Scientific Intentions, Goal Orientation, and Policy Framework of Major Function-Oriented Zone Planning in China", *Journal of Resources and Ecology*, No. 1, 2010.

[273] Grossman, G. M., and Krueger, A. B., "Environmental Impacts of a North American Free Trade Agreement", *NBER Working Paper*, Vol. 3914, 1991.

[274] Grossman, G. M., and Krueger, A. B., "Economic Growth and the Environment", *Quarterly Journal of Economics*, Vol. 110, 1995.

[275] Holdren J. P. Mezirow Ehrlich P. R., "Impact of Population Growth", *Science*, No. 171, 1971.

[276] Houthakker H., Solow R., Nordhaus W. D., "The Allocation of Energy Resources", *Brookings Papers on Economic Activity*, No. 43, 1973.

[277] Hu Z., Yuan J., Hu Z., "Study on China's Low Carbon Development in an Economy - Energy - Electricity - Environment Framework", *Energy Policy*, No. 39, 2011.

[278] Malenbaum W., *World Dem and for Raw Materials in 1985 and 2000*, MC Graw-Hill Inc, 1978.

[279] McGillivray M., "The Human Development Index: Yet another Redundant Composite Development Indicator?", *World Development*, No. 19, 1991.

［280］Mudakkar S. R., Zaman K., Khan M. M., et al., "Energy for Economic Growth, Industrialization, Environment and Natural Resources: Living with Just Enough", *Renewable and Sustainable Energy Reviews*, No. 25, 2013.

［281］Northam R. M., *Urban Geography*, J. Wiley Sons, 1975.

［282］Panayotou T., "Empirical Tests and Policy Analysis of Environmental Degradation at Different Stages of Economic Development, ILO Working Paper WP238", *Technology and Employment Programme*, 1993.

［283］Papyrakis E., Gerlagh R., "Resource Abundance and Economic Growth in the United States", *European Economic Review*, No. 51, 2006.

［284］Petra T., Robert Y., "America 2050: An Infrastructure Vision for 21st Century America", *Journal of Urban and Regional Planning*, No. 2, 2009.

［285］Xu Yong, Tang Qing, Fan Jie et al., "Assessing Construction Land Potential and its Spatial Pattern in China", *Landscape and Urban Planning*, No. 103, 2011.